教育部人文社会科学重点研究基地
复旦大学美国研究中心

中美关系战略报告
2024 年
Strategic Report on Sino-U.S. Relations in 2024

吴心伯◎主编

| 战略博弈背景下中美关系的常态化发展 | 中美经贸关系：回顾与展望 | 2024 年“美台关系”的发展动向 | 中美人文交流的重启与进展 | 拜登政府“印太战略”评估及其前景 |

世界知识出版社

图书在版编目（CIP）数据
中美关系战略报告. 2024 年 / 吴心伯主编. -- 北京 : 世界知识出版社, 2025. 9. -- ISBN 978-7-5012-7019-4
Ⅰ. D822.371.2
中国国家版本馆 CIP 数据核字第 2025HL8079 号

书　　名　中美关系战略报告 2024年
Zhongmei Guanxi Zhanlüe Baogao 2024 Nian

主　　编　吴心伯

责任编辑　车胜春
责任出版　李　斌
责任校对　张　琨

出版发行　世界知识出版社
地址邮编　北京市东城区干面胡同51号（100010）
网　　址　www.ishizhi.cn
电　　话　010-65233645（市场部）
经　　销　新华书店
印　　刷　北京中科印刷有限公司
开本印张　710mm×1000mm　1/16　17¾印张
字　　数　207千字
版次印次　2025年9月第一版　2025年9月第一次印刷
标准书号　ISBN 978-7-5012-7019-4
定　　价　98.00元

前　言

2024年是拜登执政的最后一年。一方面，2023年11月中美元首旧金山会晤达成的共识为2024年的中美关系提供了发展的动力和方向，有助于双方加强交往、开展合作、管控分歧；另一方面，拜登政府在大选年基于选举政治的需要和打造其政治遗产的考虑，加大了对华遏制打压的力度，中美关系摩擦不断，困难重重。中国在努力推动中美关系健康、稳定、可持续发展的同时，对美方的遏制打压行为展开坚决斗争，中美博弈更趋激烈。

《中美关系战略报告2024年》研究了2024年中美关系演变的态势和特点，剖析了拜登执政四年的对华政策，总结了中美经贸关系的新趋势，分析了美国对台政策的发展动向，评估了中美人文交流的重启与进展，梳理了拜登政府“印太战略”的实施状况并展望其前景。

参加本年度报告编写的人员及分工情况如下：第一章，吴心伯（复旦大学美国研究中心教授、主任）；第二章，宋国友（复旦大学美国研究中心教授、副主任）；第三章，信强（复旦大学美国研究中心教授、副主任）；第四章，潘亚玲（云南大学国际关系研究院研究员、复旦大学美国研究中心兼职研究员）；第五章，韦宗友（复旦大学美国研究中心教授）；大事记，潘亚玲。

复旦大学美国研究中心从2013年起组织编写关于中美关系发展的年度报告，反映我们对中美关系的观察与思考，记录中美关系的发展历程。这项工作得到校内外专家的支持，报告出版后得到学术界同行的肯定，这鼓励我们把这项有意义的工作继续下去，并不断完善。本书的大事记参考了中外相关网站的内容，特此致谢。我们期待着读者对《中美关系战略报告2024年》的批评与建议。

吴心伯

2025年3月31日

目　录

主题报告

大 事 记

主 题 报 告

第一章
战略博弈背景下中美关系的常态化发展

吴心伯

2024年是拜登执政的最后一年，从中美关系的角度看，这一年开局对中方更加有利：一方面，2023年11月中美元首旧金山会晤达成重要共识，为2024年的中美关系提供了发展的动力和方向，有助于双方加强交往、开展合作、管控分歧；另一方面，拜登政府在大选年基于选举政治的需要和打造其政治遗产的考虑，加大了对华遏制打压的力度，中美关系摩擦不断，困难重重。中国在努力推动中美关系健康、稳定、可持续发展的同时，对美方的遏制打压行为展开坚决斗争，中美博弈更趋激烈。2024年的中美互动混合着交往、合作、斗争，是当下双边关系复杂性的体现。介于特朗普两个任期之间，拜登的四年任期给美国对华政策留下了鲜明的烙印，塑造了中美关系一段颠簸不定的轨迹。

一、充满内在张力的中美关系

2023年11月，中美元首旧金山会晤达成了推进合作、提升稳定的重要共识，有助于双边关系的缓和与改善。但是由于美国对华战略定位未变、对华战略主旨未变，拜登政府频频实施对华遏止打压，导致中美关系摩擦不断。一方面开展交往、合作；另一方面博弈和斗争激烈进行，这种突出的内在张力使得2024年中美关系呈现以下特点。

第一，交往增加，沟通频繁。一年来，中美先后举行了两轮战略沟通，五次金融、经济工作组会议，两次商贸工作组副部长级会议，两次外交政策对话，以及中美亚太事务磋商、海洋事务磋商、国防部工作会晤、海上军事安全磋商机制工作小组会议、人工智能对话等。此外，中国商务部部长与美国贸易代表举行会晤，中国公安部部长与美国国土安全部部长见面、通话，中美两国国防部长会晤、通话，中国南部战区司令与美国“印太”司令通话，并赴美参加“印太”国防军司令会议。美国国务卿布林肯、财政部部长耶伦、美国总统国家安全事务助理沙利文等访华，中联部部长刘建超等访美。习近平主席与拜登总统在出席于秘鲁首都利马举行的亚太经合组织第三十一次领导人非正式会议期间举行了会晤。2024年是拜登执政时期中美交往频次最高的一年，这些交往为处理极为复杂的中美关系提供了重要的沟通渠道。

第二，务实合作推进，人文交流扩大。两国在禁毒、执法、气候变化等领域推进务实合作。中美成立禁毒工作组推动双方开展禁毒及执法安全合作，中方协助美方打击制毒贩毒，两国在遣返刑事犯和非法移民方面开展合作，妥善解决在押人员问题。中美两国气候变化特使互访，在应对气候变化领域加强协调。中美人文交流取得新进展。中美直航航班增加，工商界和地方交往密切。有1.6万余名美国青少年通过“5年5万人”项目来华，中美续签两国政府科学技术合作协定，中美顶尖大学“10+10”校长论坛在芝加哥举行，中方向美方租借两只大熊猫，第十四届中美旅游高层对话在西安举行，美国国务院调整赴华旅行提醒级别等。务实合作的推进和人文交流的扩大为颠簸不定的中美关系提供了正能量，有助于改善双边关系的气氛。

第三，中美在经贸、涉台等问题上激烈博弈。经贸方面，2024年至2025年1月，拜登政府一共制裁了800多家中国实体，超过之前三年的总和。[①] 拜登政府还宣布对价值180亿美元的中国进口商品加征关税，出台新的对华半导体出口限制措施，推出人工智能相关出口管制措施，发布对华投资限制规则等。在台湾问题上，2024年，美国“对台售武”8次，总价值36亿多美元，是拜登执政时期“对台售武”次数最多和金额最大的一年。[②] 拜登政府还向中国台湾地区提供数十亿“军援”。美方军舰、军机多次通过台湾海峡，对中方展示挑衅性姿态。美方官员还发表诋毁联大第2758号决议权威性的言论，炒作所谓“台湾地位未定论”，鼓噪“台湾有意义参与联合国系统”。美军还在菲律宾吕宋岛部署“堤丰”中程导弹发射系统。面对美方对中国主权、安全和发展利益的不断损害，中方坚定反击。中方决定加强有关两用物项对美国出口管制，包括禁止两用物项对美国军事用户或军事用途出口，严控镓、锗、锑、超硬材料、

① 笔者根据美国商务部、财政部、国务院、国防部、国土安全部的网站统计，拜登政府历年制裁中国实体的数字分别是：2021年，131家；2022年，189家；2023年，291家；2024年，588家；2025年1月20日之前，213家。

② 据笔者统计，拜登政府历年批准“对台售武”次数和金额分别是：2021年，1次，7.5亿美元；2022年，7次，21.37亿美元；2023年，5次，18.592亿美元；2024年，7次，36.312亿美元。

石墨相关两用物项对美国出口等。中国半导体产业呼吁抵制购买美国芯片。中国政府相关部门对英特尔公司进行网络安全审查，对美国半导体巨头英伟达开展反垄断调查。2024年全年和2025年1月，中方还先后制裁了62家美国“对台售武”军工企业及30多名相关人员，并将28家美国实体列入出口管制管控名单，制裁力度进一步加大，堪称“史上之最”。

2023年中美元首旧金山会晤，中方呼吁美方一起努力使双边关系止跌企稳，共同树立正确认知、共同有效管控分歧、共同推进互利合作、共同承担大国责任、共同促进人文交流。从2024年中美关系演变轨迹看，双方增加了交往，推进了合作，两国关系的稳定性有所增强。但是，美国对华错误认知未变，对华遏制打压的基本政策方向未变，扩大合作和改善双边关系的意愿严重不足。美方主要关心的是中方为其控制“芬太尼问题”提供合作、中美两军恢复交往、中美开展政府间人工智能对话，无视中方对经贸、台湾等问题的严重关切。两国之间开展的多轮经济、商贸、金融工作组对话并未解决困扰双边关系的具体问题，不仅如此，美方不断推出对华限制打压措施，制造的问题远多于解决的问题。美国在军事、政治、经济等领域强化与中国台湾地区的联系，提升对台支持。尽管美方一直重申拜登在巴厘岛会晤中作出的承诺，即美国不寻求新冷战，不寻求改变中国体制，不寻求通过强化同盟关系反对中国，不支持“台湾独立”，无意同中国发生冲突，美国乐见中国发展富裕，不寻求打压遏制中国发展，不寻求同中国“脱钩”，[①] 但美方“总是说一套，做一套”。[②] 实际上，拜登政府对华政策的主要考虑是如何阻止和放慢中国力量的发展，如何制约中国的对外行为，美国处理对华关系的方式是以遏制打压为主，以交往、合作为辅。这就决定了中美关系始终处在颠簸不定的状态，上行动力不足，下行动力强劲，稳定态势脆弱。

二、中美博弈特点

2024年，中美博弈在既有的轨道进行，并呈现新的特点。

美方继续在经贸科技领域强化对华竞争态势，除了为维护美国技术优势收紧对华技术限制外，还以中俄经贸合作、中国“产能过剩”为借口制裁中国企业，打压中国新兴产业发展。

第一，拜登政府不断升级对华科技打压的力度。2024年12月，美国商务部工业与安全局出台新一轮对华半导体出口管制措施，该措施进一步强化对半导体制造设备、存储芯片等物项的对华出口管制，并将136家中国实体增列至出口管制清单。美国商务部宣称，此次出台的一系列新规，旨在进一步削弱中国生产用于下一代先进武器系统、人工智能和高级计算技术的先进节点半导体的能力。2025年1月13日，拜登政府赶在任

① “习近平同美国总统拜登举行中美元首会晤”，外交部网站，2023年11月16日，https://www.mfa.gov.cn/web/gjhdq_676201/gj_676203/bmz_679954/1206_680528/xgxw_680534/202311/t20231116_11181125.shtml。

② “习近平同美国总统拜登在利马举行会晤”，外交部网站，2024年11月17日，https://www.mfa.gov.cn/web/gjhdq_676201/gj_676203/bmz_679954/1206_680528/xgxw_680534/202412/t20241218_11497766.shtml。

期结束之前推出人工智能相关出口管制措施，该措施进一步收紧了对人工智能芯片、模型参数等方面的出口管制，还扩大了“长臂管辖”的范围。2024年10月28日，美国财政部正式发布了限制美国企业对华投资的最终规则，以落实2023年8月拜登签署的限制对华投资的行政令。该限制措施涉及芯片、人工智能、量子计算等领域。

第二，面对中国新兴产业（如新能源汽车、光伏发电和动力电池，即“新三样”）的迅猛发展，拜登政府竭力炒作“产能过剩论”，企图狙击中国新兴产业的发展势头，尤其是限制中国“新三样”进入美国市场，冲击美国本土的汽车工业。2024年5月3日，美国财政部发布《通胀削减法案》有关清洁能源汽车条款的最终规则，规定美国公民若购买含有中国企业制造或组装的电池组件，将被限制，甚至取消税收抵免资格。5月14日，美方宣布在原有对华“301条款”关税基础上，进一步提高对自华进口的电动汽车、锂电池、光伏电池等产品的加征关税，其中针对中国电动汽车的关税从25%提升至100%，用于电动汽车的锂离子电池及其零部件的关税从7.5%提升至25%，太阳能电池的关税从25%提升至50%。这些举措表明，拜登政府对华经贸博弈不仅旨在维持美国的技术优势，也要保护美国的弱势产业。

第三，拜登政府对华遏制打压在其任期结束之前的两个月达到了高峰。从2024年11月16日中美元首利马会晤之后到2025年1月20日美国新政府上台的这段时间，拜登政府十多次出台损害中国利益的举措：“对台售武”并提供“军事”援助；以涉疆为由制裁中国66家企业；发布半导体和人工智能出口管制措施；对自中国进口的钨制品、多晶硅等产品加征“301条款”关税；对中国芯片产业相关政策发起“301调查”；发布对华海事、物流和造船业“301调查”报告；以涉嫌“盐台风”网络攻击为由，制裁中国企业和公民；对中国等国家的无人机系统发起信息通信技术与服务安全调查；将腾讯、宁德时代等百余家中国企业列入军工企业清单，等等。拜登政府在任期结束之前如此密集地出台针对中国的措施，反映其遏制打压中国的急切心态和打造反华政治遗产的意图，充分暴露了其对华政策的消极性与对抗性。

拜登政府强化对华经贸科技打压的举措不仅损害了中国的利益，也伤害了美国工商界的利益，引起后者的不满和反弹。在拜登政府发布限制对华投资的行政令后，多家美国银行、制造商以及行业组织向财政部表达了他们的担忧。他们警告说，这些限制措施可能造成不确定性以及对国内创新产生潜在的负面影响和损害，并且他们还在努力游说，以期缩窄某些条款的范围，或为特定类型的投资争取豁免。[①] 当拜登政府试图赶在任期结束之前推出对华人工智能相关出口管制措施时，美国科技行业表达了强烈反对，担心这些限制措施将会危及美国在人工智能领域的领先地位和竞争力，警告拜登政府在没有与行业进行有意义的磋商的情况下，不应在政府过渡期间作出如此迅速

① “US groups lobby to refine proposed limits on China investment,” October 20, 2023, https://www.ft.com/content/66f344cd-fbfd-42b2-8b72-acdba52d0922.

和重大的政策转变。[①] 美国在经贸科技领域对华限制措施，一方面，使中美博弈升级，促使中国进行反击；另一方面，引起美国工商界的不满，由此加大了他们对政府相关部门游说和施压的力度。美国在经贸科技领域的对华打压是双刃剑，既损害了中国的利益，也伤害了美国工商界的利益。拜登政府在执政末期加强了对华限制措施，加剧了与中国的摩擦，也激化了与美国国内业界的矛盾。这种双层博弈的现象在2024年体现得更为明显。

第四，2024年是美国大选年，选举政治对中美关系的影响突出。拜登政府进一步提高对自华进口的电动汽车、锂电池、光伏电池、关键矿产、半导体以及钢铝、港口起重机、个人防护装备等产品的关税，明显出于拉选票的动机。大选因素也体现在其对续签《中美科技合作协定》的态度上。该协定于2023年8月到期，由于一些国会共和党议员表达反对续签的立场，拜登政府决定将有效期延长6个月，以便与中方谈判修改协定条款，解决美方关切，到2024年2月又决定将有效期再延迟6个月。在此期间，中美双方就协定文本的修改进行了艰苦的谈判，并在2024年夏初达成协议，但拜登政府为避免此事成为“大选季”共和党攻击的把柄，不愿在大选之前续签该协议，而是等到大选之后才采取行动。2024年12月13日，中美两国政府代表在北京换文签署了《关于修订和延长两国政府科学技术合作协定的议定书》，将《中美科技合作协定》自2024年8月27

① “AI chip curbs trigger rare public fight: tech giants vs. China hawks,” January 9, 2025, https://www.wsj.com/politics/policy/ai-chip-curbs-trigger-rare-public-fight-tech-giants-vs-china-hawks-3aebbd9b.

日起延期5年。与之前的协定相比，修改后的协议文本收窄了合作范围，仅涵盖两国政府部门和机构之间在基础科学项目上的合作，不涉及关键和新兴技术，以解决美方对国家安全的担忧。① 这表明，在美国开展对华战略竞争的大背景下，地缘政治与国内政治的双重效应在不断压缩中美合作的空间。

第五，2024年，中国在处理对美关系方面着眼于延长旧金山峰会的积极效应，推动具体问题的解决与管控，促进美国大选年中美关系的稳定。② 有鉴于此，中方对美政策兼顾斗争与合作，更好地拿捏斗争的分寸，更积极地推进交流与合作。面对美国“变本加厉”的对华遏制打压，③ 中国继续发扬斗争精神，增强反击力度，丰富反制手段。一是制裁参与“对台售武”的美国军工企业和个人，冻结这些企业和个人在中国境内的动产、不动产和其他各类财产，禁止中国境内的组织、个人与其本人进行有关交易、合作等活动，对其本人不予签发签证、不准入

---

① 尽管如此，在续约消息公布仅数小时后，以美国众议院“中国问题特别委员会”主席约翰·穆莱纳尔为首的14名共和党众议员，公布了一封于当地时间周四致美国国务卿布林肯的信，要求他立刻中止续约协定。

② 2024年4月2日，习近平主席在与拜登的通话中指出，“今年的中美关系要坚持几条大的原则。一是以和为贵，坚守不冲突不对抗的底线，不断提升对中美关系的正面预期。二是以稳为重，不折腾、不挑事、不越界，保持中美关系总体稳定。三是以信为本，用行动兑现各自承诺，将‘旧金山愿景’转为‘实景’”。“习近平同美国总统拜登通电话”，外交部网站，2024年4月2日，https://www.mfa.gov.cn/web/gjhdq_676201/gj_676203/bmz_679954/1206_680528/xgxw_680534/202404/t20240402_11275431.shtml。

③ 2024年7月27日，中共中央政治局委员、外交部长王毅在万象会见布林肯时指出，“美方对华遏制打压并没有收手，甚至变本加厉”。“王毅会见美国国务卿布林肯”，外交部网站，2024年7月27日，https://www.mfa.gov.cn/web/wjbz_673089/xghd_673097/202407/t20240727_11461711.shtml。

境等。中国商务部还将一些美国军工企业列入“不可靠实体清单”。二是制裁一些反华议员，包括曾任众议院“美中战略竞争特设委员会”主席的联邦众议员麦克·加拉格尔，以及联邦众议员吉姆·麦戈文，制裁措施包括冻结其在中国境内的动产、不动产和其他各类财产，禁止中国境内的组织、个人与其本人进行有关交易、合作等活动，对其本人（及其配偶、子女）不予签发签证、不准入境等。三是强化出口管制措施，包括禁止两用物项对美国军事用户或军事用途出口，严控镓、锗、锑、超硬材料、石墨相关两用物项对美国出口等。四是抵制购买美国芯片。2024年12月，在美方宣布升级对华半导体出口管制措施之后，中国通信企业协会、中国汽车工业协会、中国半导体行业协会以及中国互联网协会分别发布声明，坚决反对美方新一轮对华出口限制措施，并称美国芯片产品不再安全、不再可靠，呼吁中国相关行业谨慎采购美国芯片。五是对英特尔公司进行网络安全审查，对美国半导体巨头英伟达开展反垄断调查。在美方对华不断示强施压的背景下，中方加强对美斗争有其必要性和正当性，显示了中国维护国家主权、安全和发展利益的决心与能力，也丰富了对美外交实践。

第六，中方积极加强与美国各界的交往，为中美关系的改善和发展积累动力，创造有利条件。中国领导人和各级官员与美国工商界的接触更加密切。习近平主席会见美国工商界和战略学术界代表，就中美关系深入交往意见，李强总理会见美国商会访华代表团以及美国特斯拉公司首席执行官马斯克，这些都传递了中方对于改善与发展中美关系的重要积极信号。在美国大选年，中方更注重推进中美地方和人文交流。上海、北京、天津、深圳、广东、福建、湖南、广西、江西、山东等省市都派出代表团访美，促进与美国相关州市在经贸、气候变化等领域的合作。与此形成鲜明对照的是，美方全年没有一位州长访华，来访的主要地方官员仅有旧金山市市长。人文交流是2024年中美交往的一大亮点。以“5年5万人”倡议为核心开展的美国青少年来华交流活动，吸引了1.6万名美国青少年来华，他们通过丰富多彩的交流活动，看到了一个与他们想象中大不相同的中国。在中美关系整体气氛改善的大环境下，中美教育界的交流也更加活跃。中美顶尖大学“10+10”校长论坛、第五届中美省州大学校长论坛、中美省州高等教育对话会等先后举行，中美两国间的学者和学生交流也走出低谷。

在拜登执政的四年中，中美关系在第一年面临如何应对特朗普第一任期留下的困局的问题，第二年因佩洛西窜访台湾地区而严重受损，第三年又受到“气球事件”的意外冲击，第四年虽摩擦不断，但总体有惊无险，呈现出中美战略竞争背景下常态化的发展态势。中美两国根据各自的利益关切处理双边关系，并试图以各自的方式引导和塑造这一关系的走向。由于利益目标的不同，双方的态度和政策也存在明显差异，中方对两国关系的积极性和建设性大于美方，谋求稳定与改善中美关系；而美方的消极性突出，以打压中国为政策主旨，以不冲突为底线，对改善双边关系缺乏政治意愿。

三、拜登政府对华政策评估

从美国对华战略演变的脉络看，拜登执政4年是一个重要阶段。特朗普第一任期发起的全面对华战略竞争带有突出的“粗放型”特征，并在其任期最后一年滑向全面战略对抗。拜登政府对美国对华竞争战略进行调整与发展，目标更明确——“竞赢”中国，手段更丰富——利用盟伴体系，重点更突出——聚焦经贸科技。与特朗普第一任期相比，拜登政府更加注重危机管理，强调对华竞争但不冲突，承认在双边和多边议题上开展合作的必要性，愿意与中方进行更多的对话与交往。总体而言，拜登政府在对华问题上有更加深入的战略思考，更加精细的政策设计，更注重外交技巧，体现了建制派的外交风格。

拜登政府的对华政策也面临一系列的挑战。

首先是“竞赢”中国的目标。提出这一目标固然有助于在对华问题上明确政策方向、争取国内政治支持，但是，这一目标在短期缺乏可评估性，在长期则缺乏可企及性。从特朗普到拜登的8年时间里，美国对华遏制打压固然恶化了中国的外部环境，也在一定程度上放慢了中国发展的速度，却未能阻挡中国前进的步伐。事实表明，美国的压力增强了中国推进自主创新的决心，驱动中国加大自主创新的力度，并不断取得突破。虽然拜登在卸任之前声称，他的执政使得美国“在同中国的长期竞争中处于更加有利的战略地位”，[①] 但鉴于这4年间中国在经贸科技领域取得的长足进展，鉴于中美竞争的长期性和动态性，拜登在对华问题上的所作所为对实现“竞赢”中国目标的实际价值要打上很大的问号。

---

① Betsy Klein and Kevin Liptak, “Biden offers a first draft of his foreign policy achievements,” January 13, 2025, https://edition.cnn.com/2025/01/13/politics/joe-biden-foreign-policy-speech/index.html.

其次是对华竞争手段和方式。同盟和伙伴是拜登开展对华地缘政治和经贸科技竞争的重要手段。然而，由于美国与盟伴在对华政策目标和利益关系上的不同，华盛顿在争取盟伴支持方面必须持续投入各种资源，但却不能如愿以偿。近年来，澳大利亚、英国、日本等国都在谋求改善与中国的外交和经济关系，而美国越来越意识到，盟伴配合美国对华政策的意愿终究是有限的。在竞争方式上，拜登政府宣称在对华经贸关系上谋求“去风险”而非“脱钩”，在对华科技限制上是“小院高墙”，美国希望与中国保持广泛的经济关系，[①] 然而实际上，对华经贸关系泛安全化必然导致泛风险化，名义上的“去风险”正在推动实际的“脱钩”，对贸易、投资、技术联系的不断扩大的限制，正在削弱两国经贸联系的纽带，而随着美方不断扩大对华技术限制的范围，“小院高墙”也正在变为“大院高墙”。归根结底，在对华消极战略认知的驱动下，华盛顿无法合理界定对华经贸关系中国家安全与经济活动的边界，[②] 与中国保持广泛的经济关系面临越来越大的压力。

最后是防止竞争导致冲突的底线思维。拜登政府坚持以竞

① “Jake Sullivan on the US international economic agenda: An update,” October 23, 2024, https://www.brookings.edu/events/jake-sullivan-on-the-us-international-economic-agenda-an-update/.

② 有鉴于此，在2024年王毅与沙利文举行的两次战略沟通中，中方都与美方讨论了国家安全与经济活动的边界问题。“王毅同美国总统国家安全事务助理沙利文举行会晤”，外交部网站，2024年1月27日，https://www.mfa.gov.cn/web/gjhdq_676201/gj_676203/bmz_679954/1206_680528/xgxw_680534/202401/t20240127_11234565.shtml；“王毅同美国总统国家安全事务助理沙利文举行战略沟通”，2024年8月28日，https://www.mfa.gov.cn/web/gjhdq_676201/gj_676203/bmz_679954/1206_680528/xgxw_680534/202408/t20240828_11480627.shtml。

争作为对华政策的主旨，但又一再表示要管控分歧，“避免和防止由于误解误判或激烈竞争演变成对抗甚至冲突”。[①] 中美双方在关于中美关系指导原则的磋商中，就“防止冲突”的必要性达成共识。[②] 然而，拜登政府不断强化对华经贸科技打压，不断在台湾问题上挑战中国的核心利益，导致“中美关系面临的风险仍在积聚，挑战也在上升”。[③] 从根本上看，由于美国奉行对华恶性竞争，导致中美之间互信不断下降，猜疑甚至敌意持续上升，互动中的对抗成分加剧，从而增加了冲突的风险。在此背景下，拜登政府信誓旦旦表示要“负责任地管理中美竞争”只能是一项勉为其难的任务。

2024年11月16日，习近平主席在出席于秘鲁首都利马举行的亚太经合组织第三十一次领导人会议期间与拜登举行会晤，总结了过去4年中美关系的经验教训：一是要有正确的战略认知，二是要言必信、行必果，三是要平等相待，四是不能挑战红线、底线，五是要多搞对话和合作，六是要回应人民期待，

① “习近平同美国总统拜登在巴厘岛举行会晤”，外交部网站，2022年11月14日，https://www.mfa.gov.cn/web/gjhdq_676201/gj_676203/bmz_679954/1206_680528/xgxw_680534/202211/t20221114_10974651.shtml。

② “习近平同美国总统拜登举行中美元首会晤”，外交部网站，2023年11月16日，https://www.mfa.gov.cn/web/gjhdq_676201/gj_676203/bmz_679954/1206_680528/xgxw_680534/202311/t20231116_11181125.shtml。

③ 2024年7月27日，中共中央政治局委员、外交部长王毅在万象会见布林肯时指出，“美方对华遏制打压并没有收手，甚至变本加厉”。“王毅会见美国国务卿布林肯”，外交部网站，2024年7月27日，https://www.mfa.gov.cn/web/wjbz_673089/xghd_673097/202407/t20240727_11461711.shtml。

七是要展现大国担当。[①] 这些论述揭示了拜登政府处理对华关系的种种弊端，即美方对中国和中美关系缺乏正确的战略认知，总是说一套、做一套，不能平等对待中国，汲汲于阻挠中国的发展，在台湾问题上挑战中国的核心利益，胁迫别国在中美之间选边站等。在拜登任内中美领导人的最后一次会晤上，习近平主席对四年来中美关系经验教训的总结意味深长，它不仅直指拜登政府对华政策的症结，凸显其在对华关系上的局限性，也向下一届美国政府传递了重要信息。

四、结　语

2021年拜登开始执政的时候，中美关系因特朗普第一任期的严重破坏而处于建交以来的最低点。拜登任期4年，中美关系动荡曲折，虽然在双方努力下有所缓和与改善，但由于美国国内政治与国际格局的变化，终究回不到特朗普执政之前的状态。这是由中美关系的大趋势所决定的。

2025年1月，特朗普再度执政，中美关系开局不顺，这预示随着特朗普归来，两国关系又将面对新的不确定性。在特朗普第二任期，美国对华政策会呈现其第一任期的一些特点，但中美博弈不会是其第一任期的简单重复。经历了从特朗普第一任期到拜登执政的8年时间，中国对美博弈的经验更丰富，手段和资源更多元，战略意志也更加坚定。这意味着中美战略博

① “习近平同美国总统拜登在利马举行会晤”，外交部网站，2024年11月17日，https://www.mfa.gov.cn/web/gjhdq_676201/gj_676203/bmz_679954/1206_680528/xgxw_680534/202412/t20241218_11497766.shtml。

弈将在更高的层面上展开。尽管未来4年中美关系的演变路径有很大的不确定性，但中国在对美博弈中的态势有望进一步改善，中方对两国关系的塑造能力也会进一步增强。

第二章

中美经贸关系：回顾与展望

宋国友

2024年美国总统选举结束，民主党败选，2015年1月20日，拜登总统黯然离开白宫。拜登政府对华经贸政策在经历了4年的摸索和定型之后，虽然呈现出鲜明的特征，并取得了一定的成果，但特朗普重新入主白宫，将会大幅度调整乃至推翻拜登政府4年任期内基本定型的对华经贸路径。拜登政府对华经贸政策的遗产难以为继。在中美战略竞争日益加剧之际，美国对华经贸政策遭遇美国政府更迭，曾对华发动“贸易战”的特朗普再度执政，中美经贸关系将面临更大的动荡。

一、2024年拜登政府对华经贸政策

2024年，拜登政府对华经贸政策以延续和强化之前的路径为主线，没有出现重大调整。总体上，拜登政府继续围绕其设计的以扩大国内产业投资为基础、以出口管制为重点以及以盟友协调为核心的对华经贸战略框架制定相关政策。

拜登政府聚焦国内产业发展，谋求与中国产业竞争，加快

《芯片法案》投资补贴落地。产业竞争是中美经贸竞争的焦点。拜登政府从执政开始就主张，如果要减少对外部产业链的依赖，赢得对华产业竞争，就必须要投资于国内，采取措施将芯片等重要产业从亚洲回流至美国，扩大在美国本土的投资。拜登政府2022年通过《芯片法案》和《通胀削减法案》，寄希望于提供巨额联邦财政补贴加速推动产业发展，吸引相关行业跨国公司在美国国内投资，推动制造业回流。2024年，拜登政府加快审批速度，希望既能够实现快速推动半导体产业发展，又能够实现大选年政治加分的双重目标。2024年3月，美国商务部与英特尔公司宣布了一项初步备忘录，根据备忘录，英特尔将根据《芯片与科学法案》获得约85亿美元的直接资助。这笔资金将帮助英特尔推进其位于亚利桑那州、新墨西哥州、俄亥俄州和俄勒冈州的关键半导体制造和研发项目。2024年4月，美国商务部与美光公司达成初步协议，对美光公司提供高达约61.4 亿美元的直接资金。这项投资将支持美光公司在纽约州建造两座晶圆厂，在爱达荷州建造一座晶圆厂。2024年8月，美国商务部将向德州仪器公司提供高达16亿美元的资助，帮助该公司建造三座新制造厂。2024年11月，拜登政府赶在离开白宫之前宣布，美国商务部将向台积电位于美国亚利桑那州的子公司（TSMC Arizona）提供高达 66 亿美元的直接资助。除了这些对半导体公司的大额补贴外，2024年拜登政府还宣布向格罗方德半导体股份有限公司（Global Foundries）、安靠公司（Amkor）、极地半导体公司（Polar Semiconductor）、微芯科技公司（Microchip）等半导体企业提供了数额较小的补助。

拜登政府强化对华高科技竞争，不断升级对华出口管制，限制对中国高科技投资。拜登政府对于中美高科技竞争极为关注，在关键技术领域持续出台限制措施。经过评估，拜登政府认为，中美科技竞争和高科技产业的关键在半导体和人工智能领域，针对这两大领域，中国正在全力以赴地追赶，努力缩小与美国之间的差距。在2024年，拜登政府主要围绕这两大关键技术领域出台了更多的高科技出口管制措施。3月底，美国商务部工业与安全局（BIS）发布了一项"临时最终规则"，对之前的规则进行"查漏补缺"，如收紧对"美国人"限制，旨在对限制中国获得先进计算能力芯片、开发和维护超级计算机以及先进半导体制造设备的出口管制措施，进行修订、更正和澄清。[①] 9月，拜登政府又宣布了新的出口管制措施，对包括量子计算项目、先进半导体制造设备、环绕栅极场效应晶体管和增材制造等特定类型的物项实施全球出口管制。[②] 到了12月，拜登政府再次发布新的"临时最终规则"，该规则限制了此前未被列为目标的24种芯片制造工具的出口。[③] 为了提高制裁有效

① U.S. Federal Register, "Implementation of Additional Export Controls: Certain Advanced Computing Items; Supercomputer and Semiconductor End Use; Updates and Corrections; and Export Controls on Semiconductor Manufacturing Items; Corrections and Clarifications," April 8, 2024, accessed April 7, 2025, https://public-inspection.federalregister.gov/2024-07004.pdf.

② U.S. Department of Commerce, "Commerce Department Implements Controls on Quantum Computing and Other Advanced Technologies," September 5, 2024, accessed April 7, 2025, https://www.bis.gov/press-release/department-commerce-implements-controls-quantum-computing-and-other-advanced.

③ U.S. Bureau of Industry and Security, "Commerce Issues Final Rule to Formalize ICTs Program," December 5, 2024, accessed April 9, 2025, https://www.bis.gov/press-release/commerce-issues-final-rule-formalize-icts-program.

性，美国在许多情况下将运用额外措施，即外国直接产品规则（FDPR）。这一规则将打击在其工具中使用美国零部件的非美国企业。美国商务部还一次性增加了140个中国实体进入“实体清单”。目标包括中芯国际集成电路制造有限公司、华为公司等芯片制造商，以及生产芯片制造设备的中国企业。除了在技术领域限制中国外，拜登政府还在投资领域加强对中国的管制。2024年10月，美国财政部发布了限制美国企业对华投资的最终规则（Final Rule）。该规则明确了美国投资者在半导体和微电子、量子信息技术和人工智能等国家安全技术和产品领域禁止或限制对华投资。①

拜登政府积极构筑盟友体系，持续建立对华经贸“遏压圈”。拜登对华经贸政策的最大特点，同时也是与特朗普政府对华经贸政策的最大不同，是其充分利用盟友力量对华施加压力。拜登政府认识到美国要借助盟友力量与中国竞争，因此在相关涉华经贸议题上加大与盟友的战略协同。2024年，拜登政府在涉及中国的经贸议题上，与盟友的沟通和协调主要集中在两个方面：一是对中国所谓的“产能过剩”问题进行炒作，二是加强在关键矿产资源领域的合作。在“产能过剩”问题上，2024年拜登政府加大与盟友协同，频繁将中国电动汽车、光伏板以及锂电池等新能源产业的快速发展污名化为“产能过剩”，并声称中国通过出口冲击全球市场。2024年5月，美国财政部部长耶伦表示，在电动车、锂电池和太阳能等战略行业，现在中

① U.S. Department of the Treasury, “Treasury Announces New Restrictions on Technology Transfers,” October 28, 2024, accessed April 11, 2025, https://home.treasury.gov/news/press-releases/jy2690.

国的工业产能导致生产量远超世界需求量。美国和欧洲需要联合进行战略回应，否则美欧乃至全球都将面临生存风险。[①] 在拜登政府2024年5月把中国电动汽车、锂电池和光伏电池等加征高额关税后，加拿大于9月宣布对从中国进口的电动汽车加征100%关税，并对从中国进口的钢铁和铝产品加征25%关税。欧盟也于10月决定对中国电动车征收最高45.3%的反补贴税（含正常关税10%及反补贴税35.3%），同时以环保名义设置技术性贸易壁垒。在关键矿产资源问题上，美国和盟友加强合作，意图削弱中国在关键矿产领域的优势。在美国推动之下，欧盟2024年5月《关键原材料法案》生效，该法案将34种材料列为关键原材料，并将17种用于可再生能源和国防等领域的材料列为战略原材料，以增强科技、新能源等产业关键原材料供应的自主性，减少对中国等"特定国家"的依赖。除了欧盟，美国还与加拿大、澳大利亚等关键矿产富集盟友共同开发关键矿产项目。[②] 2024年9月，美国宣布与"矿产安全伙伴"建立了"矿产安全金融网络"，用于"加强'印太地区'和欧洲国家参与机构之间的合作，促进信息交流和联合融资"，同时还将"推进关

① Voice of America, "U.S. Looks to Work with EU to Address Chinese Industrial Policy," May 21, 2024, accessed April 11, 2025, https://www.voanews.com/a/us-looks-to-work-with-eu-to-address-chinese-industrial-policy/7621161.html.

② Government of Canada, "Canada and the United States Co-Invest to Strengthen Critical Mineral Value Chains," May 16, 2024, accessed April 12, 2025, https://www.canada.ca/en/natural-resources-canada/news/2024/05/government-of-canada-and-the-united-states-co-invest-to-strengthen-critical-mineral-value-chains.html.

键矿产供应链向多样化、安全化和可持续化方向发展”。[①]

2024年，拜登政府延续特朗普对华高关税，但也提出“拜登版”的对华关税征收政策。拜登政府之所以延续特朗普政府对中国的高关税政策，主要有两个原因。一是从历史经验看，关税一旦实施，美国国内就会出现支持高关税的相关强大利益集团。拜登要冲破这些对华高关税利益集团，需要耗费大量政治资源。二是以美国贸易代表戴琪和美国总统国家安全事务助理沙利文等为核心的拜登政府强硬派人士认为，既然特朗普政府已经对华征收了高关税，那就继续把关税作为战略工具，对华进行打击和施压。在对华关税问题上，拜登政府在延续特朗普政府对华高关税的同时，也在关注中国所谓“损害”美国工人和企业利益的不公平措施、“产能过剩”问题以及中国在战略领域采取的一系列“非市场”做法，并于2024年5月宣布对价值180亿美元的中国进口商品征收新关税税率，包括中国产钢铁和铝、半导体、电动汽车、锂电池及部件、关键矿产、光伏电池、港口起重机和个人防护装备等商品。其中，对从中国进口的电动汽车关税从25%提高到100%，对从中国进口的太阳能电池关税从25%提高到50%，对从中国进口的半导体关税从25%升至50%。尽管拜登政府此次宣布对华关税加征是以美国贸易代表办公室“301关税”4年期复审结果为由，声称此举

① S. Department of State, “Joint Statement on Establishment of the Minerals Security Partnership Finance Network,” September 23, 2024, accessed April 12, 2025, https://2021-2025.state.gov/joint-statement-on-establishment-of-the-minerals-security-partnership-finance-network/.

与政治无关，[①] 但实际上，对华征收的价值180亿美元商品的高关税在经济层面上的影响有限，更多地具有象征意义，反映了深层次的政治考量。价值180亿美元商品的征税金额对于限制中国对美巨额出口没有实质性影响，而且，中国对美出口此部分产品数量极少，对美国国内产业几乎没有冲击。以电动汽车为例，2023年中国纯电动乘用车出口美国的数量为1.24万辆，2024年第一季度中国出口到美国的电动汽车数量不到2000辆。拜登政府对如此小规模的对美电动车出口征收如此高的关税，主要原因是着眼于选举政治考量，希望通过此举能够进一步争取美国汽车联合会等工会组织的支持。

二、重新执政：特朗普对华经贸政策展望

2024年是美国大选年，特朗普时隔4年再度当选。从其竞选期间对华经贸政策表态和执政后实际政策动向看，其对拜登政府对华经贸政策有根本性的调整，接续并强化其第一任期对华经贸政策意图明显。

（一）对华施压，强调对第一阶段协议执行情况进行审查。2020年1月15日，特朗普政府与中国政府达成“中美经济贸易协议”。该贸易协议的核心可称为“两年两千亿”，即以2017年为基数，中国应确保在2020年1月1日至2021年12月31日两年内，扩大自美采购和进口制成品、农产品、能源产品和服务不

① CBS News, “Biden to Announce New 100% Tariffs on Chinese EVs,” May 14, 2024, accessed April 12, 2025, https://www.cbsnews.com/news/biden-to-announce-new-100-tariffs-on-chinese-evs/.

少于2000亿美元。虽然拜登政府对此协议及其执行情况未予重视，但特朗普再度执政后，表示必须要对该协议的执行情况加以审查。在特朗普团队看来，该协议反映了美国对中国“不公平”贸易的具体诉求，也是其第一任期对华经贸施压成果的成功体现，强调此协议执行能够赋予其第二任期对华经贸施压天然的法律基础，让其可以借助该协议对中国执行不力加以“问责”。由于中国未能兑现“两年两千亿”的承诺，突出协议执行情况也能够让美国在对华施压上具有谈判优势。根据美方统计，中国总体上的协议执行率低于60%。具体而言，在协议所确定的中国自美国进口的工业制成品、农产品、能源产品和服务中，除了农产品完成率相对较高外，其他三类产品的完成率均较低。特别是能源产品，中国进口履约率低于40%。然而在中国看来，尽管协议在数据上未能完全履行，但导致未能足额执行的原因是多方面的，其中包括了新冠疫情这一不可抗拒力的自然因素。

（二）继续使用关税武器，威胁提高中国输美产品关税。特朗普在2024年竞选期间，就宣布了多种对华关税理由和多个关税税率，包括但不限于“芬太尼税”“不使用美元税”“统一台湾税”等。特朗普还多次公开表示，“关税”是最美丽的词汇。入主白宫后，特朗普迅速以所谓中国应对美国国内“芬太尼问题”负责为由，分别于2月4日和3月4日对华加征10%关税。美国政府辩称，这是因为所谓中国放任芬太尼所引发的“毒品战”，不是对华关税战。考虑到在管控“芬太尼问题”上，中国政府严格监管芬太尼类药品，严厉打击走私、制贩芬太尼类物质及其前体化学品违法犯罪，[①] 特朗普政府显然是把“芬太尼问题”作为对华加征关税和经贸打压的借口。面对特朗普政府的关税讹诈，中国坚决反制。对于2月4日美国加征关税，中国政府宣布对自美进口煤炭、液化天然气加征15%关税，对原油、农业机械、大排量汽车、皮卡加征10%关税。对于3月4日美国加征关税，中国政府宣布对自美进口大豆、玉米、棉花、鸡肉和牛肉等农产品征收10%或15%的关税。特朗普政府还积极推动其他名义的对华关税措施。例如，特朗普还要求商务部计算中国对美国实际关税税率，并据此征收对等关税。在计算中国对美实际关税时，特朗普政府不只关注狭义关税，还把所谓增值税和政府补贴等计算在内，意图得到可以对华加征的高关税。

（三）进一步限制中美双向投资。特朗普上任不久，其政府发布“美国优先投资政策”（America First Investment Policy, AFIP）。[②] 这一政策是特朗普新政府用以规划内外投资政策的重要文件，以限制对华投资和吸引外来投资为双重考虑，加大了投资议题安全化，强化中美双向投资安全审查，将给中美双向投资带来新的巨大冲击。一是在“美国优先投资政策”中，中国等国家和地区被明确定义为“外国对手”（foreign adversaries），而在《2018年外国投资风险评估现代化法案》（FIRRMA）中，中国等国家和地区尚被定义为“特别关注国家”

① 中华人民共和国国务院新闻办公室：《中国的芬太尼类物质管控》，2025年3月4日，访问日期：2025年4月14日，http://www.scio.gov.cn/zfbps/zfbps_2279/202503/t20250304_886256.html。

② The White House, “America First Investment Policy,” February 21, 2025, accessed April 14, 2025, https://www.whitehouse.gov/presidential-actions/2025/02/america-first-investment-policy.

（countries of particular concern）。从称呼的变化来看，美国在投资领域对中国的认定更为负面，采取了更为严厉的限制措施。二是投资者限制范围扩大，除了包括之前已经确定的中国和中国香港特别行政区，还把中国澳门特别行政区列入“对手”范围。三是投资领域限制扩大，自由裁量权增加。限制投资美国的技术、关键基础设施、医疗保健、农业、能源、原材料或其他战略部门，并扩大美国外资审查委员会（CFIUS）可处理的“新兴和基础”技术的范围。这意味着投资领域动态扩大，除了中国军民融合战略明确的技术领域外，还以“涉及的其他领域”作为兜底条款。四是投资类型限制扩大。除了包括传统的绿地投资，还覆盖到包括私募股权、风险投资、公司扩张和对公开交易证券的投资。

（四）淡化美国盟友经贸协调，中止拜登政府重大经济政策倡议。与拜登政府调动盟友在经贸领域遏压中国不同，特朗普第二任期会延续其第一任期的选择，推翻前任美国总统与盟友构建的多边经贸倡议。拜登政府任内，推出了若干个与盟友合作的多边经贸政策倡议，推进对华经济封堵。其中，“印太经济框架”（IPEF）是拜登政府重点设计和打造的地区多边经济政策倡议。“印太经济框架”有四个支柱，分别为贸易支柱、供应链支柱、清洁经济支柱和公平经济支柱。在拜登政府任内，这四个支柱总体进展顺利。除了贸易支柱，美国与其他13个成员达成了供应链、清洁能源和公平经济这三个支柱的协议。[①] 然而，特朗普第二任期的经济议程不仅与未达成的贸易支柱相冲突，还与已经达成的其他三个支柱相互冲突。在贸易支柱方面，特朗普政府强调贸易平等，把关税作为武器对其他国家施压。"印太经济框架"中多个国家，如日本、韩国、越南、印度等，对美存在巨额贸易顺差，或者被美国认为对美出口采取歧视性关税政策，将是特朗普政府对等关税要施压威胁的重点对象。在供应链支柱方面，特朗普政府寻求供应链回流美国，而不是在成员国之间协同分布，因此已经达成的供应链支柱相关安排将会面临瓦解。在清洁经济支柱方面，在特朗普政府明确反对拜登政府的清洁能源转型、要求扩大化石能源开采和消费的情况下，该支柱恐将无疾而终。至于公平经济支柱，其重要目标之一是要加大反腐败力度，构建透明、公正的商业环境，但特朗普认为反腐败损害了美国企业的正当海外利益，因此在上台后不久就签署了暂停执行美国国内《反海外腐败法》的行政令，要求在180天停止启动任何新的《反海外腐败法》调查或执法行动，以此限制《反海外腐败法》的过度扩张和不可预

① U.S. Department of Commerce, "Secretary Raimondo, IPEF Ministers Welcome Upcoming Entry into Force of the Clean Economy Agreement, Fair Economy Agreement, and Agreement on the Indo-Pacific Economic Framework for Prosperity (IPEF) and Commit to Continued Progress at Virtual Ministerial," September 23, 2024, accessed April 14, 2025, https://www.commerce.gov/news/press-releases/2024/09/secretary-raimondo-ipef-ministers-welcome-upcoming-entry-force-clean.

测的执法。[①] 在此情况下，“印太经济框架”恐怕被搁置。由此，拜登政府希望通过“印太经济框架”打造遏制中国经济地区影响力规则体系的意图将会落空。特朗普作为终结者，“印太经济框架”事实上重蹈了“跨太平洋伙伴关系协定”的覆辙。

三、特朗普政府对华经贸政策限度

特朗普再度执政，一改拜登政府在对华关税问题上的谨慎保守态度，继续挥舞关税大棒，试图接续其第一任期未竟事业，迫使中国继续让步。美国的评估认为，尽管对中国继续加征关税可能会带来一些挑战，但美国将保持有利地位，而中国则可能处于更加被动的局面。首先，对华“关税战”可能对美国自身产生负面影响，但这些影响总体上是可控的，相比之下，对中国的影响更为显著。原因在于中国对美国市场的依赖程度远超美国对中国市场的依赖。其次，中国经济相较于美国处于较弱的状态，例如经济增长动力不足和消费市场疲软等问题，这使得在经济博弈中，美国拥有更强的心理优势。

然而，以中美经济、贸易等相关指标和发展态势看，美国新政府通过对华打压以获得竞争优势的政策路径面临巨大的压力。

---

① Federal Register, “Pausing Foreign Corrupt Practices Act Enforcement To Further American Economic and National Security,” February 14, 2025, accessed April 14, 2025, https://www.federalregister.gov/documents/2025/02/14/2025-02736/pausing-foreign-corrupt-practices-act-enforcement-to-further-american-economic-and-national-security.

（一）中美经济总量和结构对比有利于中国。在2016年，特朗普第一任期的前一年，中国国内生产总值约为11.2万亿美元，美国同年国内生产总值为18.6万亿美元，中国占美国之比为60.2%。而在2024年中国国内生产总值约为18.9万亿美元，美国该年国内生产总值约为29.2万亿美元，中国占美国之比升至64.7%。需要指出，这是根据美元汇率计算出来的比值，而汇率在不同年份有偶然性和波动性。例如，在2021年，同样按照美元汇率计算，中国国内生产总值约为美国的77%。如果按照本币计算，中国国内生产总值从2016年的76.1万亿人民币，增长至2024年的134.9万亿人民币，增加了77.3%。而美国同一时期增加了56.9%。更为重要的是，在经济结构上，特朗普第一任期美国发动对华"贸易战"之后，中国经济加快从高速度增长转向高质量发展，在高科技研发和经济独立性方面都取得了显著进展。中国经济不仅规模变得更大，而且质量变得更高，结构变得更优，韧性变得更强。

（二）中美贸易结构变化有利于中国。在2016年，中美双边货物贸易总额为5791亿美元，其中，美国对华出口1160亿美元，从中国进口4631亿美元，对华货物贸易逆差为3471亿美元。2024年，中美双边货物贸易总额为5843亿美元，美国对华出口1446亿美元，从中国进口4397亿美元，对华货物贸易逆差为2952亿美元。比较2016年和2024年的中美双边货物贸易额，总量上两者相差无几，但是进口和出口结构发生了很大变化。具体而言，这一时期美国对华出口增加了275亿美元，但从中国进口减少了242亿美元，其对华贸易逆差也相应下降了517亿美元。从特朗普政府发动对华"关税战"的所谓"筹码"角度来看，这实际上意味着对中国而言，贸易结构的调整将更有利于中国而非美国。按照特朗普政府的逻辑，美国试图威胁中国，但结果却是中国对美出口额相对下降了，而中国反制美国的自美进口额相对增加了。

（三）美国国内经济形势变化不利于美国。与特朗普第一任期相比，特朗普第二任期再度发起对华“关税战”，美国国内经济环境发生了重大变化，特朗普面临的国内经济压力和约束比其第一任期大为增加。首先是通货膨胀压力。特朗普第一任期发动对华“贸易战”时，美国国内通胀低，对华征收关税对美国国内通胀负面影响不大。2016年和2017年，美国国内消费者价格指数（CPI）分别为2.3%和2.4%，哪怕对华加征关税引发物价上涨，但上涨幅度可以接受，对美国民众和经济的冲击有限。而2023年和2024年，美国国内消费者价格指数分别为5.0%和3.8%，处于相对高位。民主党输掉2024年总统大选，一个重要原因就是美国通货膨胀率在拜登政府任内攀升、恶化，甚至失控，严重影响了美国普通民众的日常生活。[①] 美国民众对拜登政府高度不满，从而帮助特朗普赢得了大选。如果特朗普政府第二任期对华加征高关税，势必会推高美国国内通胀水平，削弱特朗普的国内支持度。此外，美国债务形势也发生了重大变化。特朗普第一任期，虽然美国联邦债务有所上升，但总体可控。由于债务压力总体相对不大，特朗普第一任期可以通过给美国农民财政补贴的方式，抵消中国对美国农产品加征关税

① 宋国友、肖方昕：《经济依然优先：摇摆州经济与2024年美国总统大选》，《美国研究》2025年第1期。

的影响，降低国内反对。但2024年，美国债务占GDP比重已经上升至120%。特朗普政府第二任期把控制债务规模作为其经济议程的重大任务，通过政府效率部的“查账审计”，试图压缩政府各种开支。在债务攀升的情况下，特朗普用补贴方式为“关税战”受损行业提供支持的财政约束增大。

（四）中国综合反制美国关税的“工具”增多，对美综合反制力度显著增强。在特朗普第一任期中方反制美国对华加征关税过程中，中国主要采取关税反制方式，根据美国对中国输美产品加征关税情况对自美进口商品加征相应关税，而且基本上遵守同等税率原则，不超过美国对华征收关税税率。但由于美国对华出口额要远小于中国对美出口额，中国对美关税反制效果并不显著。到了特朗普第二任期，除了进行关税反制外，中国对美反制思路更为开阔，反制工具大为增加，不再限于关税选项。一是把更多美国实体列入不可靠实体清单。被列入清单的美国企业被禁止从事与中国有关的进出口活动以及在中国境内新增投资。二是把美国企业列入出口管制清单，禁止相关军民两用物项对特定美国企业出口。三是发挥关键矿产资源对美优势，对关键矿产实施出口管制。目前，中国已经对钨、碲、铋、钼、铟、镓、锗、锑、石墨等关键矿产对美实施出口管制。尤其是中国关键矿产实施对美出口管制，对于美国军品和高科技产品生产带来长期影响。美国面临中国关税和非关税反制措施的综合使用，遭受的挑战会更大。

（五）特朗普第一任期对华“贸易战”不仅没有取得预期目标，反而推动了中国对美贸易依赖降低，中国科技更为自立。一方面，美国对华发动“贸易战”，目标是通过降低对华贸易逆差进而降低对外贸易逆差，但实际上，美国对外贸易逆差不降反升。对华发动“贸易战”前一年的2017年，美国对外货物贸易逆差为7993亿美元，2024年美国对外货物贸易逆差快速上升至12130亿美元。美国这一时期对墨西哥、越南、加拿大和印度等国家的货物贸易逆差均快速上升。这一数据表明美国即使通过高额关税强制减少了对华贸易逆差，但美国与世界经济存在巨大互补性，美国的经济结构决定了美国必须从其他国家大量进口并出现巨额逆差。另一方面，在美国关税打压下，中国对美出口和对美贸易顺差虽均有所减少，但中国对外贸易却表现出强大的韧性和竞争力。① 更为重要的是，特朗普第一任期发动的对华“贸易战”，促成中国科技对美依赖度大为降低。面对美国越发收紧的出口管制措施和投资限制政策，中国持续突破美国技术封锁，在半导体和人工智能领域取得重大突破。特朗普第一任期发动对华“贸易战”，还有打压“中国制造2025”的企图。但根据马尔科·鲁比奥2024年任职参议员时所发布的评估中国先进制造业发展的报告称，在10个中国要大力发展的制造业领域中，电动汽车、能源和发电、高铁和造船业等4个行业已经世界领先，航空航天、新材料、机器人、生物技术和芯片制造等领域取得了长足进步，只有农业机械未取得预期成果。② 总体上，有观点认为，特朗普对华经贸“去风险”战略虽

① 中华人民共和国海关总署：《进出口商品总值表（美元值）》，2025年1月18日，访问日期：2025年4月14日，http://www.customs.gov.cn/customs/302249/zfxxgk/2799825/302274/302277/302276/6325037/index.html。

② Marco Rubio, “The World China Made: Made In China 2025 Nine Years Later,”May 18, 2024, accessed April 14, 2025, https://www.americanrhetoric.com/speeches/PDFFiles/Marco-Rubio-The-World-China-Made.pdf.

在一定程度改善了美国经济安全，但对美国自身也产生了严重的意外后果。[①]

四、结　语

2024年作为拜登政府执政的最后一年，其对华经贸政策保持了总体的稳定性，同时延续并强化了前三年所确定的对华经贸战略。即便拜登政府对华征收价值180亿美元商品的关税，中美在经贸领域未发生激烈冲突。两国政府通过经济工作组、商务工作组和金融工作组，继续保持高层对话，妥善解决重点议题。但是特朗普重新执政给中美经贸关系带来巨大的不确定性，其第一任期对华发动的“贸易战”，极大地颠覆了中美两国在改革开放以后所形成的经贸互动模式。比较而言，虽然拜登和特朗普均倾向于某种形式的保护主义，他们在具体政策路径上存在较大差异。拜登倾向于利用现行的经贸规则，在清洁能源和半导体等战略产业建立保护壁垒，并向这些行业提供巨额政府补贴，以此试图建立对华的经贸优势。特朗普旨在缩减与中国的贸易逆差，并扩大美国对中国的出口额。为此，它提议提高所有中国进口商品关税，撤销中国的最惠国贸易地位，并完全禁止部分中国商品的进口。更为重要的是，拜登和特朗普不仅在政策路径上存在差异，政策风格区别更大。相比于拜登，特朗普对关税手段更为偏好，胁迫性更强，即时破坏性更大。

① Jordan Schneider and Kevin Xu, “How America’s War on Chinese Tech Backfired,” November 26, 2024, accessed April 14, 2025, https://www.foreignaffairs.com/united-states/how-americas-war-chinese-tech-backfired.

中美经贸关系并不只由美国塑造。中国在成功经历了特朗普第一任期的“贸易战”后，准备也更为周全，考虑也更为充分。中美经贸关系将进入一个新的斗争阶段。

第三章
2024年“美台关系”的发展动向

信　强

作为拜登政府任期的最后一年，美国在2024年延续其“以台制华”的既定策略，一方面，对中国作出“口惠而实不至”的政治表态和政策承诺；另一方面，则继续在安全、军事、政治、经济、科技、社会等领域加大对台湾当局的支持，强化美台全方位勾连，不仅导致台海的紧张局势无法消退，也令中美关系频频出现重大波折。

一、“狂飙突进”的美台“军事安全”互动

在2024年，拜登政府在军事和安全领域进一步放宽和取消既往的政策限制，着力加大对台“军事和安全”援助与支持，并继续在所谓“协防台湾”问题上大放厥词，导致美台“安全”合作进入一个加速期，不仅合作力度和范围持续拓展升级，美国更是利用“军售+军援+军训”的“三合一”模式，在“武装台湾”的道路上狂飙突进。

第一，拜登政府再次就美国将“协防台湾”表态。随着2024年1月岛内选举结果出炉，自称“台独工作者”的赖清德

当选，并于5月20日发表“新两国论”挑衅言论，导致两岸关系随即陷入持续紧张之中。为了压制赖清德以及“台独”势力的嚣张气焰，中国大陆随后举行了包括“联合利剑2024”在内的多次大规模联合军事演习，而拜登政府则在对台“安全”问题上继续玩弄“两面手法”，为赖清德“抗中保台”的政策路线撑腰打气。6月4日，拜登在接受美国《时代》周刊专访时声称，他已向习近平主席表态：“美国过去与中方签署协议，美方政策是不寻求‘台湾独立’，但事实上，若中国试图单方面改变现状，美方也不会不‘保护台湾’。因此，美方将继续为中国台湾地区提供防卫能力，并与区域盟友协商。”他还声称，在所谓大陆“侵台”的情况下，“不会排除动用美国武力”。①这是拜登任内第四次就所谓“协防”台湾问题作出肯定性表态，继续在安全政策问题上对台湾当局释放明确的“保台”信号。

第二，频繁发起“对台售武”。纵观拜登4年任期，美国共计批准了19次“对台售武”案，总额约为83.77亿美元，而仅仅在2024年，拜登政府便批准“对台售武”共计7次，金额总计达36.31亿美元。具体而言，2月21日，美国宣布对台出售价值约为7500万美元的战术数据链系统升级服务。6月5日，美国又批准对台出售F-16战斗机的标准备用和修理零件及相关设备（价值约为2.2亿美元），以及非标准备件和维修部件等（价值约为8000万美元），用于帮助台武装部门维持F-16战机机群的战斗力。鉴于无人机在乌克兰危机中的突出表现，6月18日，

① TIME, “Read the Full Transcript of President Joe Biden’s Interview With TIME,” June 4, 2024, accessed March 10, 2025, https://time.com/6984968/joe-biden-transcript-2024-interview/.

美国批准对台出售720套“弹簧刀300”型（Switchblade 300）导弹系统以及291套“Altius 600M-V”攻击型无人机系统，价值约为3.6亿美元，被视为是美国帮助台湾当局发展“非对称战力”的又一重大举措。9月16日，美国批准对台出售F-16战斗机所需的备用零件与技术支持，价值约为2.28亿美元。10月25日，美国宣布将对台出售先进地对空导弹系统、L频段雷达换装服务和非L频段雷达换装服务，价值约为19.88亿美元。11月29日，拜登政府又批准对台出售F-16战斗机后期维护关键性器材及有源相控阵（AESA）雷达后勤支援服务、战术区域通信系统后续维持服务，价值约为3.85亿美元。12月20日，美国批准对台出售Link-16终端机升级服务与76快炮座零附件，价值约为2.95亿美元，这也成为拜登任期内“对台售武”的“收官之作”。由上述可见，在其任期的最后一年，拜登政府“对台售武”显著提速，次数明显增多，金额也占到4年售武总额的43.3%，使得美国“对台售武”进入了“快车道”。

表1　2024年美国“对台售武”项目情况

	时间	金额（亿美元）	具体售武项目
1	2024年2月21日	0.75	战术数据链系统升级，包括跨域解决方案（CDS）、高保证设备、全球卫星定位系统接收器、通信设备、技术服务与后勤支援等
2	2024年6月5日	3	F-16战斗机的标准备用和修理零件及相关设备，以及非标准备用和修理零件
3	2024年6月18日	3.602	720套“弹簧刀300”型（Switchblade 300）导弹系统、291套“Altius 600M-V”攻击型无人机系统
4	2024年9月16日	2.28	F-16战机所需的备用零件与技术支持

续表

	时间	金额（亿美元）	具体售武项目
5	2024年10月25日	19.88	先进地对空导弹系统、L频段雷达换装服务和非L频段雷达换装服务
6	2024年11月29日	3.85	F-16战斗机后期维护关键性器材及AESA雷达后勤支援服务、战术区域通信系统后续维持服务
7	2024年12月20日	2.95	Link-16终端机升级服务与76快炮座零附件

资料来源：作者整理。

第三，向中国台湾地区提供“军事”援助。根据《2023年国防授权法》，美国国务院可以根据“对外军事融资”（Foreign Military Finance, FMF）渠道，以赠款和贷款的援助方式，向中国台湾地区每年提供至多20亿美元的资金，用于购买美国制造的武器和防务装备。继2023年8月首次向中国台湾地区提供8000万美元“对外军事融资”贷款，用于“通过联合和综合防卫能力以及增强海域态势感知和海上安全能力以加强台湾的自卫能力”之后，2024年3月23日，拜登总统又签署《2024财年综合拨款法》，授权为中国台湾地区提供3亿美元的“对外军事融资”援助。[①] 4月24日，拜登签署总额约达950亿美元的《国家安全紧急补充拨款法》，其中包含的《“印太”安全补充拨款法案》规定将为“印太”地区盟伴提供81.2亿美元的援助，其中不仅授权为“对外军事融资”项目提供20亿美元用于援助中国台湾地区等盟伴，还专门编列19亿美元经费，以供美国及其

① Public Law No: 118-47, H.R.2882, *Further Consolidated Appropriations Act, 2024*, 118th Congress, March 23, 2024, p.893.

盟伴“军援”中国台湾地区，包括支持美国国防部回补援台“军备”、对台提供“军事”服务、教育及训练等。① 9月29日，拜登总统又再次动用“总统特别提取权”，批准向中国台湾地区提供总额达5.67亿美元的“军事”援助，包括反装甲武器、防空和多域态势感知系统、无人机等武器装备。12月20日，即将卸任的拜登总统第三度动用“总统提款授权”（PDA），批准了总额为5.7亿美元的对台“军事”援助。② 而在于2024年12月23日由拜登签署通过的《2025财年国防授权法》中，又专门授权国防部动用3亿美元，设立“台湾安全合作倡议”（Taiwan Security Cooperation Initiative），向中国台湾地区提供涵盖情报侦察与监控能力、反装甲武器、雷达系统、载人或无人航空活动、网络防御、远程精准打击、整合空中导弹防御系统、反舰导弹、电子战与反电子战能力、安全通信设备、水下作战能力、水雷与反水雷技术、海岸防御以及弹药等方面的支持，以及相关能力的训练与操作。③

第四，举行美台联合“军事”演训。在拜登政府和台湾当局的联手推动下，美台联合“军事”演习和训练的频率不断增

① Public Law No: 118-50, H.R.815, *Emergency National Security Supplemental Appropriations Act, 2024*, 118th Congress, April 24, 2024, p.31.

② Reuters, “Biden approves $567 mln in defense support for Taiwan, White House says,” September 30, 2024, accessed March 11, 2025, https://www.reuters.com/world/biden-approves-567-mln-defense-support-taiwan-white-house-says-2024-09-30/; Reuters, “Biden approves $571 mln in defense support for Taiwan,” December 21, 2024, accessed March 11, 2025, https://www.reuters.com/world/us/biden-approves-571-mln-defense-support-taiwan-2024-12-21/.

③ Public Law No: 118-159, H.R.5009, *National Defense Authorization Act for Fiscal Year 2025*, 118th Congress, December 23, 2024, pp.343-345.

加，美方为中国台湾地区提供的培训内容也日趋复杂化。2024年4月，美国和台湾当局的海上武装在西太平洋举行了联合演习，双方派遣护卫舰、补给舰和支持舰艇等共计6艘舰艇参加，旨在依照“海上意外相遇行动准则”（Code for Unplanned Encounters at Sea, CUES）练习双方通信连接、加油和补给等基本操作，以及搜索水下目标等具体海上战术操演。[①] 8月，中国台湾地区再度派遣人员参加由密歇根州国民警卫队举办的“北方打击”（Northern Strike）联合“军事”演习，不仅参演规模较之往年进一步扩大，而且在演习期间，美方还首次向台湾地区防务事务主管机构相关人员展示了美国援助乌克兰、与“弹簧刀”无人机性能类似的“凤凰幽灵”（Phoenix Ghost）自杀式无人机的战术效能。8月底，美国海岸警卫队“机动辅训团”（Mobile Training Team，MTT）秘密赴台，开展为期10天的“海域执法教官养成班”第二阶段训练，教授台方海事搜救规划、公海登检等课程，旨在提升台湾地区“海巡署”人员的“战术、战略思维”，以应对中国大陆的所谓“灰色地带战略挑衅行为”。另据岛内媒体10月25日报道称，台湾地区防务事务主管机构相关人员于2024年10月率团秘访夏威夷，出席台美“陆威专案”年终会议，探讨台湾地区防务“随队见习”，台美进行“联合演训”“机动辅训”“专家交流”“互动协训”，组建“特战

① Reuters, “Exclusive: U.S. and Taiwan navies quietly held Pacific drills in April,” May 14, 2024, accessed March 11, 2025, https://www.reuters.com/world/us-taiwan-navies-quietly-held-pacific-drills-april-sources-say-2024-05-14/.

合作组”等事宜。[1]

第五，美台军工产业合作的加强。随着乌克兰危机的延续，拜登政府和台湾当局更加关注加强在军工产业链方面的合作。2024年6月6日，在“美台商会”（U.S.-Taiwan Business Council）的邀请下，美国海军陆战队退役中将史蒂文·鲁德（Steven Rudder）带领近30家美国国防工业厂商赴台参加“美台防务工业论坛”闭门会议，与航天、造船、网络安全与后勤等相关领域的台湾厂商讨论双边防务供应链合作事宜。尤其是鉴于无人机在乌克兰危机中的重要作用，多家生产无人水面载具（Unmanned Surface Vessel, USV）的美国防务企业也首次应邀赴台，与参会的经纬航天、雷虎科技等多家台湾无人机生产公司讨论如何加强双方在无人载具平台方面的产业合作。[2] 9月22日至25日，“美国在台协会”又与美国商务部国际贸易管理局出面组织26家美国陆、海、空无人载具和反无人机雷达的制造商以及美国国防部官员到访中国台湾地区，与由汉翔公司牵头的“台湾卓越无人机海外商机联盟”成员、台湾地区研究机构“中科院”研发人员以及台湾地区防务事务主管机构、涉外事务主管部门、“海巡署”等机构人员会面交流，进一步商讨

---

① 游凯翔：《“陆军司令”锺树明率团赴美 出席台美陆威项目会议》，中国台湾地区网站，2024年10月25日，https://www.cna.com.tw/news/aipl/202410250138.aspx，访问日期：2025年3月11日。

② Overseas Community Affairs Council, “Taiwan-U.S. defense forum focuses on international tech collaboration,” June 9, 2024, accessed March 11, 2025, https://www.ocac.gov.tw/OCAC/Eng/Pages/Detail.aspx?nodeid=329&pid=65271636.

推动美台在无人作战系统和反无人机系统生产方面的合作。[①] 10月7日至8日，美国国防部主办首届"'印太'产业韧性伙伴"（Partnership for Indo-Pacific Industrial Resilience，PIPIR）会议，旨在与"印太"盟伴提升工业基础能力、产能与劳动力，促进国防创新，增强各方"国防工业韧性"，并首度邀请台湾地区防务事务主管机构负责军备事务的副负责人徐衍璞以所谓"顾问"身份率团与会，与美国及其"印太"盟友的防务产业官员进行交流，商讨如何增强台湾的"防务工业韧性"。[②]

二、2024年的美台"政治关系"

随着2024年1月13日台湾岛内"二合一"选举的落幕，由于"蓝（国民党）白（民众党）合"破局，导致民进党赢得选战。虽然赖清德和萧美琴的组合得票率仅有40%左右，且民进党在台湾地区立法机构沦为第二大党，就此失去了对立法议程的掌控，成为"双少数"的弱势领导，但是赖清德在5月20日接替蔡英文后，始终拒不接受一个中国原则和"九二共识"，顽固奉行"抗中保台""倚美谋独"的既定路线，在推动"台独"的分裂道路上越走越远。在两岸政策上，赖清德上台后沿袭蔡

① International Trade Administration, "Uncrewed Aerial Systems (UAS) and Counter-UAS (C-UAS) Business Development Trade Mission to Taiwan," September 25, 2024, accessed March 11, 2025, https://www.trade.gov/aerospace-defense-trade-mission-taiwan-participants.

② 石秀娟：《美主导国防工业韧性伙伴成立"军备副部长"徐衍璞与会》，中国台湾地区网站，2024年10月11日，https://www.cna.com.tw/news/aipl/202410110013.aspx，访问日期：2025年3月11日。

英文的"台独"路线，炮制所谓的"新两国论"。赖清德在岛内变本加厉制造"绿色恐怖"，打压岛内政治异己，煽动"反中抗中"，升高两岸对立对抗，限阻两岸交流交往，强推两岸"脱钩断链"，以服务其"台独"分裂目的，也使得两岸关系的紧张对立不仅难以得到缓和，而且极有可能会进一步恶化。

对于赖清德的"谋独"挑衅导致两岸紧张关系持续升级的局面，拜登政府一方面频频向中国表态会继续坚持一个中国政策，以免台海局势失控。例如，在1月13日，亦即赖清德当选台湾地区领导人的当天，总统拜登便在第一时间公开表示，美国"不支持（台湾）独立"。① 此后白宫官员又补充称，美国政府"赞成台北和北京对话，在没有胁迫的情况下和平解决分歧"。② 旋即拜登政府又于1月14日派遣由共和党籍前美国总统国家安全顾问史蒂芬·哈德利（Steven Hadley）和民主党籍前美国副国务卿詹姆斯·斯坦伯格（James Steinberg）带领的美国非官方代表团访问中国台湾地区，与刚当选的赖清德会面讨论"延续关键政策"的重要性，包括"维持两岸现状"、保持"美台关系"等议题。4月24日至26日，国务卿布林肯在访华期间又向中方重申美国的一个中国政策没有改变。11月16日，拜登总统与习近平主席在秘鲁首都利马APEC峰会期间举行场边会晤。在这最后一次"习拜会"上，拜登再度向习近平主席表示

① Reuters, "U.S. does not support Taiwan independence, Biden says," January 14, 2024, accessed March 12, 2025, https://www.reuters.com/world/biden-us-does-not-support-taiwan-independence-2024-01-13/.

② Reuters, "World reactions to Taiwan election," January 14, 2024, accessed March 12, 2025, https://www.reuters.com/world/asia-pacific/world-reactions-taiwan-election-2024-01-14/.

美国的一个中国政策不会改变，期望"台海两岸分歧通过和平方式得到解决"。[①]

另一方面，为了显示美国对台湾当局所谓"坚如磐石"的支持，防范中国对赖清德的"台独"挑衅作出武力回应，拜登政府也频频在不同场合向中国发出警告甚至威胁，为赖清德"撑腰打气"。例如，2月20日，美国总统国家安全事务助理沙利文对外宣称：维持台海和平稳定是美国一贯明确的立场，美国"反对任何一方采取任何破坏那种和平与稳定的行动。那将是我们持续发出的响亮及清晰的信息"。[②] 3月7日，拜登总统在年度国情咨文中声称会坚决维护"台海和平稳定"，这是拜登本人首次在国情咨文中高调谈及台湾问题。在赖清德即将上台之际，国务卿布林肯又于5月19日发表声明，祝贺赖清德就任中国台湾地区领导人，表示期待与赖清德以及横跨台湾政治光谱的伙伴携手合作，"深化我们长久以来的非官方关系，并维持台海的和平稳定"。[③] 在5月20日赖清德就职之际，拜登政府又指派前总统特别助理兼国家经济委员会主任布莱恩·迪斯（Brian

① U.S. Embassy & Consulates in China, "Readout of President Joe Biden's Meeting with President Xi Jinping of the People's Republic of China," November 17, 2024, accessed March 12, 2025, https://china.usembassy-china.org.cn/readout-of-president-joe-bidens-meeting-with-president-xi-jinping-of-the-peoples-republic-of-china-3/.

② The American Presidency Project, "On-the-Record Regional Press Call by APNSA Jake Sullivan on the National Security Supplemental," February 20, 2024, accessed March 12, 2025, https://www.presidency.ucsb.edu/documents/the-record-regional-press-call-apnsa-jake-sullivan-the-national-security-supplemental.

③ Voice of America, "U.S. Support for Democracy in Taiwan," May 30, 2024, accessed March 12, 2025, https://editorials.voa.gov/a/u-s-support-for-democracy-in-taiwan/7635046.html.

Deese）和前副国务卿理查德·阿米蒂奇（Richard Armitage）率团出席赖清德的就职典礼。9月24日，拜登总统在联合国大会发表演说，罕见地声称美国“反对其他国家在南海的军事胁迫，并致力于维护台海和平稳定”。[①] 10月11日，国务卿布林肯在出席东亚峰会期间又公开警告“中国不应该以任何方式以其（指的是赖清德发表‘双十演说’）为借口采取挑衅行动”，并声称所有东盟成员国和其他与会国家都“强烈希望维护台海的和平稳定，任何一方都不应采取行动破坏现状”。[②] 12月18日，布林肯在接受《外交》杂志采访时表示，“如果因中国的行动导致台湾危机，这将波及全球，没有人能置身事外”。他甚至妄称，中国常说台湾问题是其内政，与他国无关，“事实上，国际社会已经作出回应：‘不，（台湾问题）是我们的事’”，“越来越多国家一致强调维持台海和平的重要性，因为这将深刻影响大家的利益”。[③] 此外，拜登政府还频频借助国际双边、多边平台发表“挺台”言论，包括在5 月美日韩三方外交次长级对话、美意“印太”事务咨商、6月七国集团领导人峰会、7月美日外

---

① U.S. Embassy & Consulates in China, “Remarks by President Biden Before the 79th Session of the United Nations General Assembly,” September 25, 2024, accessed March 12, 2025, https://china.usembassy-china.org.cn/remarks-by-president-biden-before-the-79th-session-of-the-united-nations-general-assembly-new-york-ny/.

② U.S. Department of State, “Secretary Antony J. Blinken at a Press Availability,” October 11, 2024, accessed March 12, 2025, https://2021-2025.state.gov/secretary-antony-j-blinken-at-a-press-availability-53/.

③ Foreign Affairs, “American Foreign Policy in a Turbulent Age,” December 18, 2024, accessed March 12, 2025, https://www.foreignaffairs.com/podcasts/american-foreign-policy-turbulent-age-antony-blinken.

交和国防部长“2+2”会谈、美菲“2+2”会谈、8月美澳部长级咨商、美日韩“戴维营峰会”一周年联合声明、美新战略对话、9月美英战略对话、七国集团外长会议等场合，拜登总统或政府高官均曾多次强调所谓“台海和平稳定”的重要性，并反对“单方面改变现状”，试图以此对中国施加政治和外交压力。

对于台湾当局而言，为了拉近与美国的关系、赢得美国的信任，赖清德也可谓用尽心机，竭力维持对美的沟通和联络渠道。例如，在2024年8月，台湾地区安全事务主管部门负责人吴钊燮和涉外事务主管部门负责人林佳龙便飞往美国与拜登政府官员举行会谈，这也是赖清德上任后首个高层访美团。[①] 据路透社报道称，台湾地区安全事务主管部门副负责人徐斯俭和林飞帆又于12月到访美国，与可能在特朗普政府担任重要职务的共和党人士会面。[②] 但是面对高居不下的台海紧张局势，由于担心赖清德成为“陈水扁第二”，肆意挑战台海红线，因此拜登政府也不时对赖清德予以敲打，以约束和防止赖清德“暴走”。例如，赖清德本希望能够在上台后不久，即能够借出访之机在美国本土“过境”，以显示美台关系“稳固如初”。但是拜登政府却始终不允许其在美国本土“过境”。经过与美方的多轮协调之后，2024年11月30日至12月6日，赖清德展开为

① Demetri Sevastopulo, “Taiwan’s top security officials make secret trip to US for talks,” *Financial Times*, August 22 2024, accessed March 12, 2025, https://www.ft.com/content/c4c5f7b3-9506-422b-a892-7b89e90a1631.

② Michael Martina and David Brunnstrom, “Taiwan officials visit US for talks with Trump’s circle, say sources,” *Reuters*, December 12, 2024, accessed March 12, 2025, https://www.reuters.com/world/taiwan-officials-visit-us-quiet-talks-with-trumps-circle-say-sources-2024-12-12/.

期7天6夜的南太平洋访问行程，在前往马绍尔群岛、图瓦卢、帕劳等三个南太岛国之际，勉强获准在美国夏威夷和关岛“过境”。而且在赖清德于11月30日抵达夏威夷之际，“美国在台协会”理事会主席劳拉·罗森伯格（Laura Rosenberger）也罕见地未按照惯例前往接机。但是为了拉拢台湾当局，拜登政府依然在赖清德首次“过境”美国途中给予了一定的“礼遇”，包括允许赖清德在夏威夷州长乔希·格林（Josh Green）的陪同下参观夏威夷州紧急事务管理局，并在东西方中心（East-West Center）发表了主题为“共荣的未来：台湾作为‘印太’区域和平与繁荣的伙伴”的公开演讲，其间赖清德还与美国众议院前议长南希·佩洛西进行了通话。12月4日，赖清德在回程“过境”关岛时，又获准与关岛总督路德·古内罗（Lourdes Leon Guerrero）会面交流，参访关岛议会，并与美国众议院议长迈克·约翰逊（Mike Johnson）、众议院少数党（民主党）领袖哈基姆·杰弗里斯（Hakeem Jeffries）、时任参议院军事委员会首席议员罗杰·威克（Roger Wicker）通话。如此种种，均显示出美国对赖清德“又打又拉”的策略，既要敲打赖清德，又要加以笼络，以便让赖清德倾力配合美国“以台制华”战略的实施。

尤为值得注意的是，在拜登执政的最后一年，美国州政府与中国台湾地区的互动合作开始出现显著升温。例如，2024年3月4日，美国密歇根州州长格雷琴·惠特默（Gretchen Whitmer）率团访台，并高调宣布成立“密歇根州驻台商务办事处”，旨在推动双方在经贸投资、教育文化、学术研究等领域的合作，特别是在半导体、电动汽车、人工智能、清洁能源等方面的产业合作。5月29日，新泽西州招商局在台北成立“新泽西亚太中心”，这是该州招商局在海外成立的第五个办公室，以便为有意到新泽西州布局的台湾企业提供协助。6月17日至18日，“美国在台协会”又出面组织15家中国台湾地区半导体企业组成商业考察团，到美国俄勒冈州参访英特尔、惠普等高科技公司，出席由俄勒冈州政府和台湾地区“驻西雅图办事处”合办的“半导体企业招商论坛”，并与俄勒冈州副州务卿谢丽尔·迈尔斯（Cheryl Myers）等接触，以评估半导体产业合作机会。7月7日，首次访台的美国得克萨斯州州长格雷格·阿博特（Greg Abbott）在当地宣布成立“得州在台办事处”，旨在强化双边贸易、就业机会以及创新合作。同日，阿博特与台湾地区经济事务主管部门负责人郭智辉签署“台湾–得州经济发展合作意向书”，旨在借此深化双方在半导体、电动车、能源韧性、创新科技等领域的合作。9月3日，美国印第安纳州宣布设立“驻台办事处”，旨在强化双方在半导体、人工智能、农业科技、农业生物科学等高科技领域的合作。10月1日，亚利桑那州、俄克拉荷马州、蒙大拿州和南卡罗来纳州等多州派遣代表团赴台参加“2024年美国商机日暨台美供应链伙伴论坛”，探索与中国台湾地区企业在电动车、无人机、资讯安全、医疗保健等领域的机会。同日，台湾地区经济事务主管部门负责国际贸易的机构与南卡罗来纳州商务厅签署合作备忘录，谋求深化双方在机械、传统产业、再生能源等领域的产业交流。10月8日，时任美国国务院亚太事务助理国务卿康达（Daniel Kritenbrink）、商务部主管全球市场事务的助理部长阿伦·范卡塔拉曼（Arun Venkataraman）、农业部海外服务署署长丹尼尔·惠特利（Daniel Whitley）联名致函美国各州州长、主要城市市长及重要企业领袖，鼓励其强化与中国台湾地区的贸易、教育、投资与观光交流，并鼓励企业善用美台共享价值及稳健关系所提供的商机，这是美国联邦政府继2019年9月、2023年3月致函鼓励全美各州州长及美国前500大企业之后，第三次明确表达支持强化美台各层级、各领域交往的立场。11月5日，第三次访问中国台湾地区的美国爱达荷州长李睿德（Brad Little），又与台湾地区涉外事务主管部门负责人林佳龙签署“台湾–爱达荷州40周年姐妹关系了解合作备忘录”，意图强化双方在经济、文化与教育、高科技及农业等多面向的合作与交流。12月9日，首次访问中国台湾地区的美国俄克拉荷马州州长凯文·斯蒂特（Kevin Stitt）与台湾地区经济事务主管部门负责人郭智辉签署“台湾–俄克拉荷马州经济、能源与贸易合作协议”，双方表示将加强在半导体、无人机、人工智能、关键矿物、能源韧性等领域的贸易、投资与产业合作。12月19日，“美国在台协会”、美国州政府办事处协会（American State Offices Association）、“台湾地区电机电子工业同业公会”共同成立“投资美国委员会”（Invest USA Committee），以便联手解决台湾公司在资讯取得和资源协调方面的挑战，并通过各样活动协助希望赴美拓展业务的台湾公司建立人脉网络与社群。如此种种，使得美台所谓“非官方”关系的基础得到了进一步“夯实和拓展”。

三、美台经贸文化互动

在拜登政府的最后一年，美台之间的经贸、科技、教育互动趋于频繁。例如，围绕美台“21世纪贸易倡议”（US-Taiwan Initiative on 21st-century Trade）谈判，美台双方一直就相关议题的法规内容、管理措施、基本政策目标、执行成效、执行经验等事宜持续保持着密切沟通，并逐步形成共识。2024年4月6日，美国贸易代表办公室（USTR）依据“美台‘21世纪贸易倡议’首批协定执行法”，公布了该倡议第二阶段谈判的拟议文本，表示双方将聚焦农业、劳动、环境三大议题开展进一步谈判。4月29日至5月3日，美国助理贸易代表特里·麦卡廷（Terry McCartin）率领“美国在台协会”、农业部、劳工部和国务院官员赴台，与时任台湾地区行政管理机构“经贸谈判办公室副总谈判代表”杨珍妮领导的台湾团队开启为期5天的“21世纪贸易倡议”第二阶段第二次谈判，就上述三大领域的文本内容进行讨论，主要聚焦于可促进农业贸易的法规、深化贸易与环境合作、推动保障国际认可的劳动权益等议题。8月5日，总统拜登授权美国贸易代表戴琪依据“美台‘21世纪贸易倡议’首批协定执行法”，与美国国会展开首批协定生效的后续工作，包含向美国国会提交执行报告，内容包括首批协定的经济效益及分析、履行协议作法等。12月10日，台湾地区行政管理机构“经贸谈判办公室”表示，在得到美国国会确认后，美台“21世纪贸易倡议”首批协定即日起正式生效，涵盖关务行政及贸易便捷化、良好法制作业、服务业国内规章、反贪腐、中小企业等五项议题，并宣称由此初步奠定了美台经贸关系的“法制基础”。[①]

又如，多年来，为消除美方对于在美工作的台湾人和企业的“双重课税”问题，并为美台之间的双向直接投资提供便利，美台双方一直在进行减免和防止所谓“双重课税”谈判，包括试图通过“美台快速双重税收减免法案”（United States-Taiwan Expedited Double-Tax Relief Act）来解决有关问题，但始终因各种原因而无法落到实处。时至2024年10月29日，美国财政部宣布，美台双方将以国会相关倡议为基础，开始就解决双重课税问题展开全面协议谈判，协议文本预计将以“示范税务公约”（Model Tax Convention）为基础，内容包括降低跨境支付股利、利息及特许权使用费的预扣税；常设机构及临时跨境工人的税务待遇条款；当代反滥用条款；争端解决机制和信息交换规定等，并表示会在整个谈判过程中与国会参众两院相关委员会保持合作，力争通过国会立法这一“最佳途径”解决美台之间“双重课税”这一痼疾。[②]

再如，美台“经济繁荣伙伴对话”（Economic Prosperity Partnership Dialogue, EPPD）机制也在拜登执政最后一年维持运作。2024年10月24日，美台举行第五届“经济繁荣伙伴对

① 《台美“21世纪贸易倡议”首批协定正式生效，台美携手深化经贸合作，共创新里程碑》，中国台湾地区网站，2024年12月10日，https://www.ey.gov.tw/otn/8E7CF7585049FAB6/83bb06d2-c360-43df-a960-d6e20bea2076，访问日期：2025年3月13日。

② 《美台将就解决双重课税问题展开谈判》，《联合早报》，2024年10月30日，https://www.zaobao.com/realtime/china/story20241030-5271612，访问日期：2025年3月13日。

话”，双方分别由时任美国国务院主管经济、能源及环境事务的副国务卿何塞·费尔南德斯（Jose Fernandez）和台湾地区经济事务主管部门负责人郭智辉、涉外事务主管部门常务副负责人陈立国主谈，就应对所谓“经济胁迫”、交通运输、供应链韧性、投资安全、能源转型、解决税务相关障碍等议题展开讨论，并就与第三方合作、开拓未来合作领域、加强资讯共享等方面交换意见。在会上双方还完成“经济繁荣伙伴对话”合作备忘录续约，同意将该机制的运行时间再行延长5年。[①]

与此同时，在文化教育领域，美台持续推动“美台教育倡议”（US Taiwan Education Initiative）的落实。自2020年12月签订“美台教育倡议”以来，双方已举办3次高层对话和13次工作小组会议，以促进美台增加教育交流，扩大双方教育合作。2024年3月4日，美台召开“美台教育倡议”第四次高层对话，并首次在美国华盛顿举办，由美国亚太事务助理国务卿康达、教育部幕僚长莱克茜·巴内特（Lexi Barrett）和台湾地区安全事务主管部门徐斯俭、教育事务主管部门刘孟奇等人率团主谈。而台湾地区教育事务主管部门于5月29日发布的数据显示，自2020年该倡议启动以来，台湾当局已与美国的25个州签署了合作备忘录，不仅积极引进英语教师与助教，也鼓励各

① U.S. Department of State, “The 2024 Fifth U.S.-Taiwan Economic Prosperity Partnership Dialogue,” October 24, 2024, accessed March 13, 2025, https://2021-2025.state.gov/the-2024-fifth-u-s-taiwan-economic-prosperity-partnership-dialogue/.

级学校学生到美国交流、交换、见习与实习。[①] 亚拉巴马州等美国一些州政府也将由中国台湾地区“华语测验推动工作委员会”主办的华语能力测验纳入“双语徽章认证”，并为台湾学生提供赴美留学的奖学金。11月22日，“美国在台协会”与台湾地区教育事务主管部门、“高等教育国际合作基金会”共同举办“美台华语教育交流座谈会”，邀请美台双方教育部门行政主管、政策制定者及语言专家交换意见，探讨以创新策略在美推动华语教育的方式。“高等教育国际合作基金会”还与“美国外语教学协会”签署合作备忘录，确立了双方华语教育合作框架。据台当局披露，在“美台教育倡议”、台湾地区行政事务主管机构的“华语教育2025计划”框架下，“台湾优华语计划”已促成21所台湾大学与70所美国大学建立校对校的合作交流，在美国建立5所华语文学习中心，并选送147位华语师资赴美教学，以提供完善的华语文教学支持系统。[②] 11月25日，台湾地区教育事务主管部门与美国罗得岛州签署合作备忘录，未来将促进双边教育机构与人员互访与交流、增进就学机会、鼓励语言教学合作、提供教学技术协助等方面的交流，而罗得岛州也就此成为继南卡罗来纳州、肯塔基州之后，美国第三个与台湾地区教育事务主管部门签署合作备忘录的州政府。在双方的合力推动

① 《美国亚拉巴马州教育厅厅长Eric Mackey访台加强双方教育交流》，中国台湾地区“教育部门全球资讯网”，2024年5月29日，https://www.edu.tw/News_Content.aspx?n=9E7AC85F1954DDA8&sms=169B8E91BB75571F&s=843692EC1AD539B1，访问日期：2025年3月13日。

② 《台美携手推动华语教育 选派147名师资赴美教学》，中国台湾地区《工商时报》，2024年11月23日，https://www.ctee.com.tw/news/20241123700536-431401，访问日期：2025年3月13日。

下，美台教育交流合作近期以来可谓取得了长足发展，赴美台湾留学生也在持续增多。例如，11月19日，美国国务院教育与文化事务局和“国际教育交流协会”（Institute of International Education，IIE）公布“2024国际教育交流门户开放报告”，其中数据显示2023—2024学年，赴美国大专院校就读的台湾留学生总数达到23 157人，同比增长6.1 %，使中国台湾地区成为美国第5大国际学生来源地，占美国国际学生总数的2.1%。[①]

四、结　语

回顾2024年美台关系发展的基本走势，可以发现在拜登政府的最后一年任期内，美国虽然对赖清德的“台独”立场有所疑虑，导致美台关系也产生一定龃龉，但仍然采取了一系列升级美台军事、安全、政治、经贸、教育、文化联系与合作的政策措施，以贯彻其“以台制华”进而“竞赢”中国的战略企图。在美国的操弄和姑息之下，赖清德则延续其“倚美谋独”“抗中保台”的政策，频频发起“台独”挑衅，从而令台海局势面临更为严重的动荡和紧张。

① Institute of International Education, “Open Doors Report on International Educational Exchange 2024,” November 18, 2024, accessed March 13, 2025, https://www.iie.org/publications/open-doors-2024/.

第四章
中美人文交流的重启与进展

潘亚玲

2023年11月15日，习近平主席和拜登总统在旧金山举行中美元首会晤，以“旧金山愿景”为指导，中美两国在2024年展开了丰富的人文交流活动。特别是“5年5万人”倡议得到了顺利推进，并取得了初步成效。随着特朗普总统开启第二任期，中美都希望双边关系有一个好的开始，在新的起点上取得更大进展。[①] 这需要进一步夯实中美关系的社会基础，稳定双边的人文交流，确保双方战略认知不走偏、对话合作不断线，在追逐各自梦想的过程中相互成就、共同繁荣。

一、障碍重重的中美人文交流环境

2024年，美国的战略界围绕对华战略展开了激烈的“终局之辩”，[②] 这无疑暴露了美国国内对中美人文交流的双重忧虑：

① 《习近平同美国当选总统特朗普通电话》，《人民日报》2025年1月18日，第1版。

② 达巍：《终局之辩——2024年大选背景下的美国对华战略辩论》，《美国研究》2024年第6期，第58—71页。

一方面，担忧中国迅猛的发展势头可能对美国的全球领导地位构成挑战，即所谓的“霸权衰落”前景；另一方面，则是担心中美之间频繁的人文交流可能对美国的社会心理产生冲击，即所谓的“中国影响”风险。美国的双重恐惧心理加剧了中美人文交流环境的障碍：对“霸权衰落”的担忧导致了对中美科技、教育等发展型交流的重重阻碍，而对“中国影响”的担忧则造成了美国对中美文化、艺术、社会、体育等人文型交流的层层限制。

第一，出于对“霸权衰退”的担忧，美国试图阻挠中美之间的科技与教育交流。“霸权衰落”的担忧在中美人文交流中起着底层逻辑的作用，其原因在于具有世界历史意义的创新及其传播对“霸权的兴衰”具有决定性的影响。这是因为全球领导权不仅仅关乎国际力量的对比，更在于为体系性问题提供创新解决方案的能力。[①] 对美国而言，具有世界历史意义的创新及其传播，可能在较短时间内转变为具有深远意义的工业发展和技术进步，从而改变世界经济的平衡，影响大国的军事实力和外交政策。[②] 因此，阻止后发国家获得可能帮助其实现科技创新和工业发展的关键知识，对于维护美国的“霸权”具有现实意义。正是基于这样的逻辑，美国对可能促进中国科技创新的知识扩散表现出高度敏感，进而导致了美国对中美科技和教育交流采取了越来越谨慎的立场，主要体现在两个方面。

---

① George Modelski, *Long Cycles in World Politics* (London: Palgrave, 1987), pp. 3-4, Chap. 8.

② 保罗・肯尼迪:《大国的兴衰》，蒋葆英等译，中国经济出版社，1989，第241—243页。

一是全面限制中国留学生赴美学习先进科技领域的相关基础科学，防止先进科技的基础知识扩散。鉴于重大的科技创新及其扩散可能对美国现有“霸权”构成“威胁”，特朗普和拜登政府都强调了对中国留学生在科学、技术、工程和数学（STEM）学科领域学习的限制。观察近年来中国学生赴美留学的趋势，我们可以看到2010年中美人文交流磋商机制的建立与发展起到了关键性作用。在2008/2009学年，中国赴美留学生人数为9.82万，占美国所有国际留学生总数的14.63%；到了下一学年，这一数字迅速增长，突破了10万人大关，达到12.76万人，占美国国际留学生总数的18.47%。随后，在2012/2013学年以及2014/2015学年，中国赴美留学生人数相继跨越了20万人和30万人大关。到了2019/2020学年，这一数字更是达到了迄今为止的峰值，共计37.25万人，占美国所有海外留学生总数的34.64%。然而，此后这一数字开始显著下降，到2023/2024学年已降至27.73万人，与5年前相比减少了大约10万人。STEM学科留学生数量也因受到美国政策限制而大幅下降：在2013/2014学年突破10万大关之后，STEM学科留学生数量于2019/2020学年创下18万人的纪录，此后开始下降，到了2023/2024学年降至14.39万人，仅略高于2015/2016学年的水平。①

二是全面限制与中国的科技人文交流，以防止先进科技应用知识的扩散。首先，也是最为重要的，美国对中国赴美访问学者施加了越来越严格的限制。在2003—2019年，中国赴美访

① 笔者根据美国门户开放网站（https://opendoorsdata.org/）数据计算得出。

问学者持续稳定上升，人数从2003年的1.48万人增至2018年的4.79万人，年均增长速度达到8%；但自2019年起，连续三年下降，到2022年已降至1.95万人，略高于2005年的1.90万人；在美国所有海外访问学者中所占比例，也从2018年的35.12%，降到2022年的19.10%，略高于2004年的19.01%，略低于2005年的19.61%。其次，以“国家安全”为由，终止了中美大学之间的合作办学项目。2024年9月，迫于来自美国国会的压力，美国佐治亚理工学院无奈宣布终止与天津大学自2016年起合作创办的天津大学佐治亚理工深圳学院；2025年1月初，美国密歇根大学宣布停止与上海交通大学自2006年起合作创办的上海交大密西根学院。此外，2013年创设的四川大学匹兹堡学院和2015年创设的清华–伯克利深圳学院也遭受相关调查，原因是其直接向中国转移敏感研究、应用知识和技术。最后，以建立对华“科技铁幕”为手段，旨在阻挠中美之间的科技与人文交流。例如，拜登政府尽管结束了特朗普政府启动的臭名昭著的“中国行动计划”（China Initiative），但事实上仍延续着相关政策举措，对大量华裔科学家的研究和生活造成重大干扰。根据美国普林斯顿大学、哈佛大学和麻省理工的一项联合研究，自2018年以来，选择离开美国的中国出生但在美国工作的中国科学家增加了75%，其中的75%回到了中国。[①] 又如，美国认为，自1979年《中美科技合作协定》签署以来，双方从中获得的利益并不对等，因此计划在2023年8月该协议到期后终止或至少

① Yu Xie, et. al., “Reverse Brain Drain? Exploring Trends among Chinese Scientists in the U.S.,” Stanford SCCEI China Briefs, July 16, 2024, https://scceichinabriefs.substack.com/p/reverse-brain-drain-exploring-trends.

重新进行谈判。经过一年多的沟通努力，中美于2024年12月正式换文签署《关于修订和延长两国政府科学技术合作协定的议定书》，将该协定延期5年；尽管如此，美方仍将“关键新兴技术”领域的合作排除在外。

第二，出于对“中国影响”的恐惧，美国刻意阻碍中美在文化、艺术、体育和社会上的交流。“中国影响”恐惧的实质，是美国认为中国正在将其冷战时期针对中国的“和平演变”战略，反向应用于美国；也即所谓中国针对美国开展“锐实力”战略或“影响战略”。这样，中美人文交流的后果极可能不是推动中国走向美国所期望的“社会化”或“西化”，而是帮助提升中国在美国的影响力。[①] 尽管拜登政府并未完全继承特朗普政府（第一任期）的“全政府”和“全社会”策略，但在疫情的冲击以及持续的警惕心态影响下，中美在文化、艺术等人文社会科学领域的交流整体上显得低迷，具体表现为两个方面。

一是强化对华非移民签证控制，以降低到访美国的中国人数量，从而减小中国实施“影响战略”的可能。随着中国持续快速发展，走出国门的中国人数量持续增长；美国是中国人出访的最重要目的地之一。鉴于对中国的种种防范心理，美国在为中国人发放非移民签证方面一直较为谨慎。但如果将美国对

① Christopher Walker, Jessica Ludwig, et al., “Sharp Power: Rising Authoritarian Influence,” Working Paper, National Endowment for Democracy, December 2017, https://www.ned.org/wp-content/uploads/2017/12/Sharp-Power-Rising-Authoritarian-Influence-Full-Report.pdf; Justin Chapman, “Democracies Should Fight Sharp Power with Soft Power,” Pacific Council on International Policy, August 15, 2018, https://www.pacificcouncil.org/newsroom/democracies-should-fight-sharp-power-soft-power.

中国人发放非移民签证特别是B类签证与中美人文交流的整体历程相结合，可以发现一个非常直观的正相关关系，即中美人文交流进展顺利时拒签率明显降低，反之则迅速上升并维持在较高水平。例如，在2010年中美人文交流高层磋商机制成立直到2016年，中国人赴美非移民（B类）签证的拒签率是有数据可用的2006—2024年最低的：2010年的拒签率相比上年降低了2.3个百分点，下降约15%；此后2012—2014年三个年度的拒签率均低于10%。但自特朗普上台后，2017年的拒签率迅速回到接近2009年的水平，2020年再度超过20%，2021年主要因新冠疫情而达到创纪录的79%，中国也成为当年遭美国拒签率最高的国家。事实上，自2020年起，中国就是美国非移民签证拒签率最高的前10个国家之一。[①]

美国不仅有针对性地限制中国相关机构和人员访美，还经常无端滋扰盘查中国留学生和其他中国人员，使其无法享有公平的入境待遇和保有充分的尊严。美国方面虽然在不同场合对中国留学生在言辞上表示欢迎，却在行动上百般设限阻挠。据不完全统计，自拜登就任以来直至2024年初，超过5000名中国留学生和学者因第10043号行政命令遭遇拒签或被遣返。美国方面并未公开解释拒签或遣返的具体原因。事实上，美国长期以来滥用国家安全概念，以第10043号行政命令为由，对中方赴美人员特别是留学生进行选择性、歧视性和政治性执法，打

① 笔者根据美国国务院签证中心（https://travel.state.gov/）数据计算得出。

压限制中国赴美留学人员。[①]

二是设法阻挠美国留学生和青少年赴华学习和交流。尽管中国并非美国留学生的主要目的地，但自21世纪起，前往中国留学的美国学生数量持续快速增长。2000/2001学年，仅有2949名美国留学生到中国留学，到2006/2007学年首次超过1万人，并于2011/2012学年创下14887人的纪录，此后尽管略有下降，但仍属正常波动，因为其在所有海外美国留学生中所占比例整体保持稳定。但自2017年特朗普上台后，赴中国的美国留学生数量快速下降，特别是在2018/2019学年之后：2019/2020学年相比上一学年减少9000余人，降幅达78.68%；2020/2021学年再次减少2000余人，降幅达84.60%；2021/2022学年又减少170人，仅余211人，降幅达44.76%；2022/2023学年略有回升，为469人。[②] 美国留学生的赴华人数在2024年有所回升，但仍旧维持在历史低位；鉴于疫情已经结束，因此，美国政府所营造的警觉氛围成为更加关键的影响因素。

需要指出的是，对“中国影响”恐惧已经在美国社会中广泛传播。部分美国媒体持续致力于加深“中国是一个令人畏惧的地方，你永远都不应该去那里”的固定观念。此外，美国国务院更是通过发布针对中国的旅行警示，不断人为地制造“寒蝉效应”，起到了推波助澜的作用。美国所发布的旅行警示共有四级：一级为风险最低的“采取正常防范措施”；二级则敦促旅

① 《2024年1月4日外交部发言人汪文斌主持例行记者会》，外交部网站，2024年1月4日，https://www.mfa.gov.cn/fyrbt_673021/jzhsl_673025/202401/t20240104_11218767.shtml。

② 笔者根据美国门户开放网站（https://opendoorsdata.org/）数据计算得出。

行者“提高警觉”；三级为“重新考虑是否前往”；四级建议人们“请勿前往”。美国国务院相关机构至少每12个月审查一次一级和二级旅行警示，每6个月审查一次三级和四级旅行警示，旅行警示也会根据需要随时更新。2020年6月，美国国务院将中国旅行警示上调至四级。后于2020年9月下调为三级，此后于2023年将部分指标降为二级，直到2024年11月才正式将针对中国的旅行警示完全下调至二级。正是通过对旅行警示的操作，美国一些人员对美国青少年赴中国旅游参观、进行文化交流等已形成另一种“双重恐惧”：在青少年赴华前，他们高度担忧在中国面临各类不安全风险的可能；而在他们安全返回美国后，他们又因其对华认知发生重大改变而更为恐惧；在他们看来，美国青少年的认知改变并非是由于看到了真实的中国，而是由于中国的“影响战略”生效了。

二、积极进取的中美人文交流实践

面对美国基于双重恐惧制造中美人文交流的“寒蝉效应”的客观现实，习近平主席正确地指出，中美关系希望在人民，基础在民间，未来在青年，活力在地方。[①] 习近平主席一贯强调，中美关系史是一部两国人民友好交往的历史，过去靠人民书写，未来更要靠人民创造；“中美关系回不到过去，但能够有

① 《习近平寄语美国青少年“青春同行”交流团》，《人民日报》2024年7月3日，第1版。

一个更好的未来”。[①] 在习近平主席的战略指引下，2024年的中美人文交流积极利用中美建交45周年纪念和“5年5万人”倡议，创新性地推动中美人文交流取得积极成果，努力坚持对话合作不断线。

第一，以“5年5万人”倡议为核心展开的青少年交流是2024年中美人文交流的亮点。正如习近平主席所指出的，中美建交45年来的合作既造福了两国，也惠及了世界；这首要归功于两国人民的共同努力，中美关系继续向前发展，更加需要依靠两国人民，中美关系的未来在青年。[②] 首先，“知行中国”活动的内容日益丰富。年内，“知行中国”框架内举办了包括“青年使者交流学习计划”（YES项目）交流会、中美青年菁英项目、美国高校青年代表团暑期研学团、中美学术影响力计划、中美优秀学生代表团等活动。其次，以青少年为主题的“青春同行”“未来之桥”等系列活动也得到全面推进。习近平主席强调，中美关系的未来在青年；中美应共同回应人民期待，为两国人员往来和人文交流架桥铺路，也要排除干扰和障碍，不要人为制造“寒蝉效应”。[③] 最后，中国还开展了大量的以“Z世代”青年为对象的人文交流活动，如感悟中文、感知中国、学生对话等活动。其中，复旦大学美国研究中心在2024年组织了包括“复旦–哈佛中美青年领袖对话2024”“哈佛–复旦暑期学

① 《习近平会见美国工商界和战略学术界代表》，《人民日报》2024年3月28日，第1版。

② 《习近平复信美国艾奥瓦州友人萨拉·兰蒂》，《人民日报》2024年1月11日，第1版。

③ 《习近平同美国总统拜登在利马举行会晤》，《人民日报》2024年11月18日，第1版。

校2024”“中美学生对话2024”等在内的10余场中美青年交流活动。在短短一年内，“5年5万人”倡议吸引近1.5万名美国青少年赴华交流学习，实现对全美50个州和华盛顿特区的全覆盖。①

第二，中美地方人文合作重点围绕“全球性议题，地方性行动”取得全面突破。首先，中美地方围绕气候变化展开大量合作。例如，中美地方气候行动高级别活动于2024年5月在美国加州伯克利召开，中国广东省政府、美国加利福尼亚州政府、美国加州–中国气候变化研究院及中国香港特别行政区和澳门特别行政区均派代表参加。又如，2024“中美省州和城市绿色发展对话”于7月在芝加哥召开，中美双方有关城市负责人、绿色发展领域专家学者和企业界人士等50余人出席。再如，第四届中国–俄勒冈州气候变化与可持续发展论坛于12月以视频方式举行，中国天津市、福建省和美国俄勒冈州是主要参与方。其次，教育合作也是中美地方合作的重点。中美省州教育合作机制在2024年取得丰硕成果：10月，第五届中美省州大学校长论坛在北京举行，中国黑龙江省、陕西省、广东省和美国威斯康星州、亚拉巴马州是论坛支持单位，来自中美省州的200余名教育工作者参加论坛；11月，第二届中美省州大学产教融合发展大会在美国威斯康星大学欧克莱尔分校举行，会议由常熟理工学院与中教国际教育交流中心共同主办，威斯康星大学欧克莱尔分校承办，来自中美两国36所大学的校领导和教育专家

① 《激扬青春，从新出发——谢锋大使在2025年中美青年新春联欢活动上的致辞》，中国驻美大使馆，2015年1月12日，http://us.china-embassy.gov.cn/chn/dshd/202501/t20250113_11531600.htm。

100多人参加了此次会议；同样是在11月，中美省州高等教育对话会在中国驻美国大使馆举行，来自20余所中美知名高校校长和代表参加。在整体性的省州教育合作之外，各省也充分发挥积极性推动中美地方教育交流合作。例如，2024年7月，首届中国贵州省与美国内布拉斯加州高校校长论坛暨未来学校合作会议在贵州成功举办。最后，友城合作也得到进一步推动。第六届中美友城大会于2024年7月在美国华盛顿州塔科马市举行，上海–旧金山、南京–圣路易斯、天津–费城、深圳–旧金山、北京–纽约、北京–华盛顿、福建省–宾夕法尼亚州等友好省州市关系均得到巩固。

第三，面对“寒蝉效应”蔓延，中美教育交流合作在推进高等教育交流的同时积极推动职业教育和基础教育等交流合作。2024年5月，中国教育国际交流协会组织包括中国政法大学在内的24所高校代表赴美国新奥尔良市参加国际教育工作者协会（NAFSA）第76届年会，组成中国国家展团集中亮相国际教育展区，其间，积极宣介了中国高等教育发展成就以及促进来华留学与青少年交流的举措。2024年9月，由北京大学和香港中文大学共同主办的中美顶尖大学“10+10”校长论坛在美国芝加哥大学成功举办，这也是2023年12月在香港举行的首届中美顶尖大学“10+10”校长论坛后的第二届论坛。此外，诸如温州肯恩大学、上海纽约大学、昆山杜克大学、清华大学苏世民书院等中美合作办学机构取得了显著成果。内华达大学拉斯维加斯分校金沙中国语言文化学院的成立，标志着中美教育交流的可持续性不断提高，同时也吸引了越来越多的美国教育界人士和机构的关注。在中美高等职业教育合作交流方面，围绕完善合作机制、加强人才合作培养与提升学生全球竞争力，由中国教育国际交流协会主办、南京工业职业技术大学承办的2024年“中美百千万院校长云携手”活动先后于2024年6月和9月成功举办两期。在基础教育交流方面，2024年11月举行的中美基础教育交流会就有来自美国13个州和中国12个省市的中学校长、教师、教育机构等100余名代表参加。

第四，维持传统友谊以夯实双边关系社会基础。2024年是中美建交45周年，两国人民友谊的历史佳话被反复提起。例如，围绕飞虎队纪念活动的安排包括，3月的“中美友好在广西”图片展，4月的纪念“杜立特上饶救援行动82周年”观影会以及“铭记英雄——飞虎队和杜立特中队图片展暨第五届中美二战友谊论坛”，9月的“铭记英雄——飞虎队主题历史图片巡展（南京）”和“飞虎归来格外亲”图文展暨“飞虎·驼峰文化”主题交流座谈会等。又如，2024年的“鼓岭缘”中美青年交流周以“传承鼓岭情缘 深化友好情谊”为主题，邀请中美两国各界青年约500人参与，习近平主席致贺信鼓励中美青年将中美友好传承下去。这是中美建交以来规模最大、形式内容最丰富的青年交流活动。2024年12月26日，由中国人民对外友好协会授牌，鼓岭成为“中美青少年交流营地”。再如，大熊猫长久以来一直是中美友谊的象征性使者。2024年6月，大熊猫“云川”“鑫宝”顺利抵达美国加利福尼亚州圣迭戈动物园；到了10月，大熊猫“伦伦”“洋洋”及其双胞胎女儿也平安返回中国，而“宝力”和“青宝”两只大熊猫则接力前往美国华盛顿国家动物园。这一系列的交流活动对推动中美新一轮大熊猫保护合作、全球生物多样性的保护以及促进中美人民相知相近具有深远的意义。

第五，以传统文化交流链接中美的过去、现在和未来。在每年中国传统春节之际，中美人民的各种交流活动吸引着越来越多的美国人民关注，不少美国友人甚至向习近平主席和夫人彭丽媛致信祝贺。习近平主席和夫人彭丽媛于2024年2月11日向美国林肯中学师生回赠新春贺卡，习近平主席于2月24日复信美国马斯卡廷中学访华代表团学生并回赠新春贺卡，对其致以节日祝福并欢迎他们到中国交流学习，为增进中美友谊添砖加瓦。而来自美国的音乐会、博物馆展览等也向中国人民传递着美国的丰富文化。例如，费城交响乐团自1973年起，以“音乐外交”开启了中美文化交流的破冰之旅，至今已访华14次；2024年，他们再次成功地在北京、天津、成都和海口等多个城市举办了音乐会。[①] 中美在文物归还方面的合作在2024年继续得到加强，美国在这一年内向中国归还了西周青铜器“丰邢叔簋”以及其他38件珍贵的文物艺术品。自2009年以来，中美两国已经成功合作，实现了15批次共计504件/套流失至美国的文物艺术品回归中国。

第六，中国一直对中美人文交流保持开放态度，积极欢迎各种形式的人文交流活动。例如，旅游成为中美两国人民交往、交流和增进了解的重要桥梁。2024年5月，第14届中美旅游高层对话成功举办，中美旅游管理部门的相互交流，以及包括山东省的“美美与共、好客山东”、湖北省与河南省的“茶和天下”

① 《中国驻美大使谢锋：在应对共同挑战、迈向美好未来的进程中，不仅需要经济与科技的驱动，也离不开文化与文明的支撑》，中国驻美大使馆，2015年1月18日，http://us.china-embassy.gov.cn/chn/dshd/202501/t20250118_11538388.htm。

等在内的大量中美省州旅游活动得以开展。又如，第三届中国（哈尔滨）国际动漫游戏博览会于12月在哈尔滨成功举办，其间，引入美国环球影业知名品牌“功夫熊猫”，成为此次博览会的一个亮点。再如，中美卫生合作得到有效推进，中美卫生官员和中美卫生健康对话均在2024年得以开展。更为重要的是，为了打破美国设立的双边交流障碍，中国采取了创新措施，将单边过境免签政策扩展至美国。自2024年12月17日起，中国全面放宽并优化了过境免签政策，允许来自包括美国在内的54个国家的符合条件的人员，在前往第三国（地区）时，可选择从24个省（区、市）的60个对外开放口岸中的任意一个免签入境，并在指定区域内停留活动时间不超过240小时。这一举措表明，中国已从战略层面将中美人文交流纳入其对外开放的宏观框架中进行考量。

三、中美人文交流的战略创新方向

人文交流构成了中美关系的三大支柱之一，与政治对话和经贸合作同等重要。面对战略环境的显著变化，中美双方的人文交流策略应适时调整。鉴于中美两国国情的巨大差异，人文交流应当积极寻求创新，面向未来，重点推进三个方面的战略优化。

第一，实现人文交流中探路者、护路者和铺路者角色功能的持续动态平衡。“探路者”是指通过人文交流识别、寻找和试验两个国家、两个社会及至两个文明间相互交流的基本和可行模式、制度和理念等；“护路者”则是在双边关系发生变化或遭遇外部体系性冲击时，通过人文交流维护既有的交流模式、制度和理念等，从而提升人文交流的弹性和抗冲击能力；“铺路者”更多强调推动既有的人文交流实践的系统化和制度化，从而使具体的操作实践上升为抽象的制度安排。

在1972年中美关系实现正常化之前，两国之间的人文交流相对有限。正是在这样的背景下，“乒乓外交”成为中美关系正常化的一个重要探路者。2024年，回顾“乒乓外交”成为中美建交45周年纪念活动的核心议题。例如，12月举行的纪念中美“乒乓外交”53周年和中美建交45周年论坛，以及1月由弗吉尼亚大学代表团和中方联合举办的以“重走乒乓路·一起向未来”为主题的“中美青年乒乓球交流活动”和“重温乒乓外交 再续青年友谊”活动。中美学生还在复旦大学美国研究中心“中美学生对话2024”期间进行了“乒乓外交”。受“乒乓外交”精神的启发，华盛顿州的高中生代表在9月访华期间，也参与了贵州的美丽乡村（村BA）篮球赛，旨在搭建新的友谊桥梁。

自中美关系实现正常化以来，人文交流的核心角色功能逐渐转变为探路者和铺路者，其中，具有代表性的举措是2010年设立的中美人文交流高层磋商机制。然而，自2017年起，中美之间的人文交流面临显著的不确定性，探路者和护路者的角色功能再次变得至关重要。以“老朋友”为例，他们是中美人文交流中不可或缺的护路者。中国驻美使领馆一直将与“老朋友”的联系视为人文交流的重要渠道，这不仅包括像美国前总统卡特、前国家安全顾问基辛格这样的个体，也包括像艾奥瓦州人民这样的特定群体。此外，地方层面的人文合作成为中美人文交流中关键的探路者，正如习近平主席所强调的，中美人文交流“活力在地方”。

在可预见的未来，中美人文交流应专注于探路者与护路者角色功能，尤其是探路者角色功能的重要性：一方面，需要前瞻性地探索与新的中美关系模式相契合的交流理念和模式；另一方面，需要及时制定应对中美关系模式过渡期新老朋友生存环境变化的应急和短期应对策略，在拓展新朋友的同时，也要改善老朋友的状况。

第二，推动中美人文交流的领域组合持续优化。自中美建交45年以来，中美人文交流已逐步构建起一个“三层多维体系”，具体包括：国家层面和地方层面的教育、科技、环境、文化、卫生、社会发展（涵盖体育、妇女、青年、社会组织等子领域）六大领域的交流，以及社会层面的民间重点参与，涉及中美教育交流、环保合作、文化交流和卫生合作等领域的交流。为探索适应新型中美关系的人文交流模式，应重点聚焦两个方向的交流合作：

其一，我们应以构建人类命运共同体为指导原则，集中精力围绕联合国可持续发展目标的实施，通过多边合作来推动并缓解双边博弈。联合国2030年可持续发展议程的实施进展尚未达到预期，这凸显了加强国际团结和中美合作的必要性，为中美人文交流带来了新的机遇。展望未来，中美人文交流可以联合国2024年9月未来峰会通过的《未来契约》为蓝本，在其提出的56项行动中选择更为直接和可行的领域进行深入交流，重点可以放在气候变化治理、国际发展合作、公共卫生合作、联合国改革以及新技术应用合作等领域。

其二，应以中美两国人民的切身利益为指导，集中关注经济和民生领域，通过地方层面的合作来推动并缓解战略博弈。首先，以地方层面的经贸合作促进人文交流。经济合作与人文交流均为中美关系的重要支柱，二者的协同增效对中美关系有着重要意义。在国家层面的人文交流面临挑战之时，推动地方层面的经济与人文的协同发展就显得尤为重要。尽管自2018年起，由于“贸易战”的影响，美国对华贸易的增长受到了明显的阻碍，但在2009—2023年，美国有19个州实现了对华贸易额翻倍，另有9个州的贸易额增长了50%以上。若仅审视2009—2017年这一时期，美国对华贸易额翻倍的州数量达到了16个，而增长超过50%的州更是多达20个。在这36个州中，有15个州在2018—2023年的对华贸易额实现了正增长，其中南达科他、亚拉巴马、伊利诺依、亚利桑那、北达科他等州均实现了30%以上的增长。同时，即使在“贸易战”背景下，路易斯安那和特拉华两个州的对华贸易额也有明显创新，2018—2023年的增长远远好于2009—2017年。[①] 值得注意的是，在那些对华贸易额持续增长的州中，大部分是由共和党执政的。与此同时，那些受到“贸易战”冲击最严重的州则多数由民主党控制。这意味着，地方层面的经济与人文协同可能在撬动对华强硬的共和党人阵营方面拥有重要潜力。其次，结合美国社区的转型，开展中美人文交流。美国的社会结构正在经历深刻的变革，诸多美国知名机构正尝试调整对美国社区的类型划分，以便更准确地把握美国社会结构的转型。例如，美利坚大学美国社区研

① 笔者根据美国商务部国际贸易署（US International Trade Administration）数据库（https://www.trade.gov/report/tradestats-express-national-and-state-trade-data）数据自行计算得出。

究项目（American Communities Project）结合种族、年龄、信仰、经济等因素，将美国3064个县，由原有的7类重新划分为15类，可更为有效地观察社区转型的政治后果。[①]美国社区转型动因复杂多样，要求中美人文交流必须进一步细化战略，充分虑及社会平等、经济转型、代际更替、宗教信仰以及人口地理等诸多因素。

第三，以人民为基础，构建中美人文交流的目标群体细分战略。一是采取有效的种族分层策略。面对美国国内种族关系的深刻变革，我们应采取针对性的人文交流策略，以适应不同种族群体的特定需求：对白人群体，应着重开展包容性战略交流，强化主体民族的包容性；对拉丁裔群体，则应强调少数种族在融入主体民族的同时保持自身独特性的要素；在与亚裔群体交流时，需关注他们在涉华问题上的敏感心理和相对脆弱的地位；而对于非洲裔和土著群体，我们应着重讨论如何帮助弱势种族争取更高的种族、社会和经济地位等关键问题。

二是实施有效的代际分层策略。美国正经历代际更迭的关键阶段，"Z世代"选民在2024年大选中的显著作用，"TikTok难民"在2025年初的突然集体迁移至小红书，都是典型的例证。"TikTok难民"迁移到小红书，引发了中美民众之间的"大对账"，这一现象不仅映射出20世纪70年代中美关系缓和初期的影子，还真实地反映了中美民间交流的严重缺失和迫切需求，同时也凸显了中美民间交流在打破美国对华"无知之墙"方面

① "County Types," American Communities Project, http://americancommunities.org/county-types.

的重要作用。美国民众质疑美国政府所谓的中国“威胁”美国国家安全的种种措辞，双方的民间交流无形中揭开了美国政府以国家安全为名阻遏中美人文交流背后的“霸权恐惧”和“影响恐惧”的虚假面目。[①] 中美人文交流在巩固老朋友、结交新朋友的过程中，应当认真制定合理的代际分层战略。对于最为年长的“伟大世代”和“沉默世代”的老朋友，我们可能更多地强调面对面的交流；而对于最为年轻的“千禧年世代”和“Z世代”，则可以着眼于虚拟社区的“环球同此凉热”共情效应；对于居于二者之间，但面临更大生活压力的“婴儿潮世代”和“X世代”，则应注重数字经济的创新运用。

三是实施有效的阶级分层策略。进入21世纪后，美国接连遭遇安全、经济和制度危机，新冠疫情更是将这些危机压缩至同一时间集中爆发，导致大量中产阶级财富缩水、社会地位下降。阶级分化与重组给人们的生活带来了巨大的压力，这种压力在政治操弄下容易转化为民族主义情绪的外溢。在很大程度上，中国与全球的发展节奏同步，面对波动，在诸多社会问题上与美国民众产生共鸣。阶级分层策略可有效增进中美民众之间的相互理解；特别是，中美两国普通公众在竞争焦虑、返贫减贫、缩小贫富差距、减少不平等、种族关系和社会问题等方面，都存在着共同的关注点。

---

① Mark Tseng-Putterman, “Cultural Exchange Between the U.S. and China Before the Social Media Era,” *Time Magazine*, March 10, 2025, https://time.com/7225725/cultural-exchange-between-the-u-s-and-china/.

四、展望2025年

随着特朗普总统开启第二任期，中美人文交流可能面临新的不确定性挑战。就此而言，2025年中美人文交流的优先事项可能是：第一，强化风险识别和危机应对能力，充分发挥人文交流的护路者角色功能，尽最大可能维护中美关系的社会基础；第二，提升机会辨识和把握能力，大力开发人文交流的探路者角色功能，及早提出适用于新环境的人文交流新模式和新理念；第三，加强战略定力和战略忍耐能力，不采取针对性策略，以不变应万变，积极开发有效的种族分层、代际分层和阶级分层策略；第四，积极引导由美国恐惧心理和中国技术能力发展相结合所催生的中美人文交流手段和平台创新，塑造中美人民“大对账”的新型交流模式，营造中美人文交流的积极氛围；第五，把握好联合国成立80周年和世界反法西斯战争胜利80周年的机遇，将“融双边交流于多边框架”与“融官方交流于地方合作”有机结合起来，推动中美人文交流稳步前行，推动中美关系稳定、健康、可持续发展。

第五章
拜登政府“印太战略”评估及其前景

韦宗友

2024年是拜登执政最后一年，也是拜登政府“印太战略”的“收官”之年。综合评估，拜登政府在其执政4年里，“印太战略”在前沿外交、小多边盟伴机制以及盟伴间的防务合作方面取得了一定进展。然而，在推动“印太经济框架”以及组建排他性的“印太”经贸体系方面，成效有限。拜登政府努力通过大力推进“印太战略”“塑造”中国的战略环境，旨在抵消和遏制中国在该地区的影响力，同时维护美国的地区霸权。其政治、经济和安全措施加剧了中美之间的战略博弈，导致了地区地缘政治的裂痕，并阻碍了地区经济一体化进程。随着特朗普入主白宫和推行更加咄咄逼人的“美国优先”外交政策，美国“印太战略”也将面临新的重大调整，给地区局势带来新的不确定性。

一、前沿外交取得进展，实际效果有限

拜登政府将“印太战略”视为“塑造”中国周边战略环境的重要举措，因此从执政之初，就特别重视被前任特朗普所忽

视的前沿外交，维持乃至拓展美国在“印太”地区的前沿外交存在。为此，拜登政府重视从三个方面入手，加大前沿外交力度。

一是，频繁举行首脑会晤。拜登总统通过出访、接待及举办领导人峰会等方式，频繁与“印太”地区领导人举行双边或多边会晤，增加接触和增进友谊。以日本、韩国、澳大利亚、菲律宾和印度为例，拜登执政4年，其间分别与日本首相会晤了10次；与韩国总统会晤了7次，与澳大利亚总理会晤了6次，与菲律宾总统会晤了5次，与印度总理会晤了4次。需要指出的是，这些双边或多边场合下的会晤，还不包括因疫情而在线上举行的视频会。[①] 此外，2022年5月和9月，拜登政府还在华盛顿分别举办了美国–东盟领导人峰会和美国–太平洋岛国论坛；2023年9月，在华盛顿举办了美国–太平洋岛国论坛，希望借助这些峰会机制，拉近与东盟及太平洋岛国外交关系与情感纽带。

二是，频繁派遣内阁高官出访“印太”地区。除了首脑会晤外，拜登政府还通过频繁派遣内阁高官出访，凸显美国对该地区的重视。拜登执政4年，内阁高官的出访足迹，从东北亚到南亚，从东南亚到南太地区，几乎遍及“印太”地区的每一个角落。以国务卿布林肯和国防部部长奥斯汀为例，4年中，布林肯总共21次访问“印太”地区，平均每年超过5次；[②] 奥斯汀

① 拜登访问及会晤情况，笔者根据美国国务院网站统计得出。

② U.S. Department of State, “Secretary Antony J. Blinken and Republic of Korea Foreign Minister Cho Tae-yul at a Press Availability,” January 6, 2025, https://2021-2025.state.gov/secretary-antony-j-blinken-and-republic-of-korea-foreign-minister-cho-tae-yul-at-a-press-availability/.

总共13次访问“印太”地区，平均每年超过3次，凸显对该地区的外交重视。①

三是，在“印太”地区新增使领馆，拓展美国外交存在。拜登政府特别重视与中国在南太地区的外交博弈，不仅在华盛顿举行了两届美国–太平洋岛国论坛峰会，委派了首位美国太平洋岛国论坛特使，还在瓦努阿图、汤加、马尔代夫和所罗门群岛开设了美国大使馆，并与库克群岛和纽埃建立了外交关系。此外，美国在巴布亚新几内亚和斐济开设了商务部商业服务办事处，重新设立了美国国际开发署在斐济的特派团，并将美国国际开发署在巴布亚新几内亚的办事机构升级为国家代表处。拜登政府希望通过这些外交行动，抵消中国在南太地区的影响力，维护美国在南太地区的外交与战略利益。②

尽管拜登政府在前沿外交上投入了巨大精力，但从实际上看，效果有限。抛开美国在“印太”地区的盟友日韩澳菲等国外，作为一个整体的东盟以及拜登政府大力争取的南太岛国，并没有显著偏向美国，也不愿意在中美之间选边站队，希望与中国保持较为密切的外交与经贸关系。据尤索夫伊萨东南亚研

① U.S. Department of Defense, “Secretary of Defense Lloyd J. Austin III Holds a Press Availability Aboard the USS George Washington (CVN 73) in Japan,” December 9, 2024, https://www.defense.gov/News/Transcripts/Transcript/Article/3992285/secretary-of-defense-lloyd-j-austin-iii-holds-a-press-availability-aboard-the-u/.

② The White House, “The United States’ Enduring Commitment to the Indo-Pacific Region,” January 10, 2025, https://bidenwhitehouse.archives.gov/briefing-room/statements-releases/2025/01/10/the-united-states-enduring-commitment-to-the-indo-pacific-region/#:~:text=Expanding%20our%20Diplomatic%20Presence%3A%20We,the%20Cook%20Islands%20and%20Niue.

究所2024年上半年发布的《2024年东南亚状况调查报告》，在中美战略博弈中，中国越过美国成为东南亚国家更加偏向的结伴对象。此外，59.5%的受访者认为中国是该地区最具影响力的经济力量，而43.9%的受访者视中国为该地区最重要的政治战略力量。相比之下，14.3%的受访者认为美国在经济上最具影响力，25.8%的受访者认为美国在政治战略上占据主导地位。此外，中国超过美国，被认为是东盟最重要的对话伙伴。①

二、小多边盟伴体系取得突破，加剧地区阵营对抗风险

2025年1月10日，权力交接前夕，拜登政府在总结“印太战略”所取得的成果时指出，“在过去的4年里，本届政府与我们的合作伙伴和盟友合作，建立了一个新的、持久的‘印太架构’，更好地应对严峻挑战”。应该说，拜登政府在构建针对中国的小多边盟伴体系方面，取得了较大突破，加剧了地区阵营对抗风险。

1. 升级美日印澳“四方机制”，加强“印太战略”协调。拜登执政后，将美日印澳四方安全机制升级为首脑级安全对话机制，形成首脑战略引领、外长战略协调、高官会与专家工作组具体推进的多层级合作机制。在拜登执政4年里，“四方机制”每年都举行首脑会和外长会，高官会与6个工作组也定期

① Seah, S. et al., *The State of Southeast Asia: 2024 Survey Report* (Singapore: ISEAS - Yusof Ishak Institute, 2024), pp.33-40.

会晤，推进务实合作。“四方机制”除了在卫生安全、气候变化、关键与新兴技术、基础设施、太空及网络安全等领域，开展务实合作外，还特别重视在“印太战略”、地区海洋安全及地区热点问题上，加强战略沟通与协调，试图以统一立场进行发声。需要特别重视的是，作为“四方机制”“最弱一环”的印度，尽管在乌克兰危机问题上与其他三方立场存在明显差异，在中国台湾问题上，也并没有与其他三方共同“发声”，但是，在南海问题上，其立场逐渐向其他三方靠拢，站在了中国的对立面。例如，在2021年9月举行的首次“四方机制”首脑峰会上，四国就公开表示：“我们将继续倡导遵守国际法，特别是《联合国海洋法公约》(《海洋法公约》)所反映的国际法，以应对基于海洋规则的秩序的挑战，包括在东海和南海。”[①] 在2024年9月举行的“四方机制”首脑峰会上，四国除了继续老调重弹，对东海和南海局势表达“严重关切”外，还对“使用海岸警卫队和海上民兵船只”“越来越多的危险演习”及“破坏其他国家海上资源开发活动的努力”，进行“谴责”和“反对”。特别值得注意的是，四国首脑还首次在联合声明中，强调要以2016年的“南海仲裁裁决”，作为“和平解决双方争端的基础”，为非法的“南海仲裁裁决”打气撑腰。此外，“四方机制”在每年发布的首脑联合声明和外长联合声明中，都要提到四国致力于维护“自由开放的印太”，推进“基于法治的地区秩序”，“反对胁迫”，推动“‘印太地区’可持续发展、稳定与繁荣”，加强

① The White House, “Joint Statement from Quad Leaders,” September 24, 2021, https://bidenwhitehouse.archives.gov/briefing-room/statements-releases/2021/09/24/joint-statement-from-quad-leaders/.

四国在“印太秩序”愿景方面的战略沟通与协调。

2. 成立“奥库斯”安全伙伴，打造澳大利亚军事“南锚”。成立美英澳三国安全伙伴关系，伙同英国联手向澳大利亚提供核动力潜艇技术，帮助澳大利亚打造一支核动力潜艇舰队，是拜登政府“印太战略”的重要安全举措。拜登政府之所以不惜得罪欧洲重要盟友法国、同意向澳大利亚提供核动力潜艇技术，说到底是看重了澳大利亚偏安南太一隅、在未来中美海上博弈中可以作为战略大后方的重要地理位置。通过成立“奥库斯”安全伙伴关系，拜登政府希望实现三重军事与战略目标：一是，通过向澳大利亚提供核动力潜艇技术、帮助澳大利亚打造一支核动力潜艇舰队，美国核动力潜艇可以定期停靠在澳大利亚军港，实现对中国的“延伸威慑”。美国学者米拉·拉普-胡珀（Mira Rapp-Hooper）声称，将潜在冲突转移到尽可能远离美国领土的地方，并从“源头应对潜在冲突”，加强与盟友的合作，“是应对不断上升的威胁的最佳手段”。[①] 澳大利亚学者阿什利·汤申德（Ashley Townshend）指出，如果一切按计划进行，到2031年，美国及其盟国在国际日期变更线以西的核动力潜艇数量可能会翻倍。到2039年澳大利亚第一艘“奥库斯”级核动力潜艇服役之前，可能会有25艘盟国的核动力潜艇在夏威夷、关岛和澳大利亚军港珀斯进行永久或轮换部署。特别是部署在澳大利亚西部的核动力潜艇舰队，将极大地增强美国在西

① Eric Lies, “Why America Needs AUKUS,” *The National Interest*, April 8, 2024, https://nationalinterest.org/feature/why-america-needs-aukus-210444.

太平洋地区的集体威慑力。[①] 二是，通过打造澳大利亚核动力潜艇舰队，将澳大利亚的外交与安全利益与美国进行长期捆绑。澳大利亚同意成立“奥库斯”，获得美国核动力潜艇技术，被外界广泛视为澳大利亚在外交上彻底倒向美国一边，在中美战略博弈中选边站队的明确信号。[②] 三是，通过打造澳大利亚核动力潜艇舰队和更为紧密的美澳军事合作，可以更好地对中国核动力潜艇舰队进行水下监听、监视，防止第一、第二岛链内军事平衡出现不利于美国的变化。汤申德强调，作为高度隐蔽的平台，核动力潜艇能够在有争议的水域作战，监视、跟踪中国军舰和潜艇，控制战略海上通道和咽喉点，并使用远程巡航导弹投射力量，“使它们成为干扰中国军事计划……的最有效方式之一”。[③] 一句话，通过“奥库斯”安全伙伴关系，澳大利亚不仅获得了来自美国和英国的核动力潜艇技术，建立一支核动力潜艇舰队，同时也在安全上进一步与美国捆绑，澳大利亚成为美国推进“印太战略”的军事“南锚”。

3.搭建美日韩、美日澳和美日菲三边安全伙伴关系，推动

① Ashley Townshend, “The AUKUS Submarine Deal Highlights a Tectonic Shift in the U.S.-Australia Alliance,” Carnegie Endowment for International Peace, March 27, 2023, https://carnegieendowment.org/posts/2023/03/the-aukus-submarine-deal-highlights-a-tectonic-shift-in-the-us-australia-alliance?lang=en.

② Brian Harding et al., “Why the New U.S.-U.K.-Australia Partnership Is So Significant,” United States Institute of Peace, September 17, 2021, https://www.usip.org/publications/2021/09/why-new-us-uk-australia-partnership-so-significant.

③ Ashley Townshend, “The AUKUS Submarine Deal Highlights a Tectonic Shift in the U.S.-Australia Alliance,” Carnegie Endowment for International Peace, March 27, 2023, https://carnegieendowment.org/posts/2023/03/the-aukus-submarine-deal-highlights-a-tectonic-shift-in-the-us-australia-alliance?lang=en.

东海、台海和南海“三海联动”。除了成立“奥库斯”安全伙伴关系，打造澳大利亚军事“南锚”外，拜登政府还在组建美日韩、美日澳和美日菲三边安全伙伴关系方面，取得了一定进展。

（1）美日韩三边安全伙伴关系出现突破。拜登政府利用韩国尹锡悦总统上台，奉行“亲美和日”外交之际，极力推动日韩和解，促成美日韩在对朝军事情报共享、“印太”海洋安全、供应链安全和技术出口管制以及地区战略协调等方面，迈出了实质性步伐。继2023年8月的戴维营峰会后，2024年11月，三国领导人再次会晤，宣布采取一系列新措施，加强三边合作。主要包括：一是，成立三边秘书处，加强三方沟通和协调；二是，成立三方海上安全与执法合作框架，加强三国在海上安全领域合作。值得注意的是，在南海和台海问题上，韩国立场日益与美日靠拢，在联合声明中，三方强调“强烈反对任何单方面改变‘印太’地区海域现状的企图”，明火执仗地提出要“反对中国南海海洋主张”“坚决反对南海危险使用海岸警卫队和海上民兵船只以及胁迫性活动”，甚至对中国台湾问题指手画脚，声称“台湾海峡和平与稳定是‘印太’地区安全与繁荣的不可或缺要素，……呼吁以和平方式解决两岸问题”。三是，加强三方在经济安全和人工智能等下一代关键与新兴技术领域合作。[①]不难看出，通过加强美日韩三边合作，拜登政府至少实现五重目标：一是，进一步协调三方在朝核问题上的立场；二是，加强三方在朝核问题上的信息与情报共享；三是，协调三方在台

① Ministry of Foreign Affairs of Japan, “Joint Statement of Japan, the Republic of Korea, and the United States,” November 15, 2024, https://www.mofa.go.jp/files/100754611.pdf.

海、南海问题上的立场；四是，加强三方在经济安全与新兴科技领域的合作；五是，构建针对中国的“一体化威慑”网络。

（2）美日澳三边安全合作的实质性进展。拜登执政4年，还显著加强了美日澳三边安全合作。具体体现在：一是，加强三国在东海、台海和南海问题上的立场协调，推动“三海联动”。在2024年5月三国防长会上，三国指名道姓指责“中国在南海和东海以武力或胁迫手段单方面改变现状”“在南海采取令人担忧和破坏稳定的行动”，表示要“共同努力，支持各国能够根据《联合国海洋法公约》行使海洋领域的权利和自由，包括航行和飞越自由”。三国还对中国台湾问题指指点点，强调“台海和平稳定的重要性，呼吁和平解决两岸问题”。[①] 2024年4月，美日澳三国海军与菲律宾海军一道首次在南海举行联合海上演习。四国在演习前一天发表的联合声明中表示，他们打算根据《联合国海洋法公约》“维护航行和飞越自由权，尊重国际法赋予的海洋权利”，[②] 支持菲律宾在中菲海洋争端中的强硬立场。

二是，重视三国在南太地区的合作，以牵制中国的影响。随着美国“印太战略”的推进及中美战略博弈的加剧，美日澳三国开始将目光拓展到太平洋岛国地区，加强三国在南太地区的战略协调与合作，与中国在南太地区展开竞争。2022年11

① Australian Government Defence, “United States-Japan-Australia Trilateral Defense Ministers’ Meeting (TDMM) 2024 Joint Statement,” May 4, 2024, https://www.minister.defence.gov.au/statements/2024-05-04/united-states-japan-australia-trilateral-defense-ministers-meeting-tdmm-2024-joint-statement.

② “Japan, U.S., Australia, Philippines hold drill in South China Sea,” *Kyodo News*, April 8, 2024, https://english.kyodonews.net/news/2024/04/f4951e0621b7-japan-us-australia-philippines-hold-drill-in-south-china-sea.html.

月，在印度尼西亚举行的二十国集团峰会期间，美日澳三国发布“美日澳电信融资合作联合声明”，协调“帮助”太平洋岛国建设电信基础设施，与中国在该地区的电信业务进行竞争。①在2024年5月举行的三边防长会上，三国一致支持美国海岸警卫队2024年初首次在大洋洲部署“哈里特·莱恩”号巡逻艇（Harriet Lane Cutter），执行“蓝色太平洋行动”巡逻任务。通过部署海岸警卫队巡逻艇，打着打击非法捕鱼的幌子，美国海岸警卫队拓展了在南太地区的前沿存在。②

三是，加强防务技术合作。自2023年12月起，美英澳三国就在积极考虑加强与日本等安全伙伴在“第二支柱”下加强技术合作的可能性。在2024年4月举行的“奥库斯”防长会上，三国防长表示：“认识到日本的优势及其与所有三个‘奥库斯’国家也已建立的紧密双边防务伙伴关系，正在考虑与日本就‘奥库斯’第二支柱先进能力项目进行合作。”③ 2024年9月，三

① The White House, “United States-Australia-Japan Joint Statement on Cooperation on Telecommunications Financing,” November 15, 2022, https://www.whitehouse.gov/briefing-room/statements-releases/2022/11/15/united-states-australia-japan-joint-statement-on-cooperation-on-telecommunications-financing/.

② U.S. Department of Defense, “United States-Japan-Australia Trilateral Defense Ministers’ Meeting (TDMM) 2024 Joint Statement, May 2, 2024,” May 2, 2024, https://www.defense.gov/News/Releases/Release/Article/3764063/united-states-japan-australia-trilateral-defense-ministers-meeting-tdmm-2024-jo/#:~:text=The%20Ministers%20welcomed%20the%20August,and%20Japanese%20Self%2DDefense%20Forces.

③ U.S. Department of Defense, “AUKUS Defense Ministers’ Joint Statement,” April 8, 2024, https://www.defense.gov/News/Releases/Release/Article/3733790/aukus-defense-ministers-joint-statement/.

国领导人表示，“‘奥库斯’和日本正在探索改善海上自主系统互操作性的机会，作为初步合作领域”，[①] 意味着日本正式加入“奥库斯”第二支柱计划。2024年5月，美日澳三国防长签署《研究、开发、测试和评估（RDT&E）项目协议》，大力促进三国在防务科技领域合作。该协议为三国国防机构寻求与作战相关的先进合作打开了方便之门，探讨在协同作战飞机、自主系统以及复合航空航天材料领域的合作机会。[②]

（3）美日菲三边伙伴关系搅局南海局势。拜登政府还利用菲律宾与中国在南海问题上的争端，联合日本，组建了美日菲三边伙伴关系。2024年4月11日，拜登总统要求日本首相岸田文雄和菲律宾总统马科斯访美，在华盛顿举行了美日菲三国首脑峰会，并发表联合声明。美日两国通过向菲律宾提供经济援助、支持菲律宾南海诉求等方式，进一步拉拢菲律宾，并加快在菲律宾的军事基地建设。三国领导人宣布，启动菲律宾吕宋经济走廊项目，美日菲三方协调项目投资、建设铁路、翻新和升级港口，建立清洁能源和半导体供应链，推动苏比克湾、克

① The White House, “Joint Leaders Statement to Mark the Third Anniversary of AUKUS,” September 17, 2024, https://www.whitehouse.gov/briefing-room/statements-releases/2024/09/17/joint-leaders-statement-to-mark-the-third-anniversary-of-aukus/.

② Australian Government Defence, “United States-Japan-Australia Trilateral Defense Ministers’ Meeting (TDMM) 2024 Joint Statement,” May 4, 2024, https://www.minister.defence.gov.au/statements/2024-05-04/united-states-japan-australia-trilateral-defense-ministers-meeting-tdmm-2024-joint-statement.

拉克、马尼拉和巴丹加斯之间的互联互通。[1]美国和日本继续支持菲律宾海岸警卫队能力建设，日本在已经向菲律宾提供12艘海岸警卫队船只基础上，计划再提供5艘。三国领导人还宣布，2024年内在南海地区举行美日菲三国海岸警卫队联合巡逻，采用日菲两国海岸警卫队搭乘美国海岸警卫队船只的方式进行联合巡逻；计划2025年三国海岸警卫队在“印太”海域举行海上联合演习及其他海上行动。美国加快在菲律宾军事基地建设，包括在基地建立人道主义救助减灾后勤中心，并在这些地点预置人道主义救助物资，以备不时之需；建立美日菲三方海上对话机制，增强协调和集体应对能力，促进海上合作。[2]十分明显，美日菲三方合作，一方面，是给菲律宾在南海争端中撑腰打气，搅局南海；另一方面，借助菲律宾靠近南海和中国台湾的有利地理位置，加快美国军事基地建设，打造“印太战略”的前沿军事桥头堡。

三、“印太经济框架”：雷声大、雨点小

在推进“印太战略”的过程中，拜登政府吸取了特朗普第

---

① U.S. Department of State, “The United States, the Philippines, and Japan Launch the Partnership for Global Infrastructure and Investment Luzon Economic Corridor,” April 11, 2024, https://www.state.gov/the-united-states-the-philippines-and-japan-launch-the-partnership-for-global-infrastructure-and-investment-luzon-economic-corridor/.

② Ministry of Foreign Affairs of Japan, “Joint Vision Statement from the Leaders of Japan, the Philippines, and the United States,” April 11, 2024, https://www.mofa.go.jp/files/100652855.pdf.

一任期内实施该战略的经验教训，认为必须补齐经济这块短板，提出了一个旨在与中国的“一带一路”倡议以及在地区内的经济影响力相抗衡的地区经济计划。“印太经济框架”于2021年10月提出，并在2022年5月正式启动，构成了拜登政府“印太战略”的经济支柱。根据拜登政府的设计，“印太经济框架”包括四大支柱，分别是“互联经济”（贸易支柱），“韧性经济”（供应链支柱），“清洁经济”（清洁能源和应对气候变化）和“公平经济”（涉及反腐败和税收问题）。拜登政府原本计划在2023年11月旧金山召开的亚太经济合作组织领导人非正式会议上完成四大支柱的协议签署。然而，由于14个成员在贸易支柱等关键领域存在矛盾和分歧，加之美国国内对涉及贸易议题的强烈反对，会议期间仅宣布在供应链方面达成了协议。2024年2月，供应链协议正式生效，它也是“印太经济框架”成员达成的“首个协议”。该协议成立了三个新机构：供应链理事会，增强成员在关键领域建立韧性合作；供应链危机响应网络，协调危机和供应链中断期间的行动；劳工权利咨询委员会，解决供应链中的劳工问题。

2024年6月，“印太经济框架”成员又签署了三个协议，分别是清洁经济协议、公平经济协议和“印太经济框架协议”。清洁经济协议，旨在通过增强成员在创新、清洁能源及气候友好型技术方面的合作，支持各国的绿色能源转型。成员建立了一个新的由私营部门实体管理的资本基金，以汇集资源，每年举办投资者论坛，动员气候项目的融资。在2024年6月的首届投资者论坛上，22家美国公司参与，“印太经济框架”成员确定了价值230亿美元的优先项目合作意向。公平经济协议，旨在通过增强合作伙伴经济中的公平性、包容性、透明度、法治和问责制来“平衡竞争环境”，包括打击腐败和逃税，以及增强透明度和信息交流。“印太经济框架协议”，创建了一个“印太经济框架”理事会和联合委员会，每年举行会晤并促进“印太经济框架协议”的集体运作，包括接纳新成员的可能性。但是，成员在贸易支柱谈判方面，陷入僵局，未能达成协议。[①] 拜登政府原先计划将“印太经济框架”打造成美国领导的新型地区经贸倡议，以对抗中国“一带一路”倡议和地区经济影响，但是，在成员最关切的贸易支柱方面，未能达成协议，只是在供应链支柱方面取得突破。而且，尽管成员签署了清洁经济和公平经济协议，但是缺乏严格的监督和执行机制，其象征意义大于实际价值。

四、特朗普当选与美国“印太战略”前景

特朗普2024年以压倒性优势赢得大选，再次入主白宫。尽管外界普遍预测特朗普在第二任期内，会抛弃拜登国际主义外交政策路线，坚定执行“美国优先”外交政策，但是，特朗普的“外交革命”，还是让外界大跌眼镜。与第一任期相比，特朗普对国际格局和大国关系的认识，更具颠覆性，其外交政策取向更具民粹主义和交易主义色彩，这些也必然会给美国的“印太战略”实施带来更大的不确定性。

---

① Cathleen D. Cimino-Isaacs, et al., “Indo-Pacific Economic Framework for Prosperity (IPEF),” *Congressional Research Service Report*, July 22, 2024, pp.1-3.

1. 特朗普对国际格局和大国关系的新认识，可能让特朗普2.0版的“印太战略”在安全上更加保守。特朗普在竞选中，反复强调的一个主题是，美国面临严重的国内问题，美国国力已经衰落，不再是能够包打天下的世界霸主，必须集中精力处理好国内问题，奉行“美国优先”原则，提升美国的经济与科技竞争力，恢复美国的强大。顺着这一思路，特朗普希望尽快结束乌克兰危机，结束对乌克兰的大量军事和经济援助，并实现与俄罗斯关系的某种正常化，部分满足俄罗斯的安全需求。此外，特朗普多次表示，中国是具有全球影响的大国，如果中美合作，“几乎可以解决世界上所有问题”。[①] 换言之，特朗普对世界的看法是多极的，不是美国独霸的单级，也不是冷战式的对抗性两极。在这个多极世界里，大国关系十分重要，维持大国之间的和平十分重要。[②] 这一多极世界观和大国和平共处观，在2025年1月30日美国国务卿鲁比奥在接受美国媒体采访时，得到较为全面的阐释。他在采访中，就国际格局和大国关系提出了三个鲜明观点：第一，冷战结束时，美国成为世界上唯一强国，这种单极世界是不正常的，是冷战结束的特定历史产物；第二，现在世界已经回归到多极世界，“地球的不同地区存在多个大国”，例如，中国和俄罗斯等；第三，大国之间不能爆发冲突，因为他们拥有毁灭地球的能力。而且，为了美国的国家利

① Joe Cash, et al., “China, Trump Talk up Prospects for US-China Collaboration,” *Reuters*, December 17, 2024, https://www.reuters.com/world/china-trump-talk-up-prospects-us-china-collaboration-2024-12-17/.

② Stephen Wertheim, “What will Trump 2.0 Mean for the Global World Order?” *The Guardian*, February 6, 2025, https://www.theguardian.com/commentisfree/2025/feb/06/trump-administration-multipolar-world.

益，有时候不得不与大国进行合作，“这是我们在外交政策中必须拥有的务实和成熟的平衡”。[①] 从特朗普不惜绕开欧洲、背负“出卖乌克兰”骂名，也要坚决促成俄乌尽快停火的非常规外交举措看，特朗普不愿意冒大国冲突风险、有意维持大国之间和平的战略信号，十分明显。

从“印太战略”实施和亚太地区和平角度看，这种避免在多极化世界里发生大国冲突的外交思想，有助于特朗普政府在推进“印太战略”时，更为审慎，特别是避免在台海、南海等涉及中国核心利益与重大安全关切问题上，进行试探或被盟伴“牵连”。这有助于中美合作，管控竞争风险，特别是遏制台湾岛内“台独”势力“倚美谋独”，遏制菲律宾政府在南海问题上的挑衅和“拉美国下水”。

2. 特朗普的民粹主义外交执念，将严重侵蚀美国“印太战略”的经济支柱。特朗普第二任期的民粹主义外交取向更趋“浓烈”。特朗普政府发布的“美国优先”贸易政策，赤裸裸地强调在经贸关系上，美国要确保“对等”和“公平”，并动用多种政策工具，确保美国对外贸易的整体“平衡”和“对等”。而且，与特朗普第一任期聚焦中美经贸关系不同，特朗普第二任期的“美国优先”经贸政策放眼全球，包括与美国存在巨大贸易顺差的欧亚盟伴。特朗普不仅再次对中国施加关税，还向加拿大、墨西哥等盟友与近邻挥舞关税大棒，并对欧盟、日本等国发出关税威胁，发誓美国再也不能被盟友“占便宜”了。这种基于

① U.S. Department of State, “Secretary Marco Rubio with Megyn Kelly of The Megyn Kelly Show,” January 30, 2025, https://www.state.gov/secretary-marco-rubio-with-megyn-kelly-of-the-megyn-kelly-show/.

“对等关税”的经贸理念，如果全面实施，不仅将根本颠覆冷战结束以来以世贸组织为基础的全球自由贸易体系，也必然在经济上严重影响美国与欧亚盟伴关系。届时，不仅拜登时期的“亚太经济框架”无疾而终，甚至美国与亚太盟伴关系也会因为关税和经贸问题而出现严重裂痕。特朗普2.0版本的“印太战略”，可能在经济领域出现重大短板。

3. 特朗普交易主义外交风格，将严重削弱美国的亚太盟伴对美国安全承诺的信心。交易主义外交风格，在特朗普第二任期愈加明显。特朗普在要求乌克兰签署矿产资源、尽快停火时，口口声声表示，乌克兰安全问题欧洲盟友理应承担更大责任，因为这是欧洲的安全问题。然而，特朗普声称，美国向乌克兰提供的军事与经济援助要远远高于欧盟，而且欧盟的援助都是要偿还的，因此乌克兰必须拿矿产资源与美国交换，美国不能被“占便宜”。特朗普还要求北约欧洲盟友大幅提高国防开支，承担乌克兰战后维和责任，并频频质疑北约存在的价值。特朗普也反复声称，日本、韩国等亚洲盟伴军费开支不足，分担的美国驻军费用不够，是在“占美国便宜”。特朗普甚至质问，美国在安全上保护了日本，但是日本什么时候会保护美国？这种赤裸裸的利益至上的交易主义风格，让美国的欧亚盟友十分担心美国的安全承诺是否可靠。从“印太战略”实施角度看，如果美国的盟伴无法确认美国的安全承诺，那么拜登政府精心构筑的小多边盟伴体系，将会貌合神离。从积极方面看，在亚太地区将不大可能出现针对中国的多边军事同盟体系，亚太“北约化”的趋势将会得到极大缓解。从消极方面看，美国的亚太盟伴可能会更强调自保，大幅提升军费开支，引发新一轮地区军备竞赛，甚至日韩等国谋求核武器的声音会进一步抬头，对地区安全局势造成新挑战。

尽管特朗普第二任期充满民粹主义和交易主义色彩的外交理念与风格，以及对国际格局和大国关系的看法，可能会对美国“印太战略”实施，造成一定程度干扰。但是，由于特朗普本人及内阁成员对中国是美国“全方位战略竞争对手”的战略判断，并没有发生根本性变化；对维持美国在亚太地区的经济利益、军事存在和外交影响，也没有发生根本性改变；加之特朗普动辄施压的霸凌作风和出尔反尔的性格特征，不排除一旦中美在经贸等问题上未能达成协议，特朗普政府可能会在“印太”地区，特别是在台海、南海等问题上制造小动作，并加大在经贸、科技方面的施压和围堵。因此，不能轻视特朗普第二任期“印太战略”实施对中国可能产生的不利影响。

大 事 记

2024年
中美关系大事记

1月

2024年1月1日　中国国家主席习近平与美国总统拜登互致贺信，祝贺两国建交45周年。习近平在贺信中指出，中美建立外交关系是两国关系史和国际关系史上的大事件。45年来，中美关系历经风雨，总体向前发展，不仅增进了两国人民的福祉，也促进了世界的和平、稳定和繁荣。历史已经并将继续充分证明，坚持相互尊重、和平共处、合作共赢，是中美两个大国的正确相处之道，理应成为新时期中美双方的共同努力方向。习近平指出，我同拜登总统在旧金山会晤，开辟了面向未来的“旧金山愿景”，为中美关系发展指明了方向。双方要认真落实两国元首达成的重要共识和成果，以实际行动推动中美关系稳定、健康、可持续发展。习近平强调，我愿同拜登总统共同努力，继续为中美关系把舵领航，造福中美两国和两国人民，促进世界和平与发展事业。拜登在贺信中表示，1979年建交以来，美中之间的联系促进了美国、中国和全世界的繁荣和机遇。我致力于负责任地管理这一重要关系。我期待在我们的前任们以及我们多次会晤和讨论取得进展的基础上，继续推进美中关系。

2024年1月2日 中国外交部发言人就中美建交45周年发表谈话指出，2024年是中美建立外交关系45周年。1月1日，习近平主席和拜登总统互致贺信，祝贺两国建交45周年。中美建交是两国关系史和国际关系史上的大事件。45年来，中美关系历经风雨，砥砺前行。两国双边贸易额从1979年不足25亿美元到2022年近7600亿美元，双向投资从近乎为零到2600多亿美元，友好省州和友好城市关系已多达284对。中美还在诸多国际地区热点和全球性问题上开展了有益的合作。历史证明，中美关系的发展不仅增进了两国人民的福祉，也促进了世界的和平、稳定和发展。中国对美政策是一贯的、明确的，就是相互尊重、和平共处、合作共赢，这是从中美关系历程中提炼出的经验，也是中美两个大国的正确相处之道，符合时代发展潮流和两国共同利益。中美两国各自的成功是彼此的机遇，双方完全可以相互成就、共同繁荣。中方致力于构建稳定、健康、可持续的中美关系。习近平主席同拜登总统在旧金山会晤，在政治外交、经贸金融、人文交流、全球治理、军事安全等领域达成了20多项共识和成果，开辟了面向未来的“旧金山愿景”，为中美关系发展指明了方向。中方愿同美方一道，认真落实中美元首旧金山会晤达成的重要共识和成果，共同树立正确认知、共同有效管控分歧、共同推进互利合作、共同承担大国责任、共同促进人文交流，推动两国关系朝着正确方向发展，造福两国、惠及世界。

2024年1月4日 中国国家主席习近平复信美国艾奥瓦州友人萨拉·兰蒂。习近平指出，中美建交45年来，两国关系经风历雨，已成长为参天大树，结出了合作之果，既造福了两国，也惠及了世界。中美关系取得的成就，首要归功于两国人民的共同努力；中美关系继续向前发展，更加需要依靠两国人民。习近平强调，中美关系的未来在青年。中国人常讲：读万卷书，行万里路。我宣布今后5年邀请5万名美国青少年来华交流学习，就是希望更多美国青少年能够访问中国，用自己的眼睛观察中国，用自己的耳朵倾听中国，用自己的脚步丈量中国，感受一个真实、立体、全面的中国，在两国人民之间架起更多相知相亲的桥梁。我欢迎马斯卡廷的学生们参与到这个项目中来。习近平强调，中美是世界上最大的发展中国家和发达国家，这个星球的前途命运需要中美关系稳下来、好起来。中方愿同美方一道努力，推动中美关系稳定、健康、可持续发展，为两国人民谋求更多福祉，为国际社会提供更多公共产品，共同建设一个持久和平、普遍安全、共同繁荣、开放包容、清洁美丽的世界。

近日，美国艾奥瓦州友人萨拉·兰蒂致信习近平主席，表示习近平主席在美国友好团体联合举行的欢迎宴会上的讲话广受欢迎、鼓舞人心，其中未来5年邀请5万名美国青少年赴华交流学习令人振奋，希望马斯卡廷高中也参与这一计划。美中作为大国，应该携手解决包括气候变化、粮食安全、毒品和地区冲突等问题，造福人类社会。

2024年1月4日　针对多名中国留学生近期入境美国时遭到长时间盘查，并被检查手机、电脑等随身电子设备，其中一些学生的签证被注销并被告知5年内不得入境美国之事，中国外交部发言人汪文斌表示，长期以来，美方出于政治目的，对持合法有效证件和签证的中国赴美留学生滥施打压迫害，动辄盘查、关押、逼供、诱导，甚至遣返。近几个月来，每月均有数十名包括留学生在内的中方赴美人员被美方强制遣返。美方的做法是典型的选择性、歧视性、政治性执法。中方对此强烈不满，坚决反对。美国自诩开放包容和学术自由，却错误制定并颁布实施第10043号行政令，滥用国家安全概念，将学术研究政治化、武器化，一再对中国赴美学生实施盘查、滋扰、遣返，严重损害中国留学人员合法权益，严重毒化两国人文交流氛围，严重违反两国元首关于加强和便利两国人文交流的共识，同中美两国人民开展友好交流的共同愿望背道而驰。中方敦促美方将欢迎中国留学生的表态落到实处，撤销错误的第10043号行政令，停止以国家安全为借口打压限制中国赴美留学人员，切实保障中国在美学者学生安全和合法权益，以实际行动兑现支持和便利中美人文交流和人员往来的承诺。中方将继续采取必要措施，坚决维护中国公民合法权益。我们也提醒赴美留学人员警惕相关风险。

2024年1月5日　中共中央政治局委员、外交部部长王毅在北京出席纪念中美建交45周年招待会并致辞。美国驻华使馆临时代办米德伟也在招待会上致辞。此次招待会由中国人民对外友好协会与中国人民外交学会共同举办，两国各界友好人士350余人出席。

2024年1月5日至19日　在中国外交部、中国国防部军委国际军事合作办公室和军队档案部门协助下，美国国防部战俘与失踪人员统计局派团队来华，赴广西、湖南两地进行现地勘察，查找美军二战期间在华失踪人员遗骸。

2024年1月5日　中国驻芝加哥总领馆与芝加哥大学共同

举办芝大青年学生赴华行前交流会。中国驻芝加哥总领事赵建、芝大协理副校长赫琳雅克出席并致辞，芝加哥大学50余名学生代表参加了此次活动。

2024年1月5日　中国外交部发言人就反制美国向中国台湾地区出售武器、制裁中国实体答记者问表示，美国公然违反一个中国原则和中美三个联合公报，特别是《八一七公报》规定，向中国台湾地区出售武器，罗织各种借口对中国企业和个人实施非法单边制裁，严重损害中国主权和安全利益，严重破坏台海和平稳定，严重侵犯中方企业和个人正当合法权益。中方对此强烈不满、坚决反对，已向美方提出严正交涉。针对美方上述严重错误行径，根据《中华人民共和国反外国制裁法》，中方决定对贝宜陆上和武器系统公司（BAE Systems Land and Armament）、联合技术系统运营公司（Alliant Techsystems Operation）、宇航环境公司（AeroVironment）、ViaSat公司和Data Link Solutions公司等5家美国军工企业实施制裁。措施包括冻结在我国境内的动产、不动产和其他各类财产，禁止我国境内组织、个人与其进行交易、合作等活动。中国政府捍卫国家主权、安全和领土完整、维护中国企业和公民合法权益的决心坚定不移。我们敦促美方切实恪守一个中国原则和中美三个联合公报规定，恪守国际法和国际关系基本准则，停止武装台湾，停止对华非法单边制裁，否则必将遭到中方坚决有力回击。

2024年1月7日　中国驻洛杉矶总领事郭少春出席“内蒙古（美国）贸易展洽会”开幕式并致辞。内蒙古自治区政协副主席安润生、美国联邦众议员赵美心、加利福尼亚州州参议员纽曼等领区各界人士约两百人参加了此次活动。

2024年1月8日 上海市委书记陈吉宁会见了美国前财政部长劳伦斯·亨利·萨默斯一行。

2024年1月8日 中共中央对外联络部部长刘建超在美国纽约出席中美1.5轨对话框架下专题座谈。同日，刘建超部长还在纽约会见了欧亚集团总裁布雷默。

2024年1月8日至9日 第17次中美国防部工作会晤在美国华盛顿举行。此次会议由中央军委国际军事合作办公室领导与美助理防长帮办共同主持。

2024年1月8日 中国人民对外友好协会会长杨万明在北京会见了美国犹他州前州长迈克·莱维特率领的美国犹他州友好代表团。

2024年1月8日 针对美国国务院1月6日发表美日韩“印太对话”联合声明，对中国在南海的主张及升级局势的行为表示关切一事，中国外交部发言人毛宁表示，中方注意到美日韩举行有关对话并发表共同文件，对其中的涉华不当内容表示严重关切。中方坚决反对有关国家以合作为名拼凑排他性“小圈子”，粗暴干涉中国内政，攻击抹黑中国，煽动对抗对立。当前南海局势总体稳定。中国始终坚定捍卫领土主权和海洋权益，同时致力于同有关当事国通过对话协商妥善处理分歧。个别域外国家在南海炫耀武力，挑动对抗，不利于南海和平稳定。台湾是中国领土不可分割的一部分，台湾问题纯属中国内政，不容任何外部势力干涉。维护台海和平稳定的关键在于坚持一个中国原则，坚决反对“台独”分裂。亚太地区是和平发展的高地，不是大国博弈的棋局。我们敦促有关方面切实尊重地区国家维护和平稳定的努力，摒弃冷战思维，停止制造阵营对抗、加剧地区局势紧张。

2024年1月9日 中国外交部副部长马朝旭在北京会见了来访的美国犹他州友好代表团。

2024年1月9日 中共中央对外联络部部长刘建超应邀在美国对外关系委员会发表演讲并与外方互动交流。美国对外关系委员会会长弗罗曼主持了演讲活动。演讲开始前，刘建超部长还同《外交》杂志总编辑和高层编辑团队进行了座谈交流。同日，刘建超部长在纽约同美国前政要、金融、工商界人士就中美关系等座谈。桥水投资公司创始人达利欧，美前财长鲁宾、盖特纳，美国务院前副国务卿霍马茨，哈佛大学教授阿利森等参加了此次座谈。刘建超部长还在纽约会见了新闻集团首席执行官汤姆森一行。

2024年1月9日至10日 “纪念中美建交45周年论坛”在美国亚特兰大卡特中心举行。此次论坛由美国卡特中心主办，美中关系全国委员会、美中贸易全国委员会、复旦大学美国研究中心协办。中国驻美大使谢锋、美国驻华大使尼古拉斯·伯恩斯、国会众议员赵美心分别发表视频致辞，中国驻美公使井泉出席会议。来自中国复旦大学、清华大学、中国人民大学、哈佛大学、耶鲁大学、乔治城大学等机构100余位代表与会交流。

2024年1月9日 “中国之夜暨消费电子发展论坛”在美国拉斯维加斯消费电子展期间举办。本次论坛由中国驻旧金山总领馆、中国机电产品进出口商会共同主办。中国驻旧金山总领馆副总领事邹永红、中国机电产品进出口商会副会长刘春、美国内华达州副州长办公室幕僚长鲁迪·帕明图安等出席并致辞。

中美两国各界近300人与会交流。

2024年1月10日 中国国务委员、公安部部长王小洪应约同美国国土安全部部长马约卡斯视频通话。

2024年1月10日 中国人民银行行长潘功胜会见了来访的美国前财长、哈佛大学荣誉校长劳伦斯·萨默斯。

2024年1月10日 中共中央对外联络部部长刘建超在华盛顿会见美国总统国家安全事务首席副助理芬纳。

2024年1月10日 中国人民对外友好协会会长杨万明在北京会见了美国保尔森基金会副主席兼总裁戴青丽。

2024年1月10日 针对台湾当局“驻美代表”同美国国会众议长迈克·约翰逊会面一事，中国外交部发言人毛宁表示，世界上只有一个中国，台湾是中国不可分割的一部分。中方一贯坚决反对美台开展任何形式的官方往来。美方应当切实恪守一个中国原则和中美三个联合公报规定，慎重、妥善处理涉台问题，停止美台官方往来，停止向“台独”分裂势力发出任何错误信号，不得以任何形式介入台湾地区选举。民进党当局“挟洋自重”“倚美谋独”的图谋注定不会得逞。

2024年1月11日 中国商务部部长王文涛与美国商务部部长雷蒙多举行通话。双方围绕落实两国元首旧金山会晤重要共识，就各自关心的经贸问题进行了沟通。

2024年1月11日 上海市委书记陈吉宁会见了美国宝洁公司全球董事长、总裁兼首席执行官詹慕仁一行。

2024年1月11日 经中国国务院批准并经中美双方互换照会确认，《中华人民共和国政府和美利坚合众国政府对旧石器时代到唐末的归类考古材料以及至少250年以上的古迹雕塑和壁上艺术实施进口限制的谅解备忘录》顺延有效期工作顺利完成。新文本将于2024年1月14日生效，有效期5年。

2024年1月12日 北京市市长殷勇会见美国保尔森基金会副主席兼总裁戴青丽。

2024年1月12日 中共中央对外联络部部长刘建超在华盛顿会见美国国务卿布林肯。双方表示将继续加强对话合作，不断推进落实两国元首旧金山会晤重要共识和成果。刘建超就有关问题阐述了立场，强调双方应相向而行，推动中美关系稳定、健康、可持续发展。双方还就国际和地区问题交换了意见。

2024年1月12日 中国人民对外友好协会会长杨万明在北京会见了亚洲协会董事会联席主席约翰·桑顿。

2024年1月12日 中美“21世纪20年代强化气候行动工作组”启动会以视频形式召开。会议由中国气候变化事务特使解振华和美国总统气候问题特使克里主持。中国国家发展改革委副主任赵辰昕、生态环境部副部长赵英民、国家能源局副局长任京东、美国能源部副部长塔克、美国环保署助理署长尼希达作为工作组专题小组组长出席会议并发言。

2024年1月12日 中国驻洛杉矶总领事郭少春出席“魅力上海”电视节目展播月开播仪式暨华人工商大展欢迎晚宴并致辞。美国国会议员赵美心发表视频致贺，美国加利福尼亚州审计长科恩、州参议员鲁比奥、众议员方树强等领区各界人士70余人参加了此次活动。

2024年1月13日 中共中央对外联络部部长刘建超在美国旧金山会见该市市长伦敦·布里德。

2024年1月15日 针对美国资深代表团当日在台湾会见

了赖清德和蔡英文一事，中国外交部发言人毛宁表示，台湾地区选举是中国的地方事务。中方一贯坚决反对美台开展任何形式的官方往来，坚决反对美方以任何方式、任何借口干涉台湾事务。我们敦促美方务必认清台湾问题的极端复杂性和敏感性，切实恪守一个中国原则和中美三个联合公报，将美国领导人多次重申的不支持“台独”、不支持“两个中国”或“一中一台”、不寻求把台湾问题作为工具遏制中国等承诺落到实处，慎之又慎处理涉台问题，不以任何形式虚化掏空一个中国原则，不向“台独”分裂势力发出任何错误信号。

2024年1月16日 中国驻美大使馆举办纪念中美建交45周年暨新春招待会。中国驻美大使谢锋出席并致辞。美国白宫国家禁毒政策办公室主任古普塔、商务部副部长拉戈、国务院亚太事务助卿康达、白宫国安会中国事务高级主任贝莎兰、美中贸易全国委员会会长克雷格·艾伦、美中关系全国委员会会长史蒂夫·欧伦斯、国际特殊奥林匹克委员会主席施莱佛、国际货币基金组织副总裁李波、世界银行常务副行长杨少林、美国前商务部长古铁雷斯、前贸易代表希尔斯、前常务副国务卿内格罗蓬特等700多名中美各界人士出席了此次活动。

2024年1月16日 针对美国会众院日前通过“不歧视台湾法案”，要求美财长利用美国在国际货币基金组织影响力支持台加入该组织一事，中国外交部发言人毛宁表示，美方所谓法案粗暴干涉中国内政，妄图借台湾问题搞政治操弄，制造“两个中国”“一中一台”。中方对此强烈不满、坚决反对，已向美方提出严正交涉。台湾地区没有任何根据、理由或权利参加联合国及其他只有主权国家才能参加的国际组织。1971年10月25

日，第26届联合国大会以压倒性多数通过的第2758号决议，明确承认中华人民共和国政府的代表为中国在联合国组织的唯一合法代表，要求将台湾当局“代表”从其非法占据的席位上驱逐出去。联大第2758号决议从政治上、法律上和程序上彻底解决了包括台湾在内全中国在联合国的代表权问题，明确了中国在联合国的席位只有一个，那就是中华人民共和国。半个多世纪以来，联合国及包括国际货币基金组织在内的专门机构以及其他国际和地区组织均恪守这一决议规定。任何关于台湾地区参与国际组织活动的问题，都必须在一个中国原则下解决。美方应当认清台湾问题的高度敏感性，立即停止利用台湾问题干涉中国内政，停止向“台独”势力发出错误信号，停止损害中美关系和台海和平稳定。

2024年1月17日　河南省副省长李酌在郑州会见了美国大豆出口协会首席执行官苏健一行。

2024年1月17日　中国驻美大使谢锋会见了美国商会会长兼首席执行官克拉克。

2024年1月17日　中国驻纽约总领馆举办纪念中美建交45周年招待会。中国驻纽约总领事黄屏发表讲话，美中关系全国委员会主席欧伦斯、美国良知基金会主席施奈尔、美国外交政策全国委员会主席埃利奥特等出席并致辞，纽约中小企业局局长金凯文、纽约市外办副主任乔汉、纽约市长亚裔事务主任郑祺蓉等近200名各界人士出席了此次活动。

2024年1月18日　中共中央政治局委员、国务院副总理何立峰在北京会见美国前财长、华平集团主席盖特纳，双方就中美关系、中国经济、资本市场等议题交换了看法。

2024年1月18日至19日　中美金融工作组第三次会议在北京举行。中国人民银行行长潘功胜出席会议并致辞。会议由中国人民银行副行长宣昌能和美国财政部助理财长奈曼共同主持。中国财政部、国家金融监督管理总局、中国证监会、国家外汇管理局，以及美联储、美国证券交易委员会等相关部门代表参会。

2024年1月18日　中国驻美公使徐学渊应邀出席美国中国总商会在纽约举办的2024龙年颁奖晚宴并发表主旨演讲。中国商务部部长王文涛、美驻华大使伯恩斯等发表视频致辞，中国驻纽约总领馆黄屏总领事、总商会会员企业代表等中美各界人士近400人出席了此次活动。

2024年1月19日　中国国务院副总理、中美经贸中方牵头人何立峰在北京会见了中美金融工作组美方代表团。

2024年1月19日　中国驻洛杉矶总领事郭少春访问波莫纳学院并与校长斯塔尔进行了会谈。

2024年1月21日至24日　中国驻芝加哥副总领事黄黎明一行访问美国堪萨斯州，会见了美国威奇托市市长吴莉莉、堪萨斯州政府商务官员埃普丽尔、塞奇威克郡副首席财务官布兰登等当地政界人士。黄黎明副总领事一行还与埃德加·斯诺基金会、纽曼大学、大威奇托地区伙伴关系协会等机构负责人进行了交流。

2024年1月22日　中国驻美大使谢锋会见了美国白宫国家禁毒政策办公室主任古普塔。

2024年1月22日　中国国家文物局和中国驻旧金山总领馆在美国俄勒冈州波特兰市共同举办西周青铜器“丰邢叔簋”返

还仪式。中国文化和旅游部副部长、国家文物局局长李群在仪式上发表了视频致辞。中国驻旧金山总领事张建敏代表国家文物局向持有人雷蒙德·金及其母亲颁发捐赠证书。

2024年1月22日 针对美国国会两个专职调查中国带来的“安全威胁和风险”的委员会正在审查瑞士工程企业ABB在中国的业务，特别是中国企业上海振华重工在向美国出口的岸边集装箱起重机上安装ABB设备一事，中国外交部发言人汪文斌表示，美国有关政客的“被害妄想症”是越来越严重了。为什么在没有任何证据的情况下，一味指责中国相关企业威胁美国国家安全呢？为什么美国国家安全“威胁”的矛头总是指向中国各行各业的领军企业呢？为什么其他国家明明没有感到中国产品构成威胁，美方还要胁迫他们对相关中国企业进行封杀呢？从指控中国信息技术设备留有“后门”，到声称中国生产的起重机是收集情报的“特洛伊木马”，再到渲染中国生产的电动车电池“威胁”国家安全，美国有关政客鼓吹的“中国威胁”气泡越吹越大，同时他们打着国家安全幌子遏制中国发展的真实意图也越来越暴露无遗。对这些美国政客来说，中国什么先进，什么就是“威胁”，就要采取一切措施进行打压；只有中国出口的衬衫、袜子，才不对美国构成威胁。美国政客的所作所为，完全是赤裸裸的霸凌、霸道行径。美国政客嘴上讲要遵守规则，实际上做的却是无视规则、破坏规则的事；嘴上讲公平竞争，实际上却不择手段打压竞争对手，剥夺其他国家正当发展权利。这种卑劣行径理应受到国际社会的谴责和反对。

2024年1月23日 中国驻洛杉矶总领事郭少春访问加州艺术学院，与校长拉詹、教务长科斯坦蒂诺进行了会谈。

2024年1月24日 中国驻旧金山总领事张建敏与美国加州联邦俱乐部亚太事务主席卡利迪普举行了炉边谈话，并现场回答了观众提问。

2024年1月25日 中国驻纽约总领事黄屏出席中美商业联盟2024年新年活动并发表主旨演讲。中美商业联盟主席本杰明·斯坦、联盟创始人奥登、中国香港特别行政区驻纽约经济贸易办事处处长何美智以及联盟成员纽约工商界代表100余人参加了此次活动。

2024年1月25日 中国驻芝加哥总领事赵建接受哥伦比亚广播公司底特律电视台（CBS62）“不凡密歇根”栏目主持人凯恩女士专访，介绍中美关系和两国元首旧金山会晤成果以及中国同密歇根州合作交流等情况。

2024年1月25日 中国驻洛杉矶总领事郭少春访问美国纽约电影学院洛杉矶校区，与董事长让·夏洛克、校长迈克尔·杨、执行副校长朱宇华等会谈。

2024年1月25日 针对美国海军“菲恩”号驱逐舰周三过航台湾海峡一事，中国外交部发言人汪文斌表示，关于美“菲恩”号驱逐舰过航台湾海峡，中国人民解放军东部战区新闻发言人已发表谈话，表明严正立场。台湾是中国领土不可分割的一部分，中方捍卫国家主权和领土完整的决心坚定不移。中方注意到，台湾地区选举结束之后，美方采取了一系列消极言行，向“台独”势力发出错误信号。美方所作所为违反一个中国原则和中美三个联合公报规定，违背美国领导人多次重申的不支持“台独”、不支持“两个中国”或“一中一台”、不寻求把台湾问题作为工具遏制中国等承诺。美方应当切实恪守一个中国原则和中美三个联合公报规定，立即停止侵权挑衅行径，停止给台海和平稳定制造麻烦，停止向“台独”分裂势力发出任何错误信号。

2024年1月25日 中国人民解放军东部战区新闻发言人施毅就美“菲恩”号驱逐舰过航台湾海峡发表谈话指出，1月24日，美“菲恩”号驱逐舰过航台湾海峡并公开炒作。中国人民解放军东部战区组织兵力对美舰过航行动全程跟监警戒，依法依规处置。近期，美军频频实施挑衅行径，恶意破坏地区和平稳定。战区部队时刻保持高度戒备，坚决捍卫国家主权安全和地区和平稳定。

2024年1月26日至27日 中共中央政治局委员、中央外办主任王毅在曼谷同美国总统国家安全事务助理沙利文举行新一轮会晤。双方围绕落实两国元首旧金山会晤共识、妥善处理中美关系重要敏感问题进行了战略沟通。王毅说，今年是中美建交45周年。双方应以此为契机，总结经验、汲取教训，平等相待而不是居高临下，求同存异而不是突出分歧，切实尊重而不是损害对方核心利益，共同致力于相互尊重、和平共处、合作共赢，构建中美两国正确相处之道。王毅强调，台湾问题是中国内政，台湾地区选举改变不了台湾是中国一部分的基本事实。台海和平稳定的最大风险是“台独”，中美关系的最大挑战也是“台独”。美方必须恪守一个中国原则和中美三个联合公报，将不支持“台独”承诺落实到行动上，支持中国和平统一。王毅指出，各国都有国家安全关切，但必须正当合理，不能搞泛政治化和泛安全化，更不能借此遏制打压他国的发展。双方同意就国家安全和经济活动之间的边界进行进一步讨论。双方同意共同落实“旧金山愿景”：两国元首将保持经常性联系，对双边关系进行战略引领；推进中美各领域各层级交往，用好目前的战略沟通渠道以及外交、两军、经济、金融、商务、气候变化等领域一系列对话磋商机制；继续就中美关系指导原则开展讨论；近期启动中美禁毒合作工作组；今年春天举行中美人工智能政府间对话机制首次会议；采取进一步措施，扩大两国人文交流。双方还讨论了中东、乌克兰、朝鲜半岛、南海等国际和地区问题。

2024年1月26日　中国驻纽约总领事黄屏及夫人应邀出席中国中央广播电视总台“春晚序曲”美国专场活动并致辞。中央广播电视总台台长慎海雄发表视频致辞，中国常驻联合国代表张军大使及夫人、中央广播电视总台北美总站负责人张欣、纽约市市长亚当斯、美中关系全国委员会会长欧伦斯等200多人出席了此次活动。

2024年1月26日　中国驻洛杉矶总领馆举办纪念中美建交45周年招待会。中国驻洛杉矶总领事郭少春夫妇，美联邦众议员赵美心、飞虎队老兵麦克马伦，加州参众议员等领区各界400余人出席此次活动。

2024年1月28日　中国驻美大使馆举行纪念中美留学45周年暨2024年中美青年新春联欢活动。中国驻美大使谢锋出席并致辞。美国国务院中国协调办公室公共外交主管官员毕安、美国教育部部长办公室国际事务专员萨凡纳·华莱士、美国国际教育协会首席执行官古德曼等出席了此次活动。

2024年1月28日　中国驻芝加哥总领事赵建出席美国职业篮球联赛（NBA）底特律活塞队与当地华人社区在活塞队主场

小凯撒体育馆举办的中国新年庆祝活动。赵建总领事为比赛开球，与现场观众共迎龙年新春。

2024年1月29日 中国驻纽约总领事黄屏应邀出席哈佛大学商学院学生赴华行前交流会，会见了参加“2024哈佛商学院中国行”项目的逾百名学生代表。

2024年1月29日 中国驻洛杉矶总领馆工作组陪同美国夏威夷州长格林前往医院看望遇袭受伤中国公民。1月23日晚，该名中国公民在夏威夷檀香山市区街道被泼化学液体，受伤严重。

2024年1月30日 中国国务委员、国家禁毒委员会主任王小洪在北京会见美国总统副助理、白宫国土安全事务副助理达斯卡尔率领的美国禁毒联合代表团，宣布中美禁毒合作工作组正式启动。双方同意落实好“旧金山愿景”，务实开展禁毒及执法安全合作。

2024年1月30日 中国驻纽约总领事黄屏访问波士顿大学，会见校长弗里曼、副校长西尔斯、助理教务长威利斯等。同日，黄屏总领事还访问了东北大学，会见高级副校长达塔笈多、高级副校长卢登、副校长克莱恩等。

2024年1月30日 中国商务部新闻发言人就美搜查在美中资企业答记者问表示，中方注意到有关报道。近期，美方多次突击搜查在美中资企业，盘查盘问在美从事商务活动的中方人员，查扣手机电脑等个人设备，滋扰中国企业和商务人士，严重影响企业正常经营活动，损害中国企业对美投资的信心。美方应立即停止对中国企业和商务人员的滋扰，为他们提供安全、透明、公平的营商环境。中方将密切关注事态发展，坚定维护中国企业和公民的合法权益。

2024年1月31日 中国外交部北美大洋洲司负责人会见来华出席中美禁毒合作工作组首次会议的美国助理国务卿罗宾逊。双方就中美禁毒执法合作有关问题交换了意见。

2024年1月31日 中国驻纽约总领事黄屏出席总领馆举办的纪念天普大学授予邓小平法学荣誉博士学位45周年招待会并致辞。中国人力资源和社会保障部副部长李忠发表视频致辞，天普大学教务长曼德尔、副教务长赞金娜及法学院副院长桑国亚及来自天普大学等领区高校和教育机构的近百名代表出席。

2024年1月31日 中国驻旧金山总领事张建敏偕夫人郑心举办纪念中美建交45周年暨新春招待会。美国旧金山市市长布里德、加州财务长马世云、美中航空遗产基金会主席杰夫·格林出席并致辞，美国加州联邦参议员巴特勒、联邦众议员康纳等政要派代表致贺。美国国务院领团办旧金山办公室主任斯坦格、阿拉米达郡议员郝伯特等各界代表200余人出席。

2024年1月31日 针对近日再次有中国留学生在美国华盛顿杜勒斯机场入境美国时遭盘查，美方执法人员反复询问当事人政治背景和科研情况，以放行为条件要求当事人提供中国政府内部信息，当事人拒绝后对其作出注销签证、不准入境决定并强制遣返之事，中国外交部发言人汪文斌表示，一段时间来，美方基于政治目的频繁对中国赴美留学生实施无端滋扰、盘查、遣返。据不完全统计，仅在华盛顿杜勒斯机场，2023年11月底以来，至少有8名持合法有效证件的中国留学生被美方无端滋扰、盘查、遣返。美方执法部门有关行径严重侵犯当事人正当合法权益，严重干扰中美人文交流和人员来往，严重违背中美元首关于加强和便利两国人文交流的共识。中方已向美方提出严正交涉。美国自诩开放包容和学术自由，号称“科学无国界”，却将学术研究政治化、武器化，滥用“国家安全”概念大肆打压迫害中国留学生，侵犯中国公民的合法权益和基本人权，制造“寒蝉效应”，毒化中美人文交流氛围。在近期的案例当中，美方执法人员更是毫不掩饰地对受害者进行语言诱导和渗透拉拢，直接威胁中国的国家安全。美方这种行径带有强烈意识形态偏见，毫无底线，是披着执法外衣的歧视性、政治性执法，最终也将损害美国自身形象。我们敦促美方落实好拜登总统的表态和两国元首旧金山会晤共识，立即停止以所谓“国家安全”为借口打压限制中国赴美留学人员，切实保障中国在美学生学者安全和合法权益，为中美人文交流和人员往来排除干扰障碍。中方将采取坚决措施，维护国家安全和中国公民的正当合法权益。

2月

2024年2月1日　针对美国联邦调查局局长昨天表示，中国是世界上最大的黑客活动国家一事，中国外交部发言人汪文斌表示，中国坚决反对并依法打击任何形式的网络攻击。美方在缺乏有效证据的情况下妄下结论，对中国无端指责抹黑，极其不负责任，纯属混淆是非。中方对此坚决反对。美国才是网络攻击的始作俑者和集大成者。美国网络军司令部公然将他国的关键基础设施列为美国网络攻击的合法目标。去年以来，中国的网络安全机构陆续发布报告，揭露了美国政府长期以来对中国关键基础设施实施网络攻击的情况。这种不负责任的政策和做法将全球关键基础设施置于巨大的风险之中。我们敦促美方停止在全球范围内搞网络窃密和攻击，停止利用网络安全问题抹黑他国。此外，针对美国国防部将中国领先存储芯片制造商长江存储和人工智能企业旷视科技新增至涉嫌帮助中国军方的企业清单一事，汪文斌表示，我们坚决反对美方泛化国家安全概念，划设各类名目的歧视性清单，无理打压中国企业，破坏中美正常经贸合作。美方做法违背其一贯标榜的市场竞争原则和国际经贸规则，打击外国企业在美投资经营信心，损害美国企业和投资者利益，终将反噬自身。事实上，美国政府才是军民融合政策的主要推手。美国军民融合政策可以追溯到一战前，美国国防部在硅谷等科技重镇设立办公室，指导高科技企业加快技术“军事化”“实战化”。很多美国大型跨国公司都是“军民融合体”，其经营范围、产品类型跨越军民领域。我们敦促美方立即纠正上述歧视性做法，为中国企业经营提供公平、公正、非歧视环境。中国将继续坚定维护本国企业正当合法权益。

2024年2月2日 针对美国中情局局长伯恩斯在《外交事务》上撰文称，美国已投入更多资源用于对华情报收集、分析和行动一事，中国外交部发言人汪文斌表示，中国坚持走和平发展道路，中国的发展是世界发展的机遇和全球和平力量的增长。伯恩斯局长作为全球最大间谍组织的负责人，一再走上前台，告诉世人美国间谍无处不在、无孔不入。中方将一如既往做好防范工作，不会让美国的非法行径得逞。

2024年2月3日 黑龙江省省长梁惠玲在哈尔滨会见了美

国驻华大使尼古拉斯·伯恩斯一行。

2024年2月5日至6日 中美经济工作组在北京举行第三次会议。中国财政部部长蓝佛安出席会议并与美方简短交流。此次会议由中国财政部副部长廖岷和美国财政部副部长尚博共同主持，两国经济领域相关部门代表参会。

2024年2月5日 中国驻纽约总领馆举办龙年春节招待会，中国驻纽约总领事黄屏、美中关系全国委员会会长欧伦斯、副会长白莉娟，美外交政策全国委员会董事会主席谢弗等出席并致辞。中国常驻联合国副代表戴兵大使、美外交政策全国委员会会长埃利奥特、多国驻纽约总领事等400余人出席活动。

2024年2月6日 中国国务院副总理、中美经贸中方牵头人何立峰在京会见来华出席中美经济工作组第三次会议的美国副财长尚博一行。

2024年2月6日 针对美国务院亚太事务助卿康达同郭凤仪、袁弓夷、许颖婷、邵岚4名外逃反中乱港分子会面之事，中国外交部发言人汪文斌表示，我们对美方高官公然勾连外逃反中乱港分子表示强烈不满和坚决反对。有关外逃反中乱港分子涉嫌危害国家安全，香港警方依法对其予以通缉，符合国际法及国际通行惯例，是必要正当之举。美国制定的国家安全法律也具有域外效力。美方为反中乱港分子撑腰打气，不仅是对法治精神的粗暴践踏，更暴露出美方在人权、法治问题上一贯奉行的双重标准。香港事务纯属中国内政，不容任何外部势力插手干预。我们敦促美方反躬自省，切实尊重中国主权和香港法治，不要做犯罪分子的避风港。中方维护国家主权、安全、发展利益的决心坚定不移，任何干预香港事务、破坏香港法治的图谋都将受到中方坚决回击。

2024年2月7日 上海市委书记陈吉宁与美国比尔及梅琳达·盖茨基金会联席主席比尔·盖茨举行了视频连线。

2024年2月7日 中国商务部新闻发言人就美贸易代表办公室发布《2023年度恶名市场报告》答记者问表示，中方注意到美方近日发布《2023年度恶名市场报告》。中方认为，报告引述的情况未经调查核实，缺乏客观性、公正性。中方对此坚决反对。中国政府高度重视知识产权保护，不断加强立法保障、提高执法效能、完善管理体制，大力整治知识产权侵权行为。中国企业知识产权保护意识和水平持续提高。中国在知识产权保护方面的进步和成就得到各方认可。世界知识产权组织发布的《2023年全球创新指数报告》显示，中国是过去十年攀升最快的中等收入经济体之一，排名高于日本、加拿大等发达经济体。各国应在保护知识产权和打击侵权假冒行为方面通力合作、共同应对。中方愿继续加强知识产权国际交流合作，共同为全球企业打造公平竞争的营商环境。

2024年2月8日 中国驻纽约总领馆与纳斯达克集团连续第15年联合举办庆祝中国农历新年敲钟仪式。中国驻纽约总领事黄屏及夫人在位于纽约时报广场中心的纳斯达克股票交易所为当日股市敲响闭市钟，纳斯达克集团高级副总裁麦柯奕及各界代表出席了此次活动。

2024年2月9日 中国驻芝加哥总领馆在美国艾奥瓦州马斯卡廷市举办龙年新春庆祝活动。中国驻芝加哥总领事赵建同前美国驻华大使布兰斯塔德、萨拉·兰蒂女士、卢卡·贝隆先生、世界粮食奖基金会前主席奎因大使等出席活动。艾奥瓦大学、马斯卡廷社区大学、马斯卡廷中学师生代表以及来访的中国人民大学附属中学艺术团等共200多人参加了此次活动。

2024年2月11日 中国国家主席习近平和夫人彭丽媛向美国林肯中学师生回赠新春贺卡，致以农历龙年新春祝福，欢迎师生们多到中国走走看看，包括参加“5年5万名美国青少年来华交流学习”项目，为增进中美两国人民特别是青年间的友谊添砖加瓦。

此前，美国华盛顿州林肯中学师生向习近平主席、彭丽媛教授和全中国人民赠送新年贺卡，向中国人民致以新春祝福，祝中国人民新年快乐、身体健康！100多位老师和同学在贺卡上签名。

2024年2月15日 中国驻洛杉矶总领事郭少春应邀访问美国洛杉矶港，并与洛杉矶港执行董事赛罗卡、副执行董事夏尔马一同考察了洛杉矶港码头。

2024年2月16日 中共中央政治局委员、外交部部长王毅在出席慕尼黑安全会议期间应约会见美国国务卿布林肯。王毅说，去年底，习近平主席同拜登总统成功会晤，就事关中美关系战略性、全局性、方向性问题深入交换意见，达成重要共识。当前双方最重要的任务就是按照两国元首的战略引领，让“旧金山愿景”成为现实，推动中美关系沿着健康稳定可持续轨道发展。为此，双方要坚持遵循相互尊重、和平共处、合作共赢原则，积极探索两个大国正确相处之道。美方应客观理性看待中国发展，奉行积极务实的对华政策，将拜登总统的承诺落到实处，体现在具体行动中。王毅强调，世界上只有一个中国，台湾是中国领土的一部分，这才是台湾问题的真正现状。试图改变这一现状的是“台独”分裂活动和外部势力的纵容支持。美方如真想台海稳定，就应恪守一个中国原则和中美三个联合公报，将不支持“台独”的表态落到实处。王毅强调，把“去风险”搞成“去中国”，建“小院高墙”，搞“对华脱钩”，终将反噬美自身。王毅要求美方解除对中国企业和个人的非法单边制裁，不得损害中国的正当发展权益。双方就开展人文交流，便利人员往来交换了意见。王毅敦促美方停止无端滋扰盘查中国公民，多做有利于增进两国人民相互了解的事情，并送美方一句古话：“勿以恶小而为之，勿以善小而不为。”双方探讨了下阶段两国各层级交往，同意保持各领域对话沟通，进一步落实“旧金山愿景”。积极评价中美禁毒联合工作组工作，期待近日两国执法部门高层会晤取得积极成果。继续推进外交政策、亚太事务、海洋事务、人工智能对话磋商，保持两军沟通。双方还就乌克兰危机、巴以冲突、朝鲜半岛等地区热点问题交换了看法，同意双方半岛事务特使保持接触。

2024年2月17日 中国驻洛杉矶总领事郭少春应邀同美国圣迭戈动物园总裁兼首席执行官潘礼邦共同出席圣迭戈动物园农历新年庆祝活动。当地学校师生、家长及游园民众等参加了此次活动。

2024年2月18日 中国国务委员、公安部部长王小洪在维也纳同美国国土安全部部长马约卡斯举行会晤。双方围绕落实两国元首旧金山会晤共识，推进两国禁毒和执法合作，解决彼此关切问题进行了沟通。

2024年2月22日 中国驻美大使谢锋和夫人王丹应邀走访美国史密森学会，会见了该会秘书长邦奇。

2024年2月23日 “天津（滨海新区）——美国经贸合作恳谈会”在美国纽约举办。中国驻纽约总领事黄屏出席并致辞。天津市委常委、滨海新区区委书记连茂君、天津市人民对外友好协会副会长黄春艳、天津滨海新区副区长梁益铭、美国纽约州众议员金兑西、纽约市议员马特等中美各界60余位代表与会。

2024年2月23日 针对美国国防部近日发表声明称，美国国务院已批准对台出售价值约7500万美元的战术数据链系统升级计划一事，中国国防部新闻发言人张晓刚表示，我们坚决反对美方向中国台湾地区出售武器，这一立场坚定明确。一段时间以来，美方大肆操弄涉台问题，企图通过对台军售、军事援助等手段助长“台独”气焰，上述行径严重损害中国主权和安全利益，严重损害中美两国两军关系，粗暴干涉中国内政，推高台海紧张局势。台湾问题是中美关系第一条不可逾越的红线，美方武装台湾是十分危险的“赌注”行为。我们敦促美方恪守一个中国原则和中美三个联合公报，特别是《八一七公报》规定，停止售台武器和美台军事联系，停止以任何方式武装台湾，停止“以台制华”的挑衅行径，以实际行动维护两国两军关系大局和地区和平稳定。中方将采取坚决有力措施捍卫国家主权和领土完整。

2024年2月24日 中国国家主席习近平在中国龙年元宵节复信美国马斯卡廷中学访华代表团学生并回赠新春贺卡，向他们和全校师生致以节日祝福，欢迎更多美国青少年来中国交流学习。

习近平表示，你们来信的汉字写得很漂亮，手绘的中国龙、长城和熊猫很形象！得知你们到访了好几个城市，看大熊猫，品中国美食，体验中华文化，感到“超级开心”，我非常高兴。听说你们结识了许多中国小伙伴，并且邀请他们回访你们的家乡，你们之间结下的友谊令人感动。习近平指出，中国有句俗语：百闻不如一见。1985年我第一次访问美国时，热情友好的美国人民给我留下了难忘的印象。相信通过这次交流访问，你们对中国和中国人民也会有更直观、更深入的了解。欢迎你们再来中国，也欢迎更多美国青少年朋友来华交流学习，亲身感受一个真实、立体、全面的中国，与中国青少年交心交友、互学互鉴，为增进两国人民之间的友谊携手贡献力量。习近平在复信中说，今天是中国龙年的元宵节，元宵节是中国人共祝美好生活的重要时刻，我向你们和学校全体师生致以节日的美好祝福！

2023年11月，习近平主席访美期间宣布，中方未来5年愿邀请5万名美国青少年来华交流学习。美国艾奥瓦州友人萨拉·兰蒂近期致信习近平主席，表示希望马斯卡廷中学也参与这一计划。在习近平主席关心下，1月24日至30日，作为该项目第一批来华的美国中学生，马斯卡廷中学20多名学生到北京、河北和上海等地进行了交流访问。代表团抵京时，给习近平主席带来了写有中文“习爷爷，我们来了”字样的校旗等礼物。访问结束后，代表团学生致信习近平主席，讲述访华之行的喜悦心情，对邀请他们来华交流访问表示感谢。

2024年2月26日 北京市市长殷勇会见美国华平投资集团全球首席执行官纪杰。

2024年2月26日 中国商务部部长王文涛在阿联酋阿布扎

比出席世贸组织第13届部长级会议期间，会见了美国贸易代表戴琪。

2024年2月26日 中国驻洛杉矶总领事郭少春访问了加州大学欧文分校，与校长吉尔曼、首席全球事务官琼斯进行了会谈。

2024年2月26日 中国商务部新闻发言人就美以涉俄因素制裁多家中国实体答记者问表示，中方注意到有关情况。美方做法是典型的单边制裁、“长臂管辖”和经济胁迫，破坏了国际经贸规则和秩序，损害了全球产业链供应链安全稳定，中方对此坚决反对。中方将采取必要措施，坚决维护中国企业的合法权益。

2024年2月27日 上海市市长龚正会见了美国华平投资集团主席蒂莫西·盖特纳一行。

2024年2月27日 中国外交部部长助理兼政策规划司司长苗得雨在上海同美国国务院政策规划司司长艾哈迈德举行新一轮中美外交政策磋商。

2024年2月27日 中国驻芝加哥总领馆举办纪念中美建交45周年暨新春招待会。中国驻芝加哥总领事赵建与美国伊利诺伊州联邦众议员戴维斯，伊州参议员亨特、众议员马静仪等领区各界友好人士以及近期收到习近平主席复信的马斯卡廷中学访华团师生等共700多人出席了此次活动。

2024年2月28日 中国国务院总理李强在北京会见了由美国商会会长兼首席执行官克拉克率领的美国商会访华团。

2024年2月28日 针对美方日前宣布，美国国务院已经批准一项价值7500万美元的先进战术数据系统升级计划一事，国台办发言人朱凤莲应询表示，我们坚决反对美国向中国台湾地区出售武器，这一立场是一贯的、明确的。敦促美方恪守一个中国原则和中美三个联合公报规定，停止售台武器。民进党当局企图“倚美谋独”“以武谋独”，只会给台海地区带来兵凶战危，只会把台湾同胞推进危险境地。民进党当局应立即停止损害台湾同胞切身利益、危害台海和平稳定的行径。

2024年2月29日 中共中央对外联络部部长刘建超在北京会见了由美国商会会长兼首席执行官克拉克率领的美国商会访华团。

2024年2月29日 针对美空军部长近日声称，中国不断增长的远程导弹和反卫星武器库“威胁”美国在空战和太空情报等领域的优势地位一事，中国国防部新闻发言人张晓刚表示，美方以所谓他国威胁为借口扩张自身军力，中方对此坚决反对。众所周知，美国将太空界定为“作战疆域”，研发部署进攻性太空武器，组织军事攻防演习和技术实验，甚至恶意跟踪并危险抵近别国航天器，制造太空物体碰撞风险，已成为太空军事化、战场化的最大推手和太空安全的最大威胁。中方一贯坚持和平利用太空，反对太空军备竞赛，积极在太空领域推动构建人类命运共同体。我们敦促美方摒弃冷战零和博弈思维，停止散播虚假不实言论，停止在太空扩军备战行为，真正担负起应有的责任，防止对全球战略安全稳定造成严重冲击。

3月

2024年3月1日 应中国美国商会邀请，中国国家副主席韩正在北京出席中国美国商会年度答谢晚宴并致辞。中美工商界代表约500人参加活动。活动开始前，韩正集体会见了外方主要代表并合影。

2024年3月1日 针对美国国务院发言人发表声明称，密切关注香港基本法第23条立法对在港经营的美国公民、投资、企业的影响一事，中国外交部发言人毛宁表示，中方对美方有关声明表示强烈不满和坚决反对。完成基本法第23条立法、堵塞维护国家安全的漏洞，是香港特区的宪制责任，也是实现香港长治久安和“一国两制”行稳致远的必然要求。刚刚结束的公众咨询表明，香港社会各界对23条立法有强烈共识。23条立法惩治的是极少数严重危害国家安全的犯罪分子，将依法保护香港居民根据香港基本法和有关国际公约适用于香港的有关规定享有的各项权利和自由，外国在港公民、投资、企业也依法受到保护。23条立法域外适用完全符合国际法以及各国各地区普遍实践，有关“国家秘密”和“外部干预”的定义充分考虑香港特区实际情况及各国通行做法，合理合法，无可非议。香港国安法制定实施的3年，正是香港从由乱到治走向由治及兴的3年，也是国际社会对香港前景投下信任票的3年。23条立法通过后，香港高质量发展和高水平开放将得到更好保障，广大香港市民和国际投资者都将从中受益。美国自己出台了大量维护国家安全的法律，却对香港基本法第23条立法泼脏水、贴标签，是赤裸裸的政治操弄和虚伪双标。我要再次强调，香港是中国的香港，香港事务纯属中国内政，任何外国无权说三道四、横加干涉。我们敦促美方尊重中国主权，恪守国际法原则和国际关系基本准则，立即停止插手香港事务、停止干涉中国内政。

2024年3月2日 中国驻纽约总领事黄屏在美国宾夕法尼亚州会议中心出席2024年费城花展郑州展园发布会并致辞。郑州市副市长陈红民、美国纽约州众议员郑永佳、宾夕法尼亚州参议员斯特里特、费城市议员斯奎拉等出席并致辞。宾夕法尼亚州各界友好人士近200人出席了此次活动。

2024年3月5日 中国人民解放军东部战区新闻发言人施毅表示，3月5日，美"菲恩"号导弹驱逐舰过航台湾海峡并公开炒作。中国人民解放军东部战区组织海空兵力全程跟踪监视，依法依规处置。战区部队时刻保持高度戒备，随时应对一切威胁挑衅。

2024年3月6日 针对美国国务院发言人就在仁爱礁发生的事件声称，中方行动具有挑衅性，美方同菲方站在一起之事，中国外交部发言人毛宁表示，仁爱礁是中国南沙群岛的组成部分，中国对包括仁爱礁在内的南沙群岛及其附近海域拥有无可争辩的主权，这是在长期历史进程中形成并确立的，符合包括《联合国宪章》在内的国际法。中国海警依法对菲方在仁爱礁的侵权挑衅行为采取必要执法措施，正当合法，专业克制，无可非议。在此次事件中，到底是谁在主动挑衅、制造事端？是谁违反国际法、危害南海和平稳定？事实真相一目了然。美国国务院罔顾事实、颠倒黑白，无端攻击指责中方正当合法维权行动，动辄以履行《美菲共同防御条约》来威胁中方，为菲律宾的侵权挑衅行径站台背书、撑腰打气，中方坚决反对。被菲律宾及个别国家奉为圭臬的南海仲裁案所谓裁决，严重违反包括《联合国海洋法公约》在内的国际法，完全是非法的、无效的。仁爱礁问题是中国和菲律宾之间的双边问题，包括美国在内的任何第三方不应借机挑拨，更不应插手介入。中方维护自身合法权利的决心意志坚定不移，菲方侵权挑衅的图谋不会得逞。中方奉劝美方不要将菲律宾作为棋子搅乱南海地区局势。菲方也不要任由美国摆布，历史教训表明，棋子最终只会成为弃子。

2024年3月7日 中国驻旧金山总领馆与山东省文化和旅游厅共同举办“美美与共 好客山东”文化旅游推介暨非遗展示活动。山东省副省长邓云锋、中国驻旧金山总领馆代总领事宋国选、加利福尼亚州州政府运营署署长黄思敏等出席活动并致辞。200余名中美各界嘉宾出席了活动。

2024年3月11日 中国教育部副部长陈杰会见了美国纽约大学校长米尔斯。

2024年3月11日 中国外交部发言人汪文斌就美国加利福尼亚州旧金山市市长布里德日前率各界人士联名公开致信习近平主席，表示已为大熊猫来到旧金山动物园做好准备一事答记者问表示，去年11月，习近平主席在旧金山同拜登总统会晤，出席美国友好团体联合欢迎宴会并发表重要演讲。两国元首就发展中美关系达成一系列共识，开辟了“旧金山愿景”，为中美关系稳定、健康、可持续发展进一步指明了方向。习近平主席指出：中美关系希望在人民，基础在民间，未来在青年，活力在地方。我们期待并鼓励两国人民多走动、多往来、多交流，共同续写新时代两国人民的友好故事和中美合作的互利故事。大熊猫是中美人民的友谊使者。我们愿继续同美方开展大熊猫保护合作，增进两国人民友谊和相互了解。

2024年3月12日 中国驻旧金山总领馆与广西壮族自治区人民政府共同举办纪念中美建交45周年“中美友好在广西”图

片展。广西壮族自治区人民政府副主席廖品琥、中国驻旧金山总领事馆代总领事宋国选、美国加州州长礼宾办主任贝卡·普罗达、美国飞虎队历史委员会总裁拉里·乔布等出席开幕式并致辞，当地政商侨学界人士和友好组织代表近200人出席了此次活动。

2024年3月13日 中国驻美国大使谢锋应邀向“春天里的中国”全球媒体对话会美国专场发表致辞。此次对话会由中央广播电视总台北美总站、联合国总站主办。中宣部副部长、中央广播电视总台台长慎海雄，美国前驻华大使博卡斯、中国驻芝加哥总领事赵建等分别发表致辞。美国堪萨斯州前州长科尔耶、芝加哥市前市长莱特富特、前副市长梅叶卡等美各界人士出席了此次活动。

2024年3月14日 上海市市长龚正会见了美中贸易全国委员会会长艾伦一行。

2024年3月14日 中国外交部发布《美国所谓“言论自由”的事实真相》报告。该报告除引言和结束语外，还包括“美国言论自由名不副实”“美国对内侵犯言论自由”“美国对外操控言论自由”三个部分。报告用大量事实，揭露了美国所谓“言论自由”的事实真相：在美国国内，政治斗争践踏言论自由，新闻干预威胁言论自由，社交媒体侵犯言论自由。在国际上，美国幻想继续“一言堂”，用霸权霸道霸凌阻碍国际关系民主化，用诬蔑造谣抹黑破坏国际舆论环境，用自我粉饰的道貌岸然形象和冠冕堂皇的说辞蛊惑国际社会。

2024年3月14日 针对美国国会众议院昨天通过了要求字节跳动剥离TikTok的法案一事，中国外交部发言人汪文斌表示，美国众议院通过的这个法案，让美国站在了公平竞争原则和国际经贸规则的对立面。如果所谓“国家安全”理由可以用来任意打压别国优秀企业，那就毫无公平、正义可言。看到别人的好东西，就要想方设法据为己有，这完全是强盗逻辑。美方对TikTok事件的处理将让世界更加清楚地看到，美国所谓的“规则”“秩序”究竟是有利于世界，还是只服务于美国自身。

2024年3月16日至20日　福建省委常委、常务副省长郭宁宁率福建省代表团访问美国。访美期间，郭宁宁一行与夏威夷州、俄勒冈州、檀香山市、塔科马市等地政府举行工作会谈，拓展国际友城经贸、教育、人文等领域交流合作。走访塔科马市林肯中学，看望“鼓岭之友”李·加德纳等，邀请在美代表人士带动更多青年参加2024年“鼓岭缘”中美青年交流周等系列活动。

2024年3月18日　中国商务部部长王文涛会见了美国雅诗兰黛集团总裁兼首席执行官傅懿德。

2024年3月18日　针对美国驻华大使伯恩斯3月15日出席美智库线上研讨会时发表涉华负面言论一事，中国外交部发言人林剑表示，我们注意到，近一段时间以来，伯恩斯大使接二连三公开发表涉华负面言论。有关表态偏离中美元首旧金山会晤达成的重要共识，违背旧金山会晤精神，无助于推动双边关系健康稳定发展，也不符合中美相处正确之道。中方一向认为，中美关系不是你输我赢、你兴我衰的零和博弈。我们反对以竞争定义中美关系，反对对中国进行抹黑攻击，反对美方以人权、价值观为借口干涉中国内政，反对美方打着竞争的旗号限制中国正当发展权利。中方始终按照习近平主席提出的相互尊重、和平共处、合作共赢的原则处理发展中美关系，希望美方同中方相向而行，落实好两国元首旧金山会晤达成的重要共识和愿景，推动中美关系稳定、健康、可持续发展。

2024年3月19日 福建省委书记、省人大常委会主任周祖翼在福州会见了美国驻华大使伯恩斯一行。

2024年3月19日 四川省委书记、省人大常委会主任王晓晖在成都会见了美中贸易全国委员会会长艾伦一行。

2024年3月19日 针对美国国务卿布林肯批评中方在南海的"挑衅行动"并重申美国对菲律宾的安全承诺一事，中国外交部发言人林剑表示，美国不是南海问题当事方，也无权介入中菲两国之间的涉海问题。美菲军事合作不得损害中方在南海的主权和海洋权益，更不能以此为菲律宾非法主张站台背书。中方将继续采取必要措施坚定捍卫自身领土主权和海洋权益，维护南海和平稳定。

2024年3月20日 上海市市长龚正会见了美国信安金融集团董事长、总裁兼首席执行官侯智彤一行。

2024年3月20日 中国驻芝加哥总领事赵建在美国明尼苏达州议会大厦会见了州长沃尔兹。

2024年3月20日 针对美国国务卿布林肯3月18日在首尔举行的第三届"领导人民主峰会"上声称，中国在非洲和东南亚收购当地媒体，大量播放亲华新闻一事，中国外交部发言人林剑表示，中方对布林肯国务卿的有关言论强烈不满、坚决反对，已向美方提出严正交涉。借所谓"民主峰会"渲染"民主对抗威权"，本身就是虚假叙事；指责中国散布虚假信息，本身就是虚假信息。美国是全球最大的虚假信息策源地和传播者，世人对此看得很清楚。中国经济企稳向好，美方却炒作“崩溃论”“见顶论”；“一带一路”为各国人民带来福祉，美方却炒作所谓“债务陷阱”；外国民众自发讲述真实的中国，却被美方说成是“中国操纵舆论”；促进新疆稳定发展的政策举措，却被美方贴上“强迫劳动”“种族灭绝”标签。包括美国中情局局长在内的美方政客不止一次承认，美国通过买通媒体等隐蔽手段散布对华抹黑言论，这些都证明美国长年有组织、有计划地散布涉华虚假信息，已成为美对华认知战的重要手段。谎言与阴谋最终只会反噬自身。美方越是费尽心机造谣污蔑、混淆视听，就越让国际社会看清其信誉账户的累累赤字，留下的只会是越来越洗不白的恶名。

2024年3月21日 中国商务部部长王文涛分别会见了礼来制药董事长兼首席执行官戴文睿、惠普公司总裁兼首席执行官恩里克·洛雷斯。

2024年3月21日 中国驻纽约总领事黄屏访问哥伦比亚大学国际事务与公共政策学院，同该校访华归来的学生代表及其他关心中美关系的师生座谈交流。

2024年3月21日 针对美军“印太”司令部司令阿奎利诺周三向美国会众院军事委员会做证时表示，中国正以二战以来未有的规模扩充军力和核武库，中方坚持做好准备，以在2027年前“入侵”台湾之事，中国外交部发言人林剑表示，亚太地区是和平发展的高地，不是地缘博弈的竞技场。在亚太挑动对抗、制造分裂的是美方，而不是中方。台湾是中国的台湾，台湾问题是中国内政。解决台湾问题是中国人自己的事，不容任何外部干涉。我们的政策很清晰，就是继续以最大诚意争取和平统一的前景。我们的底线很清楚，就是绝不允许台湾从祖国分裂出去。美国国内一些人企图渲染“中国威胁论”，加剧台海紧张局势，挑动对抗，我们对此坚决反对。要维护台海和平，就必须旗帜鲜明地坚持一个中国原则，反对“台独”。同时，任何人都不应低估中国人民捍卫国家主权和领土完整的坚强决心、坚定意志和强大能力。

2024年3月22日 中共中央对外联络部部长刘建超在北京会见了美中贸易全国委员会会长艾伦。

2024年3月22日 中国商务部部长王文涛分别会见了美国维萨公司首席执行官麦凯恩、美国苹果公司首席执行官蒂姆·库克、博通公司总裁兼首席执行官陈福阳。

2024年3月22日 上海市委书记陈吉宁会见了美国星巴克公司创始人、董事会名誉主席，美国舒尔茨基金会创始人霍华德·舒尔茨一行。

2024年3月22日 天津市市长张工在迎宾馆会见美中贸易全国委员会会长艾伦。

2024年3月22日 海南省委书记冯飞在海口会见出席海南–加州气候变化交流会的美国加利福尼亚州环境保护部部长亚娜·加西亚、加州交通部部长托克斯·奥米沙金等代表一行。

2024年3月23日 中国商务部部长王文涛主持召开医药行业外资企业圆桌会议。百时美施贵宝、葛兰素史克、丹纳赫、辉瑞、艾伯维、赛诺菲、武田制药、吉利德科学、默克等跨国公司全球高管和美国药品研究与制造企业协会代表参加了会议。同日，王文涛还分别会见了美国高通公司总裁兼首席执行官安蒙、美光科技公司总裁兼首席执行官桑杰·梅赫罗特拉。

2024年3月23日 北京市委书记尹力会见了美国礼来制药公司董事长兼首席执行官戴文睿。

2024年3月23日 北京市市长殷勇会见了美国贝宝公司全球市场总裁苏珊·柯若瑞。

2024年3月23日 广东省委书记黄坤明，省长王伟中在广州会见了来访的埃克森美孚公司董事长兼首席执行官伍德伦一行。

2024年3月23日 针对美国防部近日发表声明称，美国务院已批准对台出售价值约7500万美元的战术数据链系统升级计划一事，中国国防部新闻发言人张晓刚表示，我们坚决反对美方向中国台湾地区出售武器，这一立场坚定明确。一段时间以来，美方大肆操弄涉台问题，企图通过对台军售、军事援助等手段助长“台独”气焰，上述行径严重损害中国主权和安全利益，严重损害中美两国两军关系，粗暴干涉中国内政，推高台海紧张局势。台湾问题是中美关系第一条不可逾越的红线，美方武装台湾是十分危险的“赌注”行为。我们敦促美方恪守一个中国原则和中美三个联合公报，特别是《八一七公报》规定，停止售台武器和美台军事联系，停止以任何方式武装台湾，停止“以台制华”的挑衅行径，以实际行动维护两国两军关系大局和地区和平稳定。中方将采取坚决有力措施捍卫国家主权和领土完整。

2024年3月24日 中国商务部部长王文涛分别会见了美国新思科技总裁兼首席执行官盖思新、埃克森美孚公司董事长兼首席执行官伍德伦、美国AMD半导体公司董事会主席兼首席执行官苏姿丰、美敦力全球董事长兼首席执行官杰夫·马萨。

2024年3月24日　北京市委书记尹力分别会见了美国苹果公司首席执行官库克、美国康宁公司董事长兼首席执行官魏文德。

2024年3月25日　中共中央政治局委员、国务院副总理何立峰会见来华出席中国发展高层论坛2024年年会的黑石集团董事长兼首席执行官苏世民、辉瑞公司董事长艾伯乐、康宁公司董事会主席魏文德、西门子公司董事会主席博乐仁、太古集团行政总裁施铭伦。

2024年3月25日　中共中央政治局常委、中央书记处书记蔡奇在北京会见黑石集团董事长兼首席执行官苏世民。

2024年3月25日　北京市委书记尹力分别会见了美国辉瑞公司董事长艾伯乐、美国丹纳赫集团全球总裁兼首席执行官毕睿宁。

2024年3月25日　海南省委书记冯飞在海口会见了美国康宁公司总裁兼首席运营官孟安睿一行。

2024年3月25日　中国人民对外友好协会会长杨万明在北京会见了安利公司全球首席执行官潘睦邻一行。

2024年3月25日　针对美国国务卿布林肯声称，香港《维护国家安全条例》将对港人以及在港美国公民、企业产生广泛影响一事，中国外交部发言人林剑表示，中方对美方一再诋毁抹黑香港《维护国家安全条例》表示强烈不满和坚决反对。香港国安条例刊宪生效，标志着香港特区有效落实基本法第23条规定的宪制责任，必将进一步筑牢香港发展的安全根基，推动香港加快实现由治及兴。香港各界对此高度支持。香港国安条例平衡兼顾维护国家安全和保障权利自由及经济发展，充分借鉴其他国家特别是普通法国家立法经验，充分尊重和保障人权，明确界定罪行要素，清楚划分了罪与非罪，切实保护在港外国机构、组织、人员的正当商业行为和国际交往需要，完全不影响香港的高度自治，不改变香港原有的资本主义制度和生活方式，有利于香港更好发挥独特地位和优势，更好深化同各国各地区的交往合作，更好巩固国际金融、航运、贸易中心地位。美国自己的国家安全体系密不透风，立法数量之多、域外效力之广世所罕见，却在香港制定国安条例问题上指手画脚，这是赤裸裸的政治操弄和虚伪双标。

2024年3月26日 中共中央政治局委员、外交部部长王毅在北京分别会见美中关系全国委员会董事会主席埃文·格林伯格、会长欧伦斯和美国哈佛大学教授艾利森。

2024年3月26日 中国人民对外友好协会会长杨万明会见了亚洲协会董事会联席主席桑顿。同日，杨万明会见了美高梅国际酒店集团首席执行官兼总裁洪博斌一行。

2024年3月26日 针对美、英政府3月25日指责中国进行国家网络犯罪一事，中国外交部发言人林剑表示，美方和英方再次翻炒所谓“中国实施网络攻击”，并制裁中国个人和实体，这纯属政治操弄，中方对此强烈不满、坚决反对，已向相关方面提出严正交涉。中方对此坚决反对，已向美及相关方提出严正交涉，中方将采取必要措施坚决维护自身合法权益。中方坚决反对并打击各种形式的网络攻击，致力于在相互尊重、平等互利基础上，与各国通过双边对话或司法协助等渠道加强合作，共同应对网络安全威胁。此前，中方曾就英方提交的所谓“APT31”相关信息进行过技术澄清和回应，明确表明英方提供的证据不足，相关结论缺乏专业性。但令人遗憾的是英方此后未有进一步回应。一段时间以来，美国出于地缘政治目的鼓动其主导的世界上最大的情报组织“五眼联盟”编凑散布各种“中国黑客”威胁的虚假信息，现在又伙同英国大肆炒作所谓“中国网络攻击”，甚至发起对华无理单边制裁。中方相关网络安全机构曾发布美国政府对中国及其他国家进行网络攻击的系列报告，但美国政府一直装聋作哑。我们敦促美方在网络空间采取负责任态度，更不要“贼喊捉贼”。我们敦促美方和英方停止将网络安全问题政治化，停止对中国的污蔑抹黑和单边制裁，停止对中国的网络攻击行为。

2024年3月26日　中国商务部新闻发言人就中国诉美国《通胀削减法》补贴措施答记者问表示，为维护中方新能源汽车企业利益和全球新能源汽车产业公平竞争环境，3月26日，中国就美国《通胀削减法》有关新能源汽车补贴等措施诉诸世界贸易组织争端解决机制。美方以“应对气候变化”“低碳环保”为名，出台《通胀削减法》及其实施细则，以使用美国等特定地区产品作为补贴前提，针对新能源汽车等制定歧视性补贴政策，将中国等世贸组织成员产品排除在外，扭曲了公平竞争，严重扰乱了全球新能源汽车产业链和供应链，违反了世贸组织国民待遇、最惠国待遇等规则，中方坚决反对。中方坚定捍卫以规则为基础的多边贸易体制，尊重世贸组织成员在规则框架下实施产业补贴，促进本国经济社会发展的正当权利。我们敦促美方遵守世贸组织规则，尊重全球新能源汽车产业发展趋势，及时纠正歧视性产业政策，维护新能源汽车全球产业链和供应链稳定。

2024年3月27日 中国国家主席习近平在北京人民大会堂集体会见美国工商界和战略学术界代表。习近平对美国工商界和战略学术界人士在春暖花开之际访华表示欢迎。习近平指出，中美关系是世界上最重要的双边关系之一。中美两国是合作还是对抗，事关两国人民福祉和人类前途命运。中美各自的成功是彼此的机遇。只要双方都把对方视为伙伴，相互尊重、和平共处、合作共赢，中美关系就会好起来。今年是中美建交45周年。中美关系史是一部两国人民友好交往的历史，过去靠人民书写，未来更要靠人民创造。中国有句话，从善如登，从恶如崩。希望两国各界人士多来往、多交流，不断积累共识，增进信任，排除各种干扰，深化互利合作，为两国人民带来更多实实在在的福祉，为世界注入更多稳定性。习近平认真听取了美方代表发言，并对他们关心的问题一一作出回应。习近平指出，中国经济是健康、可持续的。去年中国经济增速在世界主要经济体中名列前茅，对世界经济增长贡献率继续超过30%，这是中国人民干出来的，也离不开国际合作。中国的发展历经各种困难挑战才走到今天，过去没有因为“中国崩溃论”而崩溃，现在也不会因为“中国见顶论”而见顶。我们将持续推动高质量发展，持续推进中国式现代化，既让中国人民不断过上更好生活，也为世界可持续发展作出更大贡献。中国发展前景是光明的，我们有这个底气和信心。习近平指出，我多次讲过，改革开放是当代中国大踏步赶上时代的重要法宝。中国的改革不会停顿，开放不会止步。我们正在谋划和实施一系列全面深化改革重大举措，持续建设市场化、法治化、国际化一流营商环境，为包括美国企业在内的各国企业提供更广阔发展空间。面对中美经贸关系近年来出现的新情况新变化，双方要坚持相互尊重、互惠互利、平等协商，按经济规律和市场规则办事，扩大和深化经贸互利合作，尊重彼此的发展权利，追求中美共赢和世界共赢。欢迎美国企业更多参与共建“一带一路”，参加中国国际进口博览会等大型经贸活动，继续投资中国、深耕中国、赢在中国。习近平强调，这几年，中美关系经历了不少波折，也遭遇过严峻挑战，其中的教训值得吸取。中美关系回不到过去，但能够有一个更好的未来。去年我同拜登总统在旧金山会晤，最大的共识就是中美关系应该稳下来、好起来。过去几个月，双方团队围绕我和拜登总统达成的共识，在政治外交、经贸财金、执法禁毒、气候变化、人文交流等各领域保持沟通，取得了进展。当前形势下，中美的共同利益不是减少了，而是更多了。不管是经贸、农业等传统领域，还是气候变化、人工智能等新兴领域，中美应该成为对方发展的助力，而不应该成为阻力。推动世界经济复苏、解决国际和地区热点问题，都需要中美协调合作，展现大国胸怀，拿出大国担当。美方应同中方相向而行，树立正确战略认知，妥善处理敏感问题，保持中美关系止跌企稳的势头，积极探索正确相处之道，推动中美关系持续稳定健康向前发展。

美中关系全国委员会董事会主席格林伯格、黑石集团董事长兼首席执行官苏世民、高通公司总裁兼首席执行官安蒙、哈佛大学肯尼迪政府学院创始院长艾利森、美中贸易全国委员会会长艾伦等美方代表在发言中感谢习近平主席拨冗会见。他们表示，过去几十年来，中国实现了非凡经济增长和转型，体现了强大韧性和活力。在习近平主席卓越领导下，中国致力于发展新质生产力，实现更可持续的高质量发展。中国人民的发展权利应该得到尊重。相信中国将实现自身发展目标，促进世界经济发展和融合。一个强大、繁荣的中国是世界的正能量。美中经济关系紧密依存，两国唯有和平共处，才能实现各自发展繁荣。“修昔底德陷阱”并非必然。美国企业赞赏中方近期出台的一系列进一步改革开放的重要举措，看好中国经济发展前景，将坚定不移继续深耕中国，同中国发展长期紧密的合作关系。习近平主席同拜登总统去年11月在旧金山成功会晤，提振了美国各界和世界对美中关系未来的预期和信心。美国工商界和战略学术界支持美中双方加强各层级交往交流，增进相互理解、信任与合作，携手应对全球性挑战，推动建立稳定、可持续、富有成效的美中关系。王毅参加会见。

2024年3月27日　中国外交部副部长马朝旭应约同美国常务副国务卿坎贝尔通电话。双方就当前中美关系及共同关心的国际和地区问题交换了意见。

2024年3月27日　中国教育部部长怀进鹏会见了美国驻华大使伯恩斯。

2024年3月27日　中共中央对外联络部副部长孙海燕在北京会见了美国保尔森基金会副主席兼总裁戴青丽。

2024年3月27日　北京市市长殷勇会见了美国复瑞渤集团创始人兼首席执行官穆思维。

2024年3月27日　上海市委书记陈吉宁分别会见了美敦力公司全球董事长兼首席执行官杰夫・马萨、百时美施贵宝公司首席执行官博科思。

2024年3月28日　中共中央对外联络部副部长孙海燕在北

京会见了美国亚洲协会政策研究院副院长、美前助理国务卿拉塞尔。

2024年3月28日 海南省省长刘小明在博鳌会见了参加博鳌亚洲论坛2024年年会的美中关系全国委员会会长欧伦斯。

2024年3月28日 美国驻武汉总领事馆在武汉民生银行大厦举行新馆落成典礼。武汉市市长程用文、美国驻华大使伯恩斯、美国驻武汉代总领事杨舜惠等出席了仪式。

2024年3月28日 针对美国财政部长耶伦在接受采访时声称，中国政府对电动汽车、电池和太阳能生产商提供了帮助，目的是使这些产业真正占据全球主导地位一事，中国外交部发言人林剑表示，中方已多次就此阐明立场。他重申，全球产供链的形成和发展，是市场规律和企业选择共同作用的结果。反对保护主义和单边霸凌，保持全球产供链稳定畅通，符合各方共同利益，也是包括美方在内各方的共同责任。中国新能源产业蓬勃发展，靠的是在全球市场竞争中形成的科技创新和过硬品质，绝不是靠所谓补贴来支撑保护。说到补贴，美方却通过包含有关税收减免举措的《通胀削减法案》及其实施细则，扭曲公平竞争，扰乱全球产供链，违反世贸组织规则和市场经济原则。中方对此坚决反对，敦促美方及时纠正歧视性产业政策。

2024年3月28日 针对美国政府向国会提出2025财年联邦政府预算草案，国防预算飙升至8952亿美元，并将威慑中国有关预算增加8%一事，中国国防部新闻发言人吴谦表示，美国近年来持续大幅增加军费预算，数额超过排在其后面的9个国家军费总和，2025财年国防预算更是占到美政府财政支出的12%，远超世界其他国家。国际社会对此高度关注。美方为获得更多军费预算，一再拿中国说事，编造炒作并不存在的“中国军事威胁”，这种凭空制造敌人的做法在战略上是非常危险的。中方对此坚决反对。我们不想威胁任何人，但谁的威胁也不怕。中国军队的发展壮大是任何人和势力都无法阻挡的。

2024年3月29日 上海美国商会举办纪念中美建交45周年庆典活动。美国驻华大使伯恩斯出席庆典并致辞，上海美国商会主席安高博致欢迎辞，上海美国商会会长郑艺主持活动。上海市友协会长陈靖应邀出席并致辞。上海美国商会为美中关系全国委员会会长欧伦斯和中国篮协主席姚明颁发了“美中友谊奖”。

2024年3月29日 针对美方正拟定中国先进芯片制造企业名单，禁止其获取美关键工具一事，中国外交部发言人林剑表示，美方在科技领域对华封锁限制、制裁打压中国企业，妄图遏制中国发展，严重损害中国企业正当权益，严重违反市场经济原则，严重破坏国际贸易规则，严重损害全球产业链供应链稳定，中方一贯坚决反对。我们敦促美方立即纠正错误，停止对中国企业实施非法单边制裁和“长臂管辖”。中方将继续密切关注有关动向，坚决维护中国企业合法权益。此外，针对台湾海军负责人将于下周访美，出席军事典礼并讨论双方海军合作之事，林剑表示，我们注意到有关报道。中方坚决反对美台军事勾连。世界上只有一个中国，台湾是中国领土不可分割的一部分。一个中国原则是中美关系的政治基础。中方敦促美方充分认清台湾问题的高度敏感性和有关问题的严重危害性，将所作承诺落到实处，恪守一个中国原则和中美三个联合公报规定，立即停止美台官方往来和军事联系，不向“台独”分裂势力发出任何错误信号。

2024年3月30日　湖南省省长毛伟明在长沙会见了博鳌亚洲论坛理事、美国前商务部长卡洛斯·古铁雷斯一行。

2024年3月31日　中国商务部新闻发言人就美国商务部修订半导体出口管制措施有关问题答记者问表示，中方注意到，美方修订了半导体出口管制措施，这距离美上次出台措施仅半年不到。包括美国企业在内的各国企业都希望有一个稳定、可预期的经营环境。美方泛化国家安全概念，肆意修改规则，加严管制措施，不仅给中美两国企业开展正常经贸合作设置了更多的障碍，施加了更重的合规负担，还给全球半导体产业造成了巨大的不确定性。这严重影响中外企业开展互利合作，损害其正当合法权益。中方对此坚决反对。半导体产业高度全球化，经过数十年发展，已形成你中有我、我中有你的产业格局，这是市场规律和企业选择共同作用的结果。中国是全球最大的半导体市场。中方愿与各方一道，加强互利合作，促进全球半导体产业链供应链的安全与稳定。

4月

2024年4月1日　针对美国务院日前发布“香港政策法”报告，美国务卿就此发表声明，宣布将对香港特区官员实施签证限制一事，中国外交部发言人汪文斌表示，美方再度发布所谓“报告”，抹黑污蔑香港国安法、特区选举制度和香港国安条例，诋毁攻击香港民主、法治、人权、自由状况，妄言对香港特区官员实施签证限制，混淆是非、颠倒黑白，严重干涉香港事务和中国内政，严重违反国际法原则和国际关系基本准则，中方对此强烈不满、坚决反对，已经向美方提出严正交涉。我们敦促美方恪守国际法原则和国际关系基本准则，全面准确认识“一国两制”，切实尊重中国主权，尊重香港法治，停止以任何方式干预香港事务。如果美方对香港特区官员实施签证限制，中方将坚决反制。

2024年4月2日 中国国家主席习近平应约同美国总统拜登通电话。两国元首就中美关系以及双方共同关心的问题坦诚深入交换了意见。

习近平指出，去年11月，我和总统先生在旧金山会晤，开启了面向未来的“旧金山愿景”。这几个月，双方团队认真落实我们达成的共识，中美关系出现企稳态势，受到两国各界和国际社会欢迎。另一方面，两国关系中的消极因素也有所增加，需要引起双方重视。习近平强调，战略认知问题始终是中美关系必须扣好的“第一粒纽扣”。中美这样两个大国，不能不来往、不打交道，更不能冲突对抗，应该相互尊重、和平共处、合作共赢，继续沿着稳定、健康、可持续的道路向前走，而不应该走回头路。习近平指出，今年的中美关系要坚持几条大的原则。一是以和为贵，坚守不冲突不对抗的底线，不断提升对中美关系的正面预期。二是以稳为重，不折腾、不挑事、不越界，保持中美关系总体稳定。三是以信为本，用行动兑现各自承诺，将“旧金山愿景”转为“实景”。双方要以相互尊重的方式加强对话，以慎重的态度管控分歧，以互惠的精神推进合作，以负责的担当加强国际协调。习近平强调，台湾问题是中美关系第一条不可逾越的红线。对于“台独”势力分裂活动和外部纵容支持，我们不会听之任之。希望美方把总统先生不支持“台独”的积极表态落实到行动上。美国针对中国的经贸科技打压措施层出不穷，制裁中国企业的单子越拉越长。这不是“去风险”，而是制造风险。如果美方愿意开展互利合作，共享中国发展的红利，中方的大门始终是敞开的；如果美方执意打压中国的高科技发展，剥夺中国的正当发展权利，我们也不会坐视不管。习近平阐述了中方在涉香港、新疆、西藏、人权、南海等问题上的立场。

拜登表示，美中关系是世界上影响最深远的双边关系。旧金山会晤以来美中关系取得的进展表明，双方可以积极推进合作，同时负责地管理分歧。我重申，美方不寻求进行“新冷战”，不寻求改变中国体制，不寻求通过强化同盟关系反对中国，不支持“台独”，无意同中国发生冲突。美方奉行一个中国政策。中国发展有利于世界，美国不寻求遏制中国发展，不寻求同中国“脱钩”。愿安排耶伦财长、布林肯国务卿近期访华，同中方加强对话沟通，避免误判，推进合作，推动两国关系稳定发展，共同应对全球性挑战。

两国元首还就乌克兰危机、朝鲜半岛局势等交换了意见。关于乌克兰危机，中方的立场是一贯、明确、透明的。这场危机存在进一步恶化升级的危险，应该推动降温，通过谈判，而不是由枪炮来结束这场战争。政治解决不是让谁赢谁输，而是让和平胜出。中方将继续为此发挥建设性作用。中国不是乌克兰危机的制造者和当事方，没有向冲突任何一方提供致命性武器装备。我们没有也不会做从中渔利的事情。其他国家不要抹黑攻击中俄正常的国家关系，不要损害中国和中国企业的正当权益，更不要无端向中方甩锅推责，挑动阵营对抗。朝鲜半岛问题延宕多年，病根是清楚的。当务之急是停止威慑施压，摆脱轮番升级的对抗螺旋。根本之道是重启对话谈判，解决各方尤其是朝鲜方面的合理安全关切，推动半岛问题的政治解决进程。东北亚生乱生战，对谁都没有好处。半岛问题的核心是美朝矛盾，解决问题的钥匙在美方手中。

两国元首认为，这次通话是坦诚、建设性的。双方同意继续保持沟通，责成双方工作团队落实好“旧金山愿景”，推进外交、经济、金融、商务等领域磋商机制以及两军沟通，在禁毒、人工智能、应对气候变化等领域开展对话合作，采取进一步措施扩大两国人文交流，就国际和地区问题加强沟通。中方欢迎耶伦财长、布林肯国务卿近期访华。

2024年4月2日至5日 应美方邀请，中国商务部国际贸易谈判代表兼副部长王受文访美，与美国商务部副部长拉戈共同主持召开中美商贸工作组第一次副部长级会议。在美期间，王受文还与美国白宫国家经济委员会、财政部、国土安全部、商务部对口官员会见会谈，并与美工商界代表和智库学者进行了交流。

2024年4月2日 上海市委书记陈吉宁会见了美国欧加隆公司全球首席执行官黎恺文一行。

2024年4月2日 中国商务部新闻发言人就美国贸易代表办公室发布《2024年外国贸易壁垒评估报告》，将中国列为首要关注国家一事答记者问表示，中方注意到有关情况。中方认为，各国贸易政策是否构成壁垒，应以是否违反世贸组织规则作为判断标准。美方报告未提供任何证据，证明中方相关政策和做法违反世贸组织规则，却武断指责中国存在所谓“非市场”政策和做法以及在农产品、数据政策等方面存在壁垒，中方对此坚决反对。加入世贸组织以来，中国作为最大的发展中成员，始终坚定支持多边贸易体制，持续扩大高水平开放，不断完善社会主义市场经济体制和法律体系，坚持发挥市场在资源配置中的决定性作用，获得国际社会的高度肯定。反观美方，坚持“美国优先”的政策取向，无视多边贸易规则，任意对他国加征单边关税，制定歧视性产业政策，以“国家安全”为由滥用出口管制、投资限制等措施，限制外国在美投资企业参与政府采购，人为设置大量贸易壁垒，妨碍公平竞争。包括中方在内的世贸组织成员对此高度关切。美方应停止对他国的不实指责，切实遵守世贸组织规则，共同维护公平、公正的国际贸易秩序。

2024年4月3日至4日　中美两军在美国夏威夷举行2024年度中美海上军事安全磋商机制工作小组会议。双方在平等和尊重基础上，就当前中美海空安全形势进行了交流，对2021年中美海上军事安全磋商机制会议以来的《中美海空相遇安全行为准则》执行情况进行了评估，讨论了改进中美海上军事安全问题的措施。其间，中方指出，舰机安全与国家安全密不可分，中方坚决反对任何以航行和飞越自由为名危害中国主权和安全。中国军队将继续依法依规回应一切危险挑衅行动，坚定维护自身领土主权和海洋权益，维护地区和平稳定与繁荣。

2024年4月5日至6日　中美经贸双方牵头人、中共中央政治局委员、国务院副总理何立峰与美国财政部部长珍妮特·耶伦在广州举行多轮会谈。

2024年4月5日　广东省省长王伟中在广州会见美国财政

部部长耶伦一行。

2024年4月7日 中共中央政治局常委、国务院总理李强在北京会见了美国财政部部长耶伦，就中美关系、中美经济关系、应对全球性挑战等议题交换了意见。

2024年4月7日 中国财政部部长蓝佛安与美国财政部部长耶伦举行了会谈。

2024年4月7日 北京市市长殷勇会见了美国财政部部长耶伦。

2024年4月8日 中国人民银行行长潘功胜会见来访的美国财政部部长耶伦。

2024年4月8日 江苏省委书记信长星在南京会见美国康宝莱公司全球董事长兼首席执行官约翰逊。

2024年4月8日 针对美国太平洋陆军司令查尔斯·弗林在东京接受《读卖新闻》采访时声称，美国打算近期在“印太”地区部署中程导弹一事，中国外交部发言人毛宁表示，中国坚持走和平发展道路，坚定奉行防御性国防政策。我们没有兴趣和任何国家比拼军力。中方一贯坚决反对美国为谋求单方面军事优势在亚太地区部署中程导弹、在中国家门口强化前沿部署。我们敦促美方切实尊重他国安全关切，停止破坏地区和平稳定。此外，针对近日再次有中国学生和学者在华盛顿杜勒斯机场、达拉斯机场等口岸入境美国时遭受盘查并强制遣返之事，毛宁表示，美方不断泛化国家安全概念，在没有确切证据的情况下随意对中国留学生取消签证、禁止入境、强制遣返，给当事人造成极大伤害，给中美人文交流制造干扰障碍。近期多起个案显示，美方执法人员完全是为了遣返而遣返，是典型的政治性、歧视性、选择性执法。美方应该立即停止无端滋扰盘查遣返中国公民，立即停止打压迫害中国留学生，以实际行动兑现支持和便利中美人文交流和人员往来的承诺，而不是说一套、做一套。中方将采取坚决措施维护中国公民正当合法权益。

2024年4月9日 北京市委书记尹力会见了美国默沙东公司董事长兼首席执行官戴福睿。

2024年4月10日 对台海军司令近日窜美参加美海军主办的相关活动之事，中国国台办发言人朱凤莲应询表示，美方不断炮制各种概念、利用各种借口加强与中国台湾地区的军事勾连，是极其不负责任的。我们坚决反对美国与中国台湾地区开展任何形式的官方往来和军事联系。敦促美方恪守一个中国原则和中美三个联合公报规定，将不支持“台独”的承诺落到实处，停止向“台独”分裂势力发出任何错误信号。民进党当局勾连外部势力“以武谋独”，必遭失败。

此外，针对“美国在台协会”主席罗森伯格近日窜台时声称，今年是“与台湾关系法”“立法”45周年，该法与中美三个联合公报及“六项保证”是美对台政策的基本原则一事，朱凤莲表示，一个中国原则是中美建交和发展外交关系的政治基础和根本前提。美方所谓“与台湾关系法”及“六项保证”严重违反一个中国原则和中美三个联合公报规定，严重违反国际关系基本准则，粗暴干涉中国内政，是完全错误和非法、无效的，中国政府从一开始就坚决反对。我们敦促美方以实际行动恪守一个中国原则和中美三个联合公报规定，将不支持“台独”的承诺落到实处，停止向“台独”分裂势力发出任何错误信号。

2024年4月11日 中共中央政治局委员、外交部部长王毅应约同美国国务卿布林肯通电话。布林肯国务卿通报了美方对当前中东形势的看法。王毅外长表示，中方强烈谴责对伊朗驻叙利亚使馆的袭击，强调外交机构的安全不容侵犯，伊朗和叙利亚的主权应当得到尊重。这一轮形势升级是加沙冲突外溢的最新表现。当务之急是尽快平息加沙冲突。中方呼吁冲突各方切实执行联合国安理会第2728号决议，立即停火止战，阻止人道主义危机。中方将继续从事情本身的是非曲直出发，为中东问题的解决发挥建设性作用，为局势降温贡献力量。美方尤其应该发挥建设性作用。

2024年4月11日 中共中央对外联络部副部长孙海燕在北京会见美国亚洲协会董事会共同主席陈庆珠。同日，孙海燕还会见了美国前助理贸易代表、中国美国商会名誉主席夏尊恩。

2024年4月11日 由亚布力中国企业家论坛主办的第十五届中美商业领袖圆桌会议晚宴在纽约亚洲协会举行。中国驻纽约总领事黄屏出席并致辞。亚布力论坛理事长、泰康保险集团董事长陈东升，亚布力论坛创始人、迈胜医疗集团董事长田源，亚布力论坛理事、美中关系全国委员会董事会主席格林伯格等70余人参加了此次活动。

2024年4月11日 中国外交部发布《关于对美国通用原子航空系统公司、通用动力陆地系统公司采取反制措施的决定》。这份决定由中华人民共和国外交部令第5号公布。这份决定称，美国持续向中国台湾地区出售武器，严重违反一个中国原则和中美三个联合公报规定，严重干涉中国内政，严重损害中国主权和领土完整。依据《中华人民共和国反外国制裁法》第三条、第四条、第五条、第六条、第九条、第十五条规定，中方决定对参与向中国台湾地区出售武器的美国通用原子航空系统公司、通用动力陆地系统公司等《反制清单》列明的企业采取反制措施。这份决定列出的反制措施有两项，一是“冻结在我国境内的动产、不动产和其他各类财产”，二是“对高级管理人员不予签发签证、不准入境”。该决定自2024年4月11日起施行。

2024年4月11日 针对拜登4月10日会见岸田文雄并发表联合声明，称美日决心以现实、务实方式实现无核武世界，中国在不透明、未进行有意义对话的情况下加速核武库建设，对全球和地区稳定构成关切之事，中国外交部发言人毛宁表示，美国、日本对中国核政策表达所谓的关切，完全是脱离事实、别有用心的虚假叙事，中方坚决反对、绝不接受。中国奉行不首先使用核武器政策，承诺不对无核武器国家和无核武器区使用核武器，始终将核力量维持在国家安全需要的最低水平，不参加任何形式的军备竞赛。任何国家只要不对中国使用核武器，就不应该感到中国核武器的威胁。美国拥有世界最大、最先进核武库，却顽固坚持首先使用核武器政策，为别国量身定制核威慑，投入巨资升级“三位一体”核力量，在军控领域大肆毁约退群，强化北约核联盟，扩大与盟国的先进军事技术合作。日本作为核爆受害者，非但不要求美国核裁军，反而倚仗美国的“核保护伞”，发展先进导弹攻防能力，配合美战略力量前沿部署。美、日相关消极举动破坏了全球和地区的战略平衡与稳定，阻碍了国际军控裁军进程，扰乱了地区和平与安宁。国际社会有理由对此感到严重关切。美、日应反躬自省，端正态度，停止破坏国际核裁军与核不扩散体系，切实降低核武器在国家和集体安全政策中的作用，给国际社会一个负责任的交代。此外，针对美国商务部官员昨天表示，美国以协助中国军方采购人工智能芯片为由把4家中国公司列入出口“黑名单”，还对协助俄罗斯军事活动的中国企业采取了出口限制措施之事，毛宁表示，我们坚决反对美方滥用“实体清单”等出口管制工具遏制打压中国企业，敦促美方停止将经贸科技问题政治化、工具化、武器化。中俄有权开展正常的经贸合作，这种合作不应受到干扰和限制。我们一贯反对美方的非法单边制裁。中方将采取必要措施，坚决维护中国企业的合法权益。

2024年4月12日 针对美国总统拜登声称，他致力于深化同日本、菲律宾在海上和安全领域的关系，如果中方对菲律宾发起攻击，美方将作出反应之事，中国外交部发言人毛宁表示，美方有关说法背离基本事实，恶意攻击指责中方，中方对此强烈不满、坚决反对。第一，中国对包括仁爱礁在内的南海诸岛及其附近海域拥有无可争辩的主权。中国对钓鱼岛及其附属岛屿同样拥有无可争辩的主权。中国根据国际法在南海、东海的行动，合理合法，无可指摘。第二，南海的航行和飞越自由从来不存在任何问题，但我们坚决反对有关国家在南海横行霸道、炫耀武力，坚决反对有关国家假借航行和飞越自由的名义侵犯中国主权、安全和发展利益。第三，南海仲裁案所谓裁决非法无效，中国在南海的领土主权和海洋权益在任何情况下不受该裁决影响。第四，有关国家为一己之私与域外势力沆瀣一气，甘做域外势力的遏华棋子。棋子终将成为弃子。第五，美方抱守冷战思维，动辄以双边同盟条约威胁他国，严重违反《联合国宪章》，破坏地区稳定。中方继续维护领土主权和海洋权益的决心坚定不移，继续同地区国家一道维护南海和平稳定的决心坚定不移。

2024年4月15日　中共中央政治局常委、国务院副总理丁薛祥在北京会见了美国专利商标局局长凯蒂·维达尔。

2024年4月15日　中国外交部副部长马朝旭在北京会见了美国驻华大使伯恩斯、美国国务院亚太事务助卿康达、白宫国安会中国事务高级主任贝莎兰。中国外交部美大司负责人同美方举行了会谈。

2024年4月15日　中国驻芝加哥总领事赵建访问了美国密歇根州罗切斯特山市并会见该市市长布莱恩·巴尼特和全体市政委员会成员。

2024年4月16日　中国国防部部长董军应约同美国国防部部长奥斯汀视频通话。董军说，中美两国元首致力于推动双边关系稳下来、好起来。军事领域是确保落实元首共识、稳定两国关系发展、防止重大危机发生的关键。中美两军应探寻相处之道，把以和为贵、以稳为重、以信为本作为交往基本遵循，在平等和尊重基础上，构建不冲突不对抗、开放务实合作、逐步积累互信的两军关系，真正当好两国关系发展的稳定基石。董军强调，台湾问题是中国核心利益中的核心，中国的核心利益绝不容受损。中国人民解放军对于一切“台独”分裂活动和外部纵容支持，绝不会听之任之。当前南海形势总体稳定，地区国家有意愿、有智慧、有能力解决问题。美方应认清中方坚定立场，切实尊重中方在南海的领土主权和海洋权益，以实际行动维护地区和平和中美两国两军关系稳定。双方还就其他共同关切的问题交换了意见。

2024年4月16日　中国财政部副部长廖岷在美国华盛顿出

席世界银行/国际货币基金组织春季会议期间，与美国财政部副部长尚博共同主持召开中美经济工作组第四次会议。会后，美国财政部部长耶伦会见了中方代表团一行。

2024年4月16日 中美金融工作组第四次会议在美国华盛顿举行。会议由中国人民银行副行长宣昌能和美国财政部部长助理奈曼共同主持。美国财政部部长耶伦会见了中美金融工作组中方代表团。

2024年4月16日至17日 中国文化和旅游部副部长、国家文物局局长李群率团访问华盛顿特区，与美国国务院负责教育和文化事务的助理国务卿李·萨特菲尔德等进行了交流。访问期间，李群一行还与史密森学会及旗下亚洲艺术博物馆相关负责人进行了交流。

2024年4月16日至19日 湖南省省长毛伟明率湖南省代表团访问美国。在美期间，毛伟明分别同美中航空遗产基金会主席杰夫里·格林，博鳌论坛理事、美国前商务部部长古铁雷斯，世界银行行长彭安杰，世界银行常务副行长安娜·比耶德，美中贸易全国委员会会长艾伦，耶鲁大学校长彼得·萨洛维，雅礼协会会长傅强恩，世界教育论坛创始人兼主席严正等进行了会谈。

2024年4月16日 中国驻芝加哥总领事赵建应邀出席美国西密歇根世界事务委员会举办的“与中国总领事对话”午餐会并发表主旨演讲。来自西密歇根地区50多位各界代表与会。

2024年4月17日 中国国家文物局在中国驻纽约总领馆接收了美国纽约曼哈顿区检察官办公室向中国返还的38件文物艺术品。中国文化和旅游部副部长、国家文物局局长李群，中国驻纽约总领事黄屏以及美国纽约曼哈顿区检察官办公室文物非法贩运部门负责人马修·博格丹诺斯上校出席返还移交仪式并致辞。

2024年4月17日 中国人民银行行长潘功胜在美国华盛顿特区出席国际货币基金组织/世界银行春会期间，会见了美联储主席鲍威尔。

2024年4月17日 中国商务部新闻发言人就美对华发起“301调查”发表谈话指出，美国时间4月17日，美贸易代表办公室宣布发起针对中国海事、物流和造船业的“301调查”。中方对此强烈不满，坚决反对。美方申请书中充斥大量不实指责，将正常贸易投资活动曲解为损害美国家安全和企业利益，将自身产业问题归咎于中国，既缺乏事实依据，也有悖经济常识。美多份研究报告显示，美造船业因过度保护在多年前就已失去竞争优势。美方为本国产业提供数以千亿计美元的歧视性补贴，却指责中方采取所谓“非市场做法”。事实上，中国产业的发展是企业技术创新和积极参与市场竞争的结果，美方指责根本站不住脚。美国上届政府启动对华“301调查”并对华加征关税，已被世贸组织裁定违反世贸规则，受到众多世贸成员的反对。美方出于国内政治需要发起新的“301调查”，是一错再错。我们敦促美方尊重事实和多边规则，立即停止错误做法，回到以规则为基础的多边贸易体制中来。中方将密切关注调查进展，并将采取一切必要措施，坚决捍卫自身权益。

2024年4月17日 中国人民解放军东部战区新闻发言人李熹就美P-8A反潜巡逻机过航台湾海峡发表谈话指出，4月17日，美1架P-8A反潜巡逻机过航台湾海峡并公开炒作。中国人民解放军东部战区组织战机对美机过航行动跟监警戒，依法依规处置。战区部队时刻保持高度戒备，坚决捍卫国家主权安全和地区和平稳定。

2024年4月18日　中国国家副主席韩正在北京会见美国旧金山市市长布里德。韩正表示，习近平主席同拜登总统去年11月在旧金山举行历史性会晤，开辟了面向未来的“旧金山愿景”，为两国关系发展指明了方向。习近平主席指出，中美关系的活力在地方。旧金山同中国渊源很深，长期处于加州和全美对华交往的“第一梯队”。希望布里德市长此访进一步促进双方经贸、科技合作，打造气变合作亮点，密切人员往来和人文交流，增进两国人民友好感情，推动中美关系健康稳定发展。布里德表示，此访旨在落实两国元首旧金山会晤重要共识，以地方交流、民间交往促进双边关系发展。旧金山将继续致力于加强同中国的人员交往和各领域务实合作，愿为美中关系健康稳定发展发挥积极作用。

2024年4月18日　中国外交部副部长马朝旭会见了美国旧金山市市长布里德一行。

2024年4月18日　中国人民对外友好协会会长杨万明在北京会见了美国旧金山市市长布里德一行。

2024年4月18日　中国驻美国大使馆举办纪念“杜立特上饶救援行动82周年”观影会，播放二战期间中国军民救援美军“杜立特行动”飞行员的系列纪录片。中国驻美国大使馆公使井泉、江西省外事办公室副主任胡志扬、“杜立特行动”飞行员后代马西亚等出席并致辞。各界嘉宾近200人一起观影。

2024年4月18日　中国驻纽约总领事黄屏赴俄亥俄州代

顿市美国国家空军博物馆出席“铭记英雄——飞虎队和杜立特中队图片展暨第五届中美二战友谊论坛”并致辞。中国驻美国大使馆国防武官刘展少将、中国人民对外友好协会副会长姜江、美国前驻华大使布兰斯塔德、美军前参谋长联席会议主席迈尔斯上将、美中航空遗产基金会主席格林、老兵后代等百余名中美各界人士参加了此次活动。

2024年4月18日 针对美国太平洋陆军日前宣布，作为与菲律宾军方联合军事演习的一部分，美国已在菲吕宋岛部署“堤丰”中程导弹发射系统一事，中国外交部发言人林剑表示，中方注意到有关报道，对有关动向表示严重关切。中方一贯坚决反对美国为谋求单方面军事优势在亚太地区部署中程导弹、在中国家门口强化前沿部署。美方此举加剧地区紧张局势，增加误解误判风险。我们敦促美方切实尊重他国安全关切，停止挑动军事对抗，停止破坏地区和平稳定，以实际行动减少战略风险。菲方应当清醒认识到美方此举的真实目的以及迎合美方的严重后果，不要以牺牲自身安全利益为代价为美国火中取栗，不要在错误道路上越走越远。

2024年4月18日 中国商务部新闻发言人就美宣布对中国钢铝产品限制措施应询答记者问表示，美国时间4月17日，美贸易代表办公室宣布发起针对中国海事、物流和造船业的“301调查”。中方对此强烈不满，坚决反对。美方申请书中充斥大量不实指责，将正常贸易投资活动曲解为损害美国家安全和企业利益，将自身产业问题归咎于中国，既缺乏事实依据，也有悖经济常识。美多份研究报告显示，美造船业因过度保护在多年前就已失去竞争优势。美方为本国产业提供数以千亿计美元的歧视性补贴，却指责中方采取所谓“非市场做法”。事实上，中国产业的发展是企业技术创新和积极参与市场竞争的结果，美方指责根本站不住脚。美国上届政府启动对华“301调查”并对华加征关税，已被世贸组织裁定违反世贸规则，受到众多世贸成员的反对。美方出于国内政治需要发起新的“301调查”，是一错再错。我们敦促美方尊重事实和多边规则，立即停止错误做法，回到以规则为基础的多边贸易体制中来。中方将密切关注调查进展，并将采取一切必要措施，坚决捍卫自身权益。

2024年4月19日 中共中央对外联络部部长刘建超在北京会见美国旧金山市市长布里德。

2024年4月19日 北京市市长殷勇会见美国旧金山市市长布里德。

2024年4月19日 中国驻美国大使谢锋访问哈佛大学，应邀与该校肯尼迪政府学院创始院长艾利森举行炉边谈话，谢锋还访问了哈佛大学费正清中国研究中心。

2024年4月19日 中国驻纽约总领事黄屏应邀出席第十五届哈佛中国教育论坛并致辞，中美教育、人文、科技等领域200余名嘉宾参会。同日，黄屏还访问塔夫茨大学，并会见了该校教务长金科、全球教育办公室主任戈什等。

2024年4月19日 美国驻华大使伯恩斯和受到救援的美籍人士专程向北京市参与救援的单位代表当面致谢，并赠送锦旗，对北京市消防救援、医疗队伍的专业高效和国际人道主义精神表示感谢。

2024年中国春节假期，十余名在京美籍人士在京郊露营遇险。北京市公安、消防救援、卫健、外事等部门立即启动应急救援联动机制，成功营救遇险的美籍人士并给予及时救治。

2024年4月19日　“凤凰故国：青铜时代曾楚艺术展”在美国旧金山亚洲艺术博物馆开幕。开幕式上，中国文化和旅游部副部长、国家文物局局长李群、中国驻旧金山总领馆副总领事周茂义出席并致辞，中国驻美国大使谢锋、加利福尼亚州州长纽森、旧金山市市长布里德发来贺信。

2024年4月19日　中国商务部研究院发布《美国对外援助的伪善本质和事实真相》报告，该报告除引言和结束语外，还包括“自私的美国援助：利己主义动机”“傲慢的美国援助：干涉主义行径”“伪善的美国援助：空头支票真相”“丑陋的美国援助：霸权主义本质”四个部分。该报告以事实和数据为依据，从美国援助的动机、行径、效果和影响等方面入手，揭露美国援助的伪善本质及恶劣影响，充分证实美国打着援助旗号肆意妄为，维护单极霸权、扰乱国际发展秩序、破坏世界繁荣稳定的丑陋意图和严重危害。

2024年4月19日　针对近期美国持续炒作中国“产能过剩”话题一事，中国外交部发言人林剑表示，所谓“中国产能过剩论”并不是一个“新概念”。当年，美国曾把中国向世界出口大量物美价廉产品称为“产能过剩”，现在又给中国向世界出口新能源产品贴上“产能过剩”标签。按照这个逻辑，美国芯片特别是高端芯片有80%用于出口，猪肉和农产品也大量出口，这种情况是否也可以被称为“产能过剩”呢？事实上，中国新能源汽车出口占生产的比例远低于德国、日本和韩国等国，谈不上“过剩”向海外倾销。美方抛出的所谓“中国产能过剩论”，看似是经济概念，背后包藏的是遏制打压中国产业发展的祸心，旨在为本国谋求更有利竞争地位和市场优势，是赤裸裸的经济胁迫和霸道霸凌。当今时代，供给和需求都具有全球性，不同国家的产能高低是各自比较优势决定的，必须从经济规律出发，客观、辩证、理性看待。中国的新能源产业优势是靠真本事获得的，是通过不断的科技创新和充分的市场竞争塑造的。给别人开药方治不了自身的病，以“产能过剩”为借口采取贸易保护措施，不能解决自己的问题，反而会损害全球产供链稳定，损害新兴产业成长发展，损害国际社会应对气候变化和绿色转型发展的共同努力。

2024年4月20日　上海市市长龚正会见了美国旧金山市市长布里德一行。

2024年4月20日　中国驻美国大使谢锋应邀出席哈佛肯尼迪中国论坛开幕式并发表演讲。哈佛大学肯尼迪政府学院创始院长艾利森、美国前代理助理国务卿董云裳、彼得森国际经济研究所创始人伯格斯滕、中国驻纽约总领事黄屏、清华大学苏世民书院院长薛澜等300余人参加了此次论坛。

2024年4月21日　中国驻芝加哥副总领事黄黎明出席了在美国密苏里州圣路易斯市举办的“南京–圣路易斯友好城市缔结45周年庆典”活动。江苏省委常委、南京市委书记韩立明，美国圣路易斯市市长琼斯，圣路易斯友城委员会主席佩里曼等近70人出席了此次活动。

2024年4月22日　天津市委常委、常务副市长刘桂平率市政府代表团一行访问了纽约茱莉亚学院，会见了纽约茱莉亚学院院长华都安、学院荣休院长兼首席中国事务官波利希等。同日，刘桂平一行还走访了美国高盛集团总部，威特集团总部和中国银行纽约分行，并出席了天津滨海新区招商投资办公室揭牌仪式。

2024年4月23日 天津市和美国费城在费城市政厅举办双方结为友好城市45周年纪念活动，费城市市长切蕾尔·帕克签署声明，宣布当日为天津友城日。天津市常务副市长刘桂平、中国驻纽约总领事黄屏、费城市代表加泽拉·琼斯出席并发表致辞。来自双方各界近百名代表参加了此次活动。

2024年4月23日 针对美国国务院4月22日发布消极涉华内容的2023年“国别人权报告”，美国务卿布林肯在序言中攻击新疆人权状况之事，中国外交部发言人汪文斌表示，美方年复一年炮制所谓“人权报告”，涉华内容充斥着政治谎言和意识形态偏见，中方对此坚决反对。中国的人权状况怎么样，中国人民最有发言权。我们历史性地解决了绝对贫困问题，发展全过程人民民主，建成世界上规模最大的教育、社保和医疗体系，人民群众的获得感、幸福感、安全感不断增强，走出了一条顺应时代潮流、适合本国国情的人权发展道路。美国哈佛大学连续十多年的民调显示，中国老百姓对中国政府的满意度超过90%。反观美方的这份所谓人权报告，对全球近200个国家和地区的人权状况指指点点、说三道四，唯独漏掉了它自己，这再次暴露出美国霸权霸道霸凌的自私本性和说一套、做一套的虚伪双标。如果美国真的关心人权，就应该正视并妥善解决美国国内枪支暴力、毒品泛滥、种族歧视、人权尊严遭受践踏的问题；就应该正视并反省美国对外干预以及向冲突地区提供军火、拱火浇油造成的人权灾难。美国无视加沙超过11万平民伤亡，连续四次否决联合国安理会推动加沙立即停火的行动努力。这是美国漠视人权、践踏人权的最好证明。美国假人权、真霸权的面目早已被国际社会看穿。美方应该做的是反躬自省，首先解决好自身的问题，停止以“人权教师爷”自居，停止对他国人权状况指指点点，停止打着人权、民主旗号肆意干涉他国内政、侵犯他国人权，对外输出冲突动乱。

2024年4月24日 中国外交部副部长马朝旭会见美国阿斯彭战略小组共同主席、哈佛大学肯尼迪政府学院荣誉院长约瑟夫·奈率领的美国阿斯彭学会代表团。

2024年4月25日 上海市委书记陈吉宁会见了美国国务卿布林肯一行。

2024年4月25日 美国国务卿布林肯到访上海纽约大学，并与该校校长童世骏、常务副校长杰弗里·雷蒙等进行了交流。同日，布林肯还在上海美国商会会见了在华美国商界领袖。

2024年4月25日 中国驻芝加哥总领事赵建访问了美国科罗拉多州博尔德市并会见该市市长布劳克特。

2024年4月25日 针对美国太平洋陆军在官网发布消息称，美军第1多域特遣队首次在菲律宾吕宋岛北部部署了中程导弹一事，中国国防部新闻发言人吴谦表示，我们坚决反对美国在亚太地区部署中导，这一立场清晰明确。美方有关行径严重威胁地区国家安全，严重破坏地区和平稳定，必将遭到中方坚决反制。我们希望有关国家不要引狼入室，以免害人害己。此外，针对美国国务院近日发布2024年《军控、防扩散与裁军遵约报告》，指责中国未遵守“暂停核试验”承诺、开展敏感生物军事活动等之事，吴谦表示，美方这个报告一向是颠倒黑白、无中生有，对自身在军控与防扩散领域的问题避而不谈，为转移焦点、逃避责任向其他国家泼脏水，中方对此坚决反对。作为国际社会负责任的一员，中国是最早签署《全面禁核试条约》的国家之一，自1996年宣布“暂停核试验”以来，中方始终恪守承诺，努力维护国际禁核试共识。中方也一贯严格履行包括《禁止生物武器公约》《禁止化学武器公约》在内的各项国际义务。在遵约问题上，美方可谓是劣迹斑斑。美方应该讲清楚为什么在军控领域不断退群毁约？为什么投入巨资用于核武器实验室及相关活动，并公然宣称将保留核爆炸试验计划？为什么在全球建立数百所生物实验室？为什么伙同英澳开展核潜艇合作造成事实上的核扩散？美方必须给国际社会一个明明白白的交代。

2024年4月26日 中国国家主席习近平在北京人民大会堂会见美国国务卿布林肯。

习近平指出，今年是中美建交45周年。45年的中美关系历经风风雨雨，给了我们不少重要启示：两国应该做伙伴，而不是当对手；应该彼此成就，而不是互相伤害；应该求同存异，而不是恶性竞争；应该言必信、行必果，而不是说一套、做一套。我提出相互尊重、和平共处、合作共赢三条大原则，既是过去经验的总结，也是走向未来的指引。习近平强调，3周前，我同拜登总统通了电话，谈了对今年稳定发展中美关系的考虑，提出了双方应该以和为贵、以稳为重、以信为本。我还强调过，“得其大者可以兼其小”。当今世界正处于百年未有之大变局，怎么应对这个变局，这是个时代之问、世界之问。我给出的答案就是推动构建人类命运共同体，这已经成为中国外交的旗帜，也受到世界许多国家欢迎。地球就这么大，人类面临这么多共同挑战。中国古人讲“同舟共济”，我看现在需要“同球共济”。人类社会休戚相关、福祸相依，各国你中有我、我中有你，大家应该为实现共赢、多赢凝聚最大共识。这是中国看待世界和中美关系的基本出发点。我始终认为，大国要有大国的样子，要有大国的胸怀和担当。中美两国应该为此作出表率，为世界和平承担责任，为各国发展创造机会，为全球提供公共产品，为世界团结发挥积极作用。习近平强调，我同拜登总统旧金山会晤时，提出了共同树立正确认知、共同有效管控分歧、共同推进互利合作、共同承担大国责任、共同促进人文交流5根支柱。这是中美关系这座大厦应该有的四梁八柱。大的原则定了，其他问题就好办了。中方愿意合作，但合作应该是双向的。我们不怕竞争，但竞争应该是共同进步，而不是零和博弈。中方坚持不结盟，美方也不要搞“小圈子”。双方都可以有自己的朋友和伙伴，不要针对对方，不要反对对方，不要损害对方。中方乐见一个自信开放、繁荣发展的美国，希望美方也能积极正面看待中国的发展。习近平强调，中国有句话，“不日进，则日退”。中美关系也是这样。中美关系企稳的势头来之不易。希望双方团队继续努力，积极落实我同拜登总统达成的“旧金山愿景”，使中美关系真正稳下来、好起来、向前走。习近平请布林肯转达对拜登总统的问候。

布林肯首先转达拜登总统对习近平主席的问候，表示，拜登总统同习近平主席旧金山会晤以来，双方在两国交往、禁毒、人工智能、人文交流等领域合作取得积极进展。当今世界面临很多复杂挑战，都需要美中两国合作应对。访华期间，我接触到的美国各界在华人士也都希望看到美中关系改善。美方不寻求“新冷战”，不寻求改变中国体制，不寻求遏制中国发展，不寻求通过同盟关系反对中国，无意同中国发生冲突。美方坚持一个中国政策，希望同中方保持沟通，认真落实两国元首达成的旧金山共识，寻求更多合作，避免误解误判，负责任地管控分歧，推动美中关系实现稳定发展。

2024年4月26日 中共中央政治局委员、外交部部长王毅在北京同美国国务卿布林肯举行了会谈。双方在全面交换意见基础上形成五点共识。第一，双方同意继续按照两国元首指引，努力稳定并发展中美关系。双方肯定旧金山会晤以来中美各领域对话合作取得的积极进展，同意加快落实两国元首在旧金山达成的重要共识。第二，双方同意保持高层交往和各层级接触。继续发挥已经恢复和新建的外交、经济、金融、商务等领域磋商机制作用。继续开展两军交往。进一步推进中美禁毒、气变、人工智能合作。第三，双方宣布将举行中美人工智能政府间对话首次会议；继续推进中美关系指导原则磋商；举行新一轮中美亚太事务磋商、中美海洋事务磋商；继续开展中美领事磋商。中美禁毒工作组将举行高官会。美方欢迎中国气候变化事务特使刘振民访美。第四，双方将采取措施扩大两国人文交流，欢迎对方国家留学生，办好5月在中国西安举行的第14届中美旅游高层对话。第五，双方就国际地区热点问题保持协商，双方特使加强沟通。

2024年4月26日 中国国务委员、公安部部长王小洪在北京会见了美国国务卿布林肯。

2024年4月26日 广西壮族自治区人民政府副主席廖品琥在南宁会见美国蒙大拿大学曼斯菲尔德中心代表团一行。

2024年4月26日 中国驻洛杉矶总领事郭少春应邀赴美国加州圣伯纳迪诺郡参访，走访当地企业、中学并出席“深化全球伙伴关系”主题座谈会。

2024年4月26日 针对美国国务卿布林肯在北京期间强调，美国反对中国通过贸易支持俄罗斯经济及其国防工业基础一事，中国外交部发言人汪文斌表示，美方一边出台大规模援助乌克兰法案，一边又对中俄正常经贸往来进行无端指责。这种做法极其虚伪，也十分不负责任。乌克兰危机的根源在于欧洲长期积累的地区安全矛盾，只有兼顾各方合理安全关切，通过对话谈判建立均衡、有效、可持续的欧洲安全框架，才是解决问题的正确之道。中国不是乌克兰危机的制造者和当事方。我们始终秉持客观公正立场，积极劝和促谈。向中国甩锅推责，解决不了问题，也缓解不了有关方面在乌克兰危机中的被动局面。解铃还需系铃人。我们奉劝美方，不要再试图向中方甩锅，而应当为政治解决乌克兰危机作出实实在在的努力。中方从不拱火浇油，更不趁机渔利，也不接受甩锅推责。我们将继续站在和平一边，站在对话一边，站在公正一边，为早日结束危机发挥建设性、负责任的作用。同时，我们也将坚定维护自身的正当合法权益。

2024年4月28日 中共中央政治局常委、国务院总理李强在钓鱼台国宾馆会见美国特斯拉公司首席执行官马斯克。

2024年4月29日 针对美国总统拜登4月24日将对外军援一揽子法案签署成法，其中包含涉华消极条款一事，中国外交部发言人林剑表示，美方执意通过并签署包含涉华消极内容的对外军援一揽子法案。中方对此坚决反对，已向美方提出严正交涉。该法案严重侵犯中国主权，鼓噪向台提供大量军援，严重违反一个中国原则和中美三个联合公报，向“台独”分裂势力发出严重错误信号；破坏市场经济和公平竞争原则，以所谓“国家安全”名义无理打压别国企业，再次暴露了美方一贯的霸凌霸道本质。该法案还无视中方为帮助美方应对芬太尼危机所做的大量工作，鼓噪制裁中方；对中国同伊朗在国际法框架下正常经贸往来威胁实施单边制裁和“长臂管辖”，为中美在相关领域合作设置了严重障碍。我们敦促美方尊重中方核心利益和重大关切，不得实施上述法案涉华消极条款。如美方一意孤行，中方将采取坚决有力措施，坚定捍卫自身主权安全发展利益。

2024年4月30日 就中国野生动物保护协会日前发布了拟赴美国圣迭戈动物园大熊猫个体情况一事，中国外交部发言人林剑在例行记者会上应询介绍了中美新一轮大熊猫保护合作相关情况。林剑表示，据了解，根据今年2月中美签署的大熊猫国际保护合作研究协议，中国大熊猫保护研究中心的大熊猫“云川”和“鑫宝”已被选定赴美国圣迭戈动物园。中美双方专家已开展多次实地评估交流，将按照大熊猫国际保护合作要求和技术标准，积极做好筹备工作，全力保障旅美大熊猫的健康安全。美国圣迭戈动物园是美国首家与中国开展大熊猫合作研究的机构。合作期间，双方在大熊猫野外保护、饲养繁育、疫病防控、疾病救治等方面共同开展研究，联合攻克了系列技术难题，共成功繁育6胎6仔，对提升大熊猫保护总体水平、促进两国民心相通、增进民间友好发挥了积极作用。本次合作将重点聚焦大熊猫重大疾病防治、大熊猫栖息地和野外种群保护，助力中国大熊猫国家公园建设。相信随着中美大熊猫保护合作研究项目的深入开展，将进一步提高濒危物种和生物多样性保护领域的合作与研究能力，为濒危物种保护和促进中美两国人民友谊作出积极贡献。

5月

2024年5月2日 中国外交部发言人就美国国务卿布林肯关于中国台湾地区参加世卫大会的声明答记者问表示，美方有关声明严重违背一个中国原则和中美三个联合公报，中方对此表示强烈不满、坚决反对。世界上只有一个中国，台湾是中国领土不可分割的一部分。在台湾地区参与国际组织，包括世卫组织活动问题上，中方立场是一贯的、明确的，即必须按照一个中国原则来处理，这也是联合国大会第2758号决议和世界卫生大会25.1号决议确认的根本原则。民进党当局顽固坚持“台独”分裂立场，导致台湾地区参加世卫大会的政治基础不复存在。美方有关声明混淆视听，实质是纵容支持“台独”分裂活动。台湾问题是中国核心利益中的核心，是中美关系第一条不可逾越的红线。我们再次敦促美方恪守一个中国原则和中美三个联合公报，遵守国际法和国际关系基本准则，将美领导人作出的不支持“台独”、不支持“两个中国”“一中一台”等承诺落实到行动上，停止借世卫大会炒作涉台问题，不向“台独”分裂势力发出错误信号。一个中国原则得到国际社会普遍支持，是人心所向，大势所趋，不容否认，也不可阻挡。任何打“台湾牌”、搞“以台制华”的图谋必将遭到国际社会的坚决反对，注定以失败告终。

2024年5月3日 中国驻洛杉矶总领事郭少春和夫人王薇应邀访问美国亨廷顿图书馆，并与凯伦·劳伦斯馆长进行了交流。

2024年5月8日 中国外交部驻香港特别行政区特派员公署特派员崔建春会见了美国驻港总领事梅儒瑞。

2024年5月8日至9日 中美“21世纪20年代强化气候行动工作组”会议在美国华盛顿特区召开。中国气候变化事务特使刘振民和美国总统国际气候政策高级顾问约翰·波德斯塔共同主持会议，两国相关官员参加了会议。

2024年5月8日 中国商务部新闻发言人就美国政府取消了一些企业向中国华为公司出口芯片的许可证答记者问表示，中方注意到相关媒体的报道。美方泛化国家安全概念，将经贸问题政治化，滥用出口管制措施，针对特定中国企业一再采取无理制裁打压措施。中方对此坚决反对。美方限制纯民用消费芯片产品对华出口，对特定中国企业实施断供，这是典型的经济胁迫做法，不仅违背世贸组织规则，也严重损害美国企业利益。美方所作所为已严重违背“不寻求与华脱钩”“不阻碍中国发展”的承诺，更与其“精准界定国家安全”的说法背道而驰。中方将采取一切必要措施，坚定维护中国企业的正当权益。

2024年5月9日 中国驻美国大使谢锋会见了中国美国商会代表团。

2024年5月9日 中国人民解放军东部战区新闻发言人李熹就美“哈尔西”号导弹驱逐舰过航台湾海峡发表谈话指出，5月8日，美“哈尔西”号导弹驱逐舰过航台湾海峡并公开炒作。中国人民解放军东部战区组织海空兵力对美舰过航行动全程跟监警戒，依法依规处置。战区部队时刻保持高度戒备，坚决捍卫国家主权安全和地区和平稳定。

2024年5月10日 中国驻美国大使馆与肯尼迪中心华盛顿国家歌剧院共同举办“歌剧之夜”活动。中国驻美国大使谢锋和夫人王丹、华盛顿国家歌剧院董事会主席拉森夫妇等出席活动。同日，谢锋还会见了上海纽约大学校长童世骏、美方校长雷蒙。

2024年5月10日 针对美国商务部昨天将37家中国实体列入出口管制“实体清单”一事，中国外交部发言人林剑表示，中方一贯坚决反对美方滥用“实体清单”等出口管制工具遏制打压中国企业。中俄有权开展正常的经贸合作，这种合作不应受到干扰和限制。长期以来，美方以所谓“国家安全风险”为由打压中国企业，但始终拿不出所谓“证据”。我们敦促美方停止泛化国家安全概念，停止将经贸科技问题政治化、工具化、武器化，停止滥用各类制裁清单无理打压中国企业。中方将继续采取必要措施，坚决维护中国企业的合法权益。

2024年5月10日 中国商务部新闻发言人就美国近期通过对外军援一揽子法案答记者问表示，中方注意到，4月25日，美方通过对外军援一揽子法案，包含多项涉华消极条款。有关条款无视市场经济和公平竞争原则，以所谓“国家安全”名义无理打压别国企业，是典型的单边霸凌行径。相关法案还对中国同其他国家正常经贸往来横加干涉，威胁实施单边制裁和“长臂管辖”，更是赤裸裸的经济胁迫做法。中方对此强烈不满，坚决反对。我们敦促美方尊重中方关切和合法权益，不得实施相关涉华消极条款。如美方一意孤行，中方将采取坚决措施，坚定捍卫自身权益。此外，针对美国商务部5月9日宣布将多家中国实体列入出口管制“实体清单”一事，商务部新闻发言人表示，中方注意到有关情况。美方以所谓涉军、涉俄等为由，将37家中国实体列入出口管制“实体清单”，中方对此坚决反对。长期以来，美方泛化国家安全概念，滥用出口管制措施，打压遏制他国企业，严重损害企业合法权益，破坏全球产业链供应链安全稳定，阻碍世界经济复苏和发展。中方敦促美方立即停止错误做法，并将采取必要措施，坚决维护中国企业的合法权益。

2024年5月10日 针对美方将“对外军援一揽子法案”签署成法，全国人大外事委员会发言人许东发表谈话指出，日前，美方将“对外军援一揽子法案”签署成法。该法案有关涉华消极条款鼓噪向台提供军援，严重违反一个中国原则和中美三个联合公报，向“台独”分裂势力释放严重错误信号；以所谓“国家安全”名义无理打压中国企业，再次暴露了美方一贯的霸凌霸道本质。该法案还无视中方为帮助美方应对芬太尼危机所做的大量工作，叫嚣制裁中方；对中国同伊朗在国际法框架下正常经贸往来威胁实施单边制裁和“长臂管辖”，为中美在相关领域合作设置了严重障碍。我们对此坚决反对。台湾问题是中国核心利益中的核心，是中美关系第一条不可逾越的红线。我们不会对“台独”势力分裂活动和外部纵容支持听之任之。我们也不会对美方执意打压中国的高科技发展，剥夺中国的正当发展权利坐视不管。我们敦促美方尊重中方核心利益和重大关切，不得实施上述法案涉华消极条款，如美方一意孤行，中方将采取坚决措施，坚定捍卫自身主权安全发展利益。坚持相互尊重、和平共处、合作共赢理应成为新时期中美双方的共同努力方向。美方应同中方相向而行，树立正确战略认知，共同有效管控分歧，共同推进互利合作，共同承担大国责任，推动中美关系持续稳定健康向前发展。

2024年5月13日 中共中央对外联络部部长刘建超在北京会见了由美国布鲁金斯学会副会长马洛尼率领的代表团。

2024年5月13日 中国外交部副部长马朝旭会见了由美国布鲁金斯学会副会长马洛尼率领的代表团。

2024年5月13日 云南省省长王予波在昆明会见了美国驻华大使伯恩斯一行。

2024年5月13日 新疆维吾尔自治区党委书记马兴瑞、自治区人民政府主席艾尔肯·吐尼亚孜在乌鲁木齐会见了来访的美国国际华人科技工商协会代表团一行。

2024年5月14日 上海市委书记陈吉宁会见了上海市市长国际企业家咨询会议副主席、美国铁狮门公司首席执行官徐瑞柏。

2024年5月14日 中美人工智能政府间对话首次会议在瑞士日内瓦举行。会议由中国外交部北美大洋洲司负责人和美国国务院关键和新兴技术代理特使森特、白宫国安会技术和国家安全高级主任查布拉共同主持，中方科技部、发改委、国家网信办、工信部、中央外办以及美方白宫国安会、国务院、商务部派代表参会。

2024年5月14日 中国商务部新闻发言人就美方发布对华加征“301关税”四年期复审结果发表谈话指出，美方5月14日发布对华加征“301关税”四年期复审结果，宣布在原有对华

“301关税”基础上，进一步提高对自华进口的电动汽车、锂电池、光伏电池、关键矿产、半导体以及钢铝、港口起重机、个人防护装备等产品的加征关税。中方坚决反对并严正交涉。美方出于国内政治考虑，滥用“301关税”复审程序，进一步提高部分对华产品加征的“301关税”，将经贸问题政治化、工具化，是典型的政治操弄，中方对此表示强烈不满。世贸组织早已裁决“301关税”违反世贸组织规则。美方非但不予以纠正，反而一意孤行，一错再错。美方提高“301关税”违背了拜登总统“不寻求打压遏制中国发展”“不寻求与中国脱钩断链”的承诺，也不符合两国元首达成的共识精神，这将严重影响双边合作氛围。美方应立即纠正错误做法，取消对华加征关税措施。中方将采取坚决措施，捍卫自身权益。

2024年5月15日　针对美国国务院东亚局助理国务卿帮办兼中国事务协调员蓝墨客声称，“联大第2758号决议未认可、不等于、不反映对一个中国原则的共识”之事，中国外交部发言人汪文斌表示，一段时期以来，美方一些官员出于不可告人的目的接连发表诋毁联大第2758号决议权威性的言论，炒作所谓“台湾地位未定论”，鼓噪台湾有意义参与联合国系统。有关言论完全是对事实的歪曲，对历史的篡改，对国际法和国际关系基本准则的践踏，也是对美方自己承诺的背叛。台湾自古以来就是中国的一部分，这是历史事实，也是国际共识。1943年的《开罗宣言》和1945年的《波茨坦公告》明确规定把日本窃取的中国领土台湾归还中国，这些具有国际法律效力的文件构成了战后国际秩序的组成部分，也在法律上确认了台湾是中国不可分割的领土。1971年10月25日，第二十六届联大以压倒性多数通过第2758号决议，从政治上、法律上和程序上干净彻底地解决了包括台湾在内全中国在联合国的代表权问题，明确了世界上只有一个中国，台湾是中国的一部分，而不是一个国家；明确了中国在联合国的席位只有一个，中华人民共和国政府是唯一合法代表，不存在“两个中国”“一中一台”。美国是《开罗宣言》《波茨坦公告》的签署方，在中美三个联合公报中明确表示：“美利坚合众国政府承认中国的立场，即只有一个中国，台湾是中国的一部分。”美国领导人也多次承诺不支持“台独”，不支持“两个中国”“一中一台”。但近年来美方却公然质疑、曲解联大第2758号决议，不断虚化、掏空一个中国原则，大肆鼓噪台湾加入只有主权国家才能参加的联合国系统，与美方作出的承诺背道而驰，是在开历史的倒车。美方歪曲、诋毁联大第2758号决议的谬论，同日前美方公然宣称要求加沙立即停火的安理会第2728号决议“没有约束力”如出一辙，都是美国对国际法和国际关系基本准则合则用、不合则弃的体现，是霸凌霸道的象征。然而，霸权、强权主导国际关系的时代已一去不复返了。任何国家，包括美国在内，想要挑战联大第2758号决议、挑战一个中国原则，都是痴心妄想。53年前，在联大第2758号决议以压倒性多数通过前，美国就曾抛出所谓“双重代表权”提案，妄图制造“两个中国”“一中一台”，最终沦为废案。今天，美国再要逆时代潮流而动，打“台湾牌”、搞“以台制华”，只会遭到更大的失败。

2024年5月15日 针对美国国务院东亚局助理国务卿帮办兼中国事务协调员蓝墨客日前指称，“中国曲解联大2758号决议”，目的是在国际社会“孤立台湾”，限制台有意义参与联合国体系或其他国际组织一事，国台办发言人陈斌华应询表示，世界上只有一个中国，台湾是中国领土不可分割的一部分。包括《开罗宣言》《波茨坦公告》在内的一系列国际法文件，都确认了中国对台湾的主权。1971年第26届联大以压倒性多数通过第2758号决议，决定恢复中华人民共和国在联合国的一切权利，承认中华人民共和国政府代表是中国在联合国的唯一合法代表。从政治上、法律上和程序上彻底解决了包括台湾在内全中国在联合国的代表权问题。联合国是由主权国家组成的政府间国际组织，台湾是中国的一部分，根本没有资格加入。台湾地区参与国际组织活动，必须在一个中国原则下处理。近段时间，美国一些人反反复复在联大第2758号决议上做文章，充分暴露其藐视历史和用心险恶。美方不遵守国际法和国际关系基本准则，一再曲解、挑战联大第2758号决议权威，充分证明其无视历史和法理事实，与国际社会对抗，与美国政府自身在中美三个联合公报所作严肃政治承诺相违背。我们敦促美方以实际行动恪守一个中国原则和中美三个联合公报规定，将不支持“台独”的承诺落到实处，停止向“台独”分裂势力发出任何错误信号。

2024年5月16日至19日　2024年美国博物馆联盟年会暨博物馆博览会在美国巴尔的摩举办。此次博览会由美国博物馆联盟主办。故宫博物院应邀参加，并同堪萨斯州、马里兰州、俄亥俄州等美国本地博物馆进行了交流。

2024年5月20日　中国驻芝加哥总领事赵建在美国得梅因市出席河北省–艾奥瓦州农业可持续发展圆桌论坛并致辞。河北省人民政府代表团以及艾奥瓦州前州长、美国前驻华大使布兰斯塔德以及中美双方各界代表80余人出席了此次活动。

2024年5月20日 2024年中国–加州经贸论坛在美国洛杉矶举办。本届论坛主宾市上海市市长龚正发表主旨演讲。中国驻洛杉矶总领事郭少春，美国加州副州长康伊莲、洛杉矶市市长巴斯、加州联邦众议员赵美心等出席开幕式并致辞。来自中国有关省和加州约500名各界代表与会。

2024年5月20日 中国商务部发布《不可靠实体清单工作机制关于对通用原子航空系统公司等三家美国企业采取不可靠实体清单措施的公告》和《不可靠实体清单工作机制关于将波音防务、空间与安全集团列入不可靠实体清单的公告》，将美国通用原子航空系统公司、美国通用动力陆地系统公司、美国波音防务、空间与安全集团列入不可靠实体清单并采取相关处理措施。

2024年5月21日 中国驻美国大使谢锋会见了美国国际教育工作者协会首席执行官方达·敖。

2024年5月21日 中国外交部发布《关于对美国国会前议员加拉格尔采取反制措施的决定》。这份决定由中华人民共和国外交部令第6号公布。这份决定称，美国威斯康星州前联邦众议员麦克·加拉格尔近年来频繁采取干涉中国内政、损害中国主权和领土完整、侵犯中方利益的言行。依据《中华人民共和国反外国制裁法》第三条、第四条、第六条、第九条、第十五条规定，中方决定对加拉格尔采取以下反制措施：一、冻结在我国境内的动产、不动产和其他各类财产；二、禁止我国境内的组织、个人与其本人进行有关交易、合作等活动；三、对其本人不予签发签证、不准入境。该决定自2024年5月21日起施行。

2024年5月21日 针对美国国务卿布林肯向台湾地区新任“领导人”致贺一事，中国外交部发言人汪文斌表示，美方做法严重违反一个中国原则和中美三个联合公报，严重违背美方所作仅与台湾地区保持文化、商务和其他非官方关系的政治承诺，向“台独”分裂势力发出严重错误信号。中方对此强烈不满、坚决反对，已向美方提出严正交涉。世界上只有一个中国，台湾是中国领土不可分割的一部分。台湾问题是中国核心利益中的核心，是中美关系第一条不可逾越的红线。中方一贯坚决反对美台开展任何形式的官方往来，坚决反对美方以任何方式、任何借口干涉台湾事务。我们敦促美方立即纠正错误，切实恪守拜登总统不支持“台独”、不支持“两个中国”“一中一台”、不将台湾作为工具遏制中国等承诺，停止虚化掏空一个中国原则，停止以任何方式纵容支持“台独”分裂势力，停止破坏台海和平稳定。“台独”是死路一条，纵容支持“台独”注定失败。任何外部势力干预都阻挡不了中国统一的历史大势，任何挑战一个中国原则、危害中国国家主权和领土完整的行径都必将遭到中方坚决有力回击。

2024年5月22日 中国国家主席习近平向第14届中美旅游高层对话开幕致信。习近平指出，今年是中美建交45周年。中美关系的根基由人民浇筑，中美关系的大门由人民打开，中美关系的故事由人民书写，中美关系的未来也必将由两国人民共同创造。习近平强调，旅游是中美两国人民交往交流、相知相近的重要桥梁。我们热情欢迎美国游客来华旅行，结识中国朋友、体验中华文化、游览美丽山水，亲身感受真实的中国。

希望两国各界以本次高层对话为契机，深入交流，凝聚共识，积极行动，以旅游合作促进人员往来，以人文交流赓续中美友谊，助力“旧金山愿景”转为实景。

第14届中美旅游高层对话当日在陕西省西安市开幕，主题为“旅游促进中美人文交流”，由中国文化和旅游部、陕西省人民政府、美国商务部、美国旅游推广局共同主办。

2024年5月22日 中国教育部副部长王嘉毅在北京会见了纽约茱莉亚学院荣休院长兼首席中国事务官波利希。

2024年5月22日 第136届广交会纽约推介会在美国纽约举办。中国驻纽约总领事黄屏、中国对外贸易中心主任储士家等出席活动并致辞。美国企业、商协会以及媒体代表等120余人参会。

2024年5月22日 中国外交部发布《关于对美国军工企业及高级管理人员采取反制措施的决定》。这份决定由中华人民共和国外交部令第7号公布。这份决定称，一段时间以来，美国无视中方在乌克兰危机上的客观公正立场和建设性作用，以所谓涉俄罗斯因素为由对多家中国实体滥施非法单边制裁，大搞单边霸凌和经济胁迫，严重侵犯中方企业、机构和个人正当合法权益。同时，美国持续向中国台湾地区出售武器，严重违反一个中国原则和中美三个联合公报规定，严重干涉中国内政，严重损害中国主权和领土完整。依据《中华人民共和国反外国制裁法》第三条、第四条、第五条、第六条、第九条、第十五条规定，中方决定对以下美国军工企业及高级管理人员采取反制措施：一、对洛克希德·马丁导弹与火控公司、洛克希德·马丁航空公司、标枪合资公司、雷神导弹系统公司、通用动力军械与战术系统公司、通用动力信息技术公司、通用动力任务系统公司、海岸间电子公司、系统研究与模拟公司、铁山解决方案公司、应用技术集团、阿克西恩特公司等12家《反制清单》列明的企业，冻结在我国境内的动产、不动产和其他各类财产。二、对凯西·沃登（诺斯罗普·格鲁曼公司董事长、首席执行官、总裁）、马修·布朗伯格（诺斯罗普·格鲁曼公司全球运营副总裁）、本杰明·戴维斯（诺斯罗普·格鲁曼公司战略威慑系统副总裁、总经理）、托马斯·琼斯（诺斯罗普·格鲁曼公司副总裁、航空系统总裁）、斯蒂芬·奥布莱恩（诺斯罗普·格鲁曼公司副总裁、全球业务发展官）、罗珊·罗德（诺斯罗普·格鲁曼公司副总裁、防务系统总裁）、菲拉特·盖曾（通用动力公司副总裁、通用动力军械与战术系统公司总裁）、贾森·艾肯（通用动力公司负责技术部门执行副总裁）、艾米·吉格兰（通用动力公司高级副总裁、通用动力信息技术公司总裁）、克里斯托弗·布雷迪（通用动力公司副总裁、通用动力任务系统公司总裁）等10名《反制清单》列明的企业高级管理人员，不予签发签证、不准入境（包括香港、澳门）。该决定自2024年5月22日起施行。

2024年5月23日 中国科技部副部长林新在北京会见了美国科学促进会首席执行官苏迪普·帕里克一行。

2024年5月23日 “投资上海·共享未来”海外行系列活动（纽约站）举办。美中贸易全国委员会会长艾伦、美中关系全国委员会会长欧伦斯、中国驻纽约总领事黄屏等出席并致辞。上海市市长龚正作主旨推介，200多位中美政商界人士出席此次活动。

2024年5月23日 中国商务部新闻发言人何亚东在商务部例行新闻发布会上表示，中方根据《中华人民共和国对外贸易法》《中华人民共和国国家安全法》《不可靠实体清单规定》，决定将美国波音防务、空间与安全集团，美国通用原子航空系统公司，美国通用动力陆地系统公司列入不可靠实体清单并采取相应措施，这是中方依法采取的正常执法行为。何亚东说，世界上只有一个中国，台湾是中国不可分割的一部分。台湾问题是中国核心利益中的核心，“台独”分裂活动是台海和平的最大破坏性因素。波音防务、空间与安全集团，通用原子航空系统公司，通用动力陆地系统公司屡次对台销售导弹、军用无人机、坦克等进攻性武器，以此纵容支持“台独”分裂势力，严重损害中国国家安全，严重损害中国国家主权和领土完整，严重违背一个中国原则和中美三个联合公报规定，严重破坏台海和平稳定。我们解决台湾问题、完成国家统一的意志坚如磐石，维护国家主权和领土完整的能力坚不可摧，反对“台独”分裂和外来干涉的行动坚决有力。

2024年5月24日 第二轮中美海洋事务磋商以视频形式举行。中国外交部边界与海洋事务司司长洪亮同美国国务院中国事务协调员、东亚局助卿帮办蓝墨客共同主持了会议。

2024年5月24日 江西省省长叶建春在南昌会见了美国康宁公司副总裁、康宁大中国区总裁兼总经理刘之菲一行。

2024年5月27日 针对美国国会议员团访问台湾，表示美支持台湾防务之事，中国外交部发言人毛宁表示，美国有关议员不顾中方强烈反对，执意窜访台湾，违反一个中国原则和中美三个联合公报，也违背了美国政府作出的仅与台湾保持非官方关系的政治承诺，向“台独”分裂势力发出严重错误信号。中方对此坚决反对，已向美方提出严正交涉，将采取必要措施，坚决捍卫国家主权和领土完整。世界上只有一个中国，台湾是中国领土不可分割的一部分。中方坚决反对美台军事联系，反对武装台湾，敦促美国有关议员停止打“台湾牌”，停止干涉中国内政，停止支持、纵容“台独”分裂势力，停止损害中美关系和台海和平稳定。

2024年5月28日 深圳市与旧金山市政府在旧金山市政厅签署友好交流合作备忘录。中国驻旧金山总领事张建敏、中国人民对外友好协会会长杨万明、旧金山市市长布里德、深圳市常务副市长陶永欣出席并致辞，旧金山市行政官朱嘉文等政、商、侨界代表出席此次活动。

2024年5月28日 针对美国国务院发言人日前发表声明，对中国军队在台湾周边开展军演表达关切一事，中国外交部发言人毛宁表示，台湾问题纯属中国内政，不容任何外部势力干涉，美国无权说三道四。中方在台岛周边开展军事演习，是对台湾地区领导人“5·20”讲话谋“独”挑衅的坚决惩戒，是对外部势力纵容支持“台独”、干涉中国内政的严厉警告，是捍卫国家主权和领土完整的正义之举，完全符合国际法和国际惯例，完全正当必要。台湾地区领导人上台伊始就迫不及待露出“台独”真面目，其“5·20”讲话是一篇彻头彻尾的“台独自白”，充分暴露其“台独工作者”的本性。事实再次证明，当前对台海现状最危险的改变、对台海和平最重大的破坏，就是“台独”分裂行径和以美国为首的外部势力纵容支持。美方不顾中方坚决反对，派团出席“5·20就职仪式”、美国务卿发表声明“致贺”有错在先，向“台独”分裂势力发出严重错误信号，无端指责中方维护国家主权和领土完整的合法合理举措更是错上加错。我们敦促美方认清“台独”分裂势力的本性和野心，认清其给台海和平稳定和中美关系带来的严重危害和巨大风险，切实恪守一个中国原则和中美三个联合公报，兑现美国领导人就台湾问题所做承诺，停止以任何方式为“台独”势力撑腰打气。中方捍卫国家主权和领土完整的决心坚定不移，反对外部势力干涉中国内政的决心坚定不移。“台独”是死路一条，支持“台独”必将玩火自焚。任何妄图挑战一个中国原则的错误行径，都将以失败告终。

2024年5月29日　中国财政部副部长廖岷在北京会见了中国美国商会董事会主席谭森及会员企业代表一行。

2024年5月29日　上海市市长龚正会见了美国福茂集团董事长赵锡成，美国前劳工部长、前运输部长赵小兰一行。

2024年5月29日　中美地方气候行动高级别活动在美国加州伯克利召开。中国国家发展改革委副主任赵辰昕、美国总统气候问题副特使杜克、美国能源部国际事务办公室副助理部长厄巴纳斯，广东省省长王伟中、美国加利福尼亚州州长纽森等出席活动并致辞。中国驻美国大使谢锋、美国驻华大使伯恩斯、中国气候变化事务特使刘振民、美国总统国际气候政策高级顾问波德斯塔作视频致辞。来自中美各界200多名代表出席了此次活动。

2024年5月29日　广东省人民政府、美国加利福尼亚州政府、中国人民对外友好协会与美国加州–中国气候变化研究院在加州伯克利市共同举办中美湾区对话。广东省省长王伟中、中国人民对外友好协会会长杨万明、香港特别行政区行政长官代表、财政司司长陈茂波和澳门特别行政区行政长官代表、社会文化司司长欧阳瑜、加州州长纽森、加州前州长、加州-中国气候变化研究院院长布朗等出席并致辞。

2024年5月29日 美国华盛顿国家动物园举办新闻发布活动，宣布与中方开启新一轮大熊猫国际保护研究合作，年内将迎来一对新的大熊猫——“宝力”“青宝”。中国驻美国大使谢锋应邀出席并致辞，园长史密斯博士陪同。

2024年5月29日 中国国务院新闻办公室发表《2023年美国侵犯人权报告》，该报告除序言和结语外，还包括“公民和政治权利沦为空谈”“种族主义顽疾贻害深远”“经济和社会不平等日益加剧”“妇女和儿童权利遭受持续侵犯”“无证移民悲惨境遇触目惊心”“美式霸权制造人道主义危机”六个部分。该报告以事实和数据揭露美国侵犯人权的真相，敦促美国政府采取切实举措破解美国人权困局，回应美国人民期待和国际社会关切。

2024年5月30日 中国外交部副部长马朝旭在华盛顿同美国总统国家安全事务首席副助理芬纳就当前中美关系和共同关心的国际地区问题进行了沟通。其间，马朝旭还会见了美国总统国家安全事务助理沙利文，就双边关系中的重要问题交换了意见。

2024年5月30日 中国外交部副部长马朝旭在华盛顿同美国常务副国务卿坎贝尔举行磋商，双方围绕中美关系和共同关心的国际地区问题交换了意见。

2024年5月30日 针对美国国务院日前发表声明称，美方对中国大陆的围台军演深表关切一事，中国国防部新闻发言人吴谦表示，台湾是中国的一部分，怎么解决台湾问题是14亿多中国人民自己的事，不容美方指手画脚。停止一切“台独”分裂行径，停止勾连外部势力挑衅，才是真心缓和台海局势。祖国统一，人心所向。解放军以行动说话，始终做打“独”促统的先锋队。

2024年5月31日 中国外交部副部长马朝旭在华盛顿阿斯彭学会总部同美国战略学术界人士举行座谈，座谈会由阿斯彭战略小组主办。

2024年5月31日 正在新加坡出席第21届香格里拉对话会的中国国防部部长董军与美国国防部部长奥斯汀举行了会谈。董军说，中美两军关系健康发展符合双方共同利益，也是国际社会的普遍期待。当前两军关系止跌企稳的局面来之不易，两军应坚守不冲突不对抗的底线，真正当好两国关系的稳定基石。两军沟通的目的是增进了解、消除误解、积累互信。希望美方言行一致，与中方相向而行，切实落实好两国元首共识，坚持以和为贵、以稳为重、以信为本，加强交流、担当责任、推进交往，探索出一条符合双方共同利益、契合全世界期盼的两军正确相处之道。董军强调，台湾问题纯属中国内政，外部势力无权干涉。中方坚决反对美方严重违背所作承诺，向“台独”发出错误信号，敦促美方切实纠正错误，不得以任何方式“以武助独”。在仁爱礁等问题上，中方的态度和底线是明确的，我们坚持平等协商解决分歧，但对加剧挑衅的行为绝不置之不理。双方还就其他问题交换了意见。

6月

2024年6月1日 中国外交部副部长马朝旭在纽约同美国工商界人士举行午餐会并座谈。座谈会由美中贸易全国委员会和美中关系全国委员会共同举办。

2024年6月3日 中国国家副主席韩正在北京会见了美国福茂集团董事长赵锡成。

2024年6月3日 上海市委书记陈吉宁会见了美国耐克集团总裁兼首席执行官唐若修一行。

2024年6月5日 中国驻洛杉矶总领事郭少春访问加州长滩市，会见了该市市长理查森。

2024年6月5日 中国驻芝加哥总领事赵建会见了参加第四届中美学生会议芝加哥论坛的两国青年代表。

2024年6月5日 针对美国总统拜登在接受美国《时代周刊》采访时表示，如果在台海两岸发生军事冲突，他不排除美军介入的可能性一事，中国外交部发言人毛宁表示，台湾是中国领土不可分割的一部分，台湾问题纯属中国内政，不容任何外来干涉。任何施压和威胁都丝毫动摇不了中国政府和人民捍卫国家主权和领土完整的坚强决心、坚定意志和强大能力。台海的真正现状就是两岸同属一个中国，台湾是中国领土不可分割的一部分。如何解决台湾问题是中国人自己的事情。我们敦促美方认清“台独”分裂势力的本质和野心，切实恪守一个中国原则和中美三个联合公报，恪守不支持“台独”的承诺，停止武装台湾，停止以任何方式向“台独”分裂势力发出任何错误信号。

2024年6月6日 近日，国家主席习近平复信美国肯恩大学校长拉蒙·雷波列特，鼓励中美两国高校加强交流合作，为促进中美友好贡献力量。习近平表示，2006年，我在贵校见证了中美合作创办温州肯恩大学签约仪式。在双方共同努力下，温州肯恩大学办学成果显著，已经成为中美教育合作的标志性项目，令人高兴。习近平指出，中美关系事关两国人民福祉和人类前途命运。教育交流合作有助于促进两国人民特别是青年相知相近，是发展中美关系的未来工程。你在信中表示，将深化与温州肯恩大学的合作，鼓励美国学生来华交流学习，我很赞赏。希望两国高校通过多种形式加强交流合作，培养既了解中国也熟知美国的青年使者，为促进中美友好搭建更多桥梁。习近平在复信中说，欢迎你和美国教育界其他人士多来中国走走看看，也请转达我对前任校长法拉希博士的问候。

2006年5月，在时任浙江省委书记习近平关心推动下，温州大学和美国肯恩大学正式签约，决定合作创办温州肯恩大学。2014年，经教育部批准，温州肯恩大学正式设立，目前共有本硕博学生约4500人，已培养8届本科毕业生总计3300余人。近日，美国肯恩大学校长雷波列特致信习近平主席，介绍合作办学情况及成果，表示将积极响应习近平主席倡议，助力更多美国青少年来华交流学习，推动中美青年一代加强交流。

2024年6月6日 中国国务委员、公安部部长王小洪应约同美国国土安全部部长马约卡斯进行了视频通话。

2024年6月6日 安徽省委书记韩俊在滁州市来安县会见了美国福茂集团董事长赵锡成，美国前劳工部长、前运输部长赵小兰一行。

2024年6月6日　中国驻旧金山总领事张建敏偕夫人郑心应邀访问加州艺术学院，与校长大卫·豪斯进行了会谈。

2024年6月7日　第四届中美农业圆桌论坛在山东济南开幕。山东省省长周乃翔，中国人民对外友好协会会长杨万明，美国前助理国务卿、美国腹地中国协会副主席董云裳，美国驻华使馆公使衔农业参赞罗伯特·汉森共同出席开幕式并致辞。美国驻华大使尼古拉斯·伯恩斯发表视频致辞。共有200余名中美嘉宾出席了此次活动。

2024年6月7日　美中关系全国委员会、美中贸易全国委员会在华盛顿共同举办中美建交45周年纪念活动。中国驻美国大使谢锋，前美国驻华大使洛德、芮效俭、洪博培、骆家辉应邀出席并讲话。美中关系全国委员会新任董事会主席巴尔舍夫斯基、荣誉主席希尔斯、会长欧伦斯和美中贸易全国委员会会长艾伦分别致辞。

2024年6月7日至15日　复旦大学国际问题研究院院长、复旦大学美国研究中心主任吴心伯教授率领外交部专家学者小组访问华盛顿和纽约。在华盛顿，小组走访了海军分析中心、布鲁金斯学会、美中贸易理事会、美国国务院中国室、国会众议院等机构。美国亚洲基金会为小组举行午餐会。中国驻美国大使谢锋、公使井泉分别同小组进行了工作交流。在纽约，小组访问了《华尔街日报》，出席了美国外交政策全国委员会举行的午餐会，访问了亚洲学会政策研究所。中国驻纽约总领事黄屏与小组进行了工作交流。

2024年6月7日　针对美国国务院已批准向中国台湾地区

出售价值8000万美元的F-16战斗机零部件及相关服务一事，中国外交部发言人毛宁表示，美国向中国台湾地区出售武器，严重违反一个中国原则和中美三个联合公报特别是《八一七公报》规定，严重侵犯中国主权和安全利益，严重损害中美关系和台海和平稳定，向“台独”分裂势力发出严重错误信号。中方对此强烈不满、坚决反对。事实一再证明，当前台海和平稳定面临的最大威胁、对台海现状的最大破坏，就是“台独”势力的分裂活动和以美国为首的外部势力对其纵容支持。“台独”与台海和平水火不容。民进党当局妄图“以武谋独”，美国执意“以武助独”，是在逆历史潮流而动，只会加剧台海紧张，注定落得失败的下场。台湾问题是中国核心利益中的核心，是中美关系第一条不可逾越的红线。中方敦促美方恪守一个中国原则和中美三个联合公报规定，停止售台武器和美台军事联系，停止制造台海局势紧张因素，停止危害台海和平稳定，不要在错误和危险的道路上越走越远。中方将采取坚决有力措施捍卫国家主权和领土完整。

2024年6月7日 针对美国国防部国防安全合作局近日宣布，批准2笔价值约3亿美元的对台军售，计划向台提供F-16战斗机零配件及相关服务等之事，中国国防部新闻发言人张晓刚表示，美国向中国台湾地区出售武器，严重违反一个中国原则和中美三个联合公报，特别是《八一七公报》规定，严重损害中国主权和安全利益，严重破坏台海和平稳定，我们对此强烈不满、坚决反对，并向美方提出严正交涉。台湾问题是中美关系第一条不可逾越的红线。美方为“台独”分裂势力撑腰打气，推高台海紧张局势，一步步将台湾推向危险境地，最终也将伤及自身。中方敦促美方恪守一个中国原则和中美三个联合公报规定，立即撤销上述对台军售计划，停止以任何方式武装台湾，以实际行动维护两军关系大局。中国人民解放军持续加强练兵备战，坚决捍卫国家主权和领土完整。

2024年6月10日　中国驻芝加哥总领事赵建出席艾奥瓦州老朋友萨拉·兰蒂女士在马斯卡廷家中举办的端午节庆祝活动。艾奥瓦州友人金伯利夫妇、马斯卡廷对华合作委员会主席斯坦等参加。

2024年6月11日　中国人民对外友好协会秘书长沈昕在北京会见美国腹地中国协会董事会副主席董云裳一行。

2024年6月12日至14日　中国驻芝加哥副总领事黄黎明一行访问堪萨斯州，同托皮卡市市长帕迪拉、州参议员迪特里希、州众议员徐瑞等进行了座谈。

2024年6月12日　针对美国国土安全部6月11日发表声明，以涉嫌“强迫维吾尔族人劳动”为由，将三家中国企业列入“维吾尔强迫劳动预防法实体清单”，禁止进口它们的产品一事，中国外交部发言人林剑表示，美方再次炮制散布涉疆虚假叙事，打着人权的幌子对中国企业实施非法制裁，中方坚决反对、强烈谴责。新疆的发展成就有目共睹，中国中央政府的治疆政策深入人心。我们多次援引大量数字事实说明，所谓“强迫劳动”“种族灭绝”完全是无稽之谈，是极少数反华分子炮制的世纪谎言，其目的是搞乱新疆、抹黑中国、遏制中国的发展。美方以谎言为依据，一意孤行实施涉疆恶法，将中国企业列入有关制裁清单，严重干涉中国内政，严重扰乱市场正常秩序，严重违反国际贸易规则和国际关系基本准则，实质是企图在新疆制造“强迫失业”，以人权为名侵害广大新疆群众的生存权、就业权、发展权，其“以疆制华”的险恶用心昭然若揭。美国国内问题堆积如山，美方如果真的关心人权问题，就应该采取措施，切实解决国内的种族歧视、枪支暴力、毒品泛滥等痼疾，而不是内病外治，对别国横加干涉、滥施制裁。我们敦促美方立即停止对中国的污蔑抹黑，撤销对中国企业的非法单边制裁，停止打着人权幌子干涉中国内政、损害中国利益。中方将继续采取坚决措施，坚定维护中国企业的正当合法权益。

2024年6月12日　针对美台近段时间军事勾连动作频频，美方日前批准3亿美元对台军售计划，近30家美国军火商组团窜台参加所谓“国防产业论坛”之事，国台办发言人陈斌华应询表示，我们坚决反对建交国与中国台湾地区开展任何形式的军事联系，包括向台出售武器。不管是“军售”“军援”还是其他什么名目，都是想把战火引向台湾，用心险恶。我们敦促美方恪守一个中国原则和中美三个联合公报规定特别是《八一七公报》规定，停止售台武器，停止武装台湾，停止向“台独”分裂势力发出任何错误信号。民进党当局妄图“倚外谋独”“以武谋独”，只会将台湾推向兵凶战危险境，给台湾同胞带来深重灾祸。

2024年6月13日　由中共中央对外联络部和美国亚洲协会共同主办的第二届中美1.5轨对话在北京举行。中共中央对外联络部部长刘建超出席并发表主旨讲话。约30名中外代表与会。

2024年6月13日　中共中央台办、国务院台办主任宋涛在北京会见了美国亚洲协会董事会联席主席桑顿。

2024年6月13日　上海市市长龚正会见了美国驻华大使伯

恩斯一行。

2024年6月14日 中国驻美国大使谢锋会见美国白宫国家禁毒政策办公室主任古普塔。

2024年6月15日 由中国教育国际交流协会主办、南京工业职业技术大学承办的2024年首期“中美百千万院校长云携手”在美国洛杉矶以线上与线下相结合的方式举办。交流协会副秘书长安延、江苏省教育厅副厅长杨树兵以视频形式致开幕辞，美国洛杉矶教育署董事会主席陈意芳出席会议并发言。中美两国职业院校和相关机构约80名代表参加活动。

2024年6月17日 中国驻芝加哥总领事赵建访问伊利诺伊大学芝加哥分校并会见校长玛丽·米兰达。

2024年6月18日 天津市市长张工会见美中关系全国委员会会长欧伦斯。

2024年6月18日 江西省委书记尹弘在南昌会见了中国美国商会会长何迈可率领的代表团一行，并共同见证江西省贸促会与中国美国商会签署贸易投资合作框架协议。

2024年6月18日 针对美国国会众议院外交事务委员会主席麦考尔率领的包括前众议长佩洛西在内的两党议员小组正访问达兰萨拉，并即将会见达赖喇嘛以及美国国会本周通过“促进解决藏中争议法案”之事，中国外交部发言人林剑指出，众所周知，十四世达赖并不是单纯的宗教人士，而是一个披着宗教外衣从事反华分裂活动的政治流亡者。我们对有关报道感到严正关切，敦促美方充分认清达赖集团反华分裂本质，恪守在涉藏问题上的承诺，不同其进行任何形式的接触，停止向外界发出错误信息。关于美国国会有关法案动向，林剑表示，西藏自古就是中国一部分。西藏事务纯属中国内政，不容任何外部势力干涉。当前，西藏社会大局安宁和谐，经济运行持续向好，民生福祉保障有力，不断开创长治久安和高质量发展的新局面。任何人任何势力妄想通过搞乱西藏来遏制打压中国的图谋绝不会得逞。我们敦促美方恪守承认西藏是中国一部分、不支持“西藏独立”的承诺，不得签署上述法案。中方将采取坚决有力措施，坚定捍卫自身主权安全发展利益。

2024年6月19日　中国外交部副部长邓励会见美国盖茨基金会首席执行官马克·苏斯曼。

2024年6月19日　中国国家卫生健康委员会党组书记雷海潮在北京会见了美国盖茨基金会首席执行官苏斯曼。

2024年6月20日　中国国务委员、国家禁毒委员会主任王小洪在北京会见美国白宫国家禁毒政策办公室主任古普塔。

2024年6月20日　江苏省省长许昆林在南京会见美中关系全国委员会会长欧伦斯一行。

2024年6月20日　针对美国国防部国防安全合作局发表声明称，美国务院已批准向中国台湾地区出售两笔总额约3.6亿美元的“弹簧刀”和“Altius-600”无人机及配套零部件和训练服务一事，中国外交部发言人林剑表示，美国罔顾中方一贯反对和严正交涉，再次向中国台湾地区出售武器，严重违反一个中国原则和中美三个联合公报特别是《八一七公报》规定，严重侵犯中国主权和安全利益，严重损害中美关系和台海和平稳定，向“台独”分裂势力发出严重错误信号。中方强烈谴责、坚决反对。美方接二连三对台售武，为民进党当局顽固坚持“台独”立场、挑衅一个中国原则撑腰打气。这一事实再次证明，当前台海和平稳定面临的最大威胁、对台海现状的最大破坏，就是“台独”势力的分裂活动和以美国为首的外部势力的纵容支持。需要指出，民进党当局妄图“以武谋独”，美国执意“以武助独”，必将引火烧身，自食恶果，以失败告终。台湾问题是中国核心利益中的核心，是中美关系第一条不可逾越的红线。任何人不要低估中方反对“台独”、捍卫国家主权和领土完整的坚定意志和强大能力。中方敦促美方切实恪守一个中国原则和中美三个联合公报，撤销售台武器的错误决定，停止武装台湾的危险趋势，停止纵容支持“台独”势力的错误行径，停止破坏台海和平稳定。中方将采取坚决有力措施，捍卫国家主权、安全和领土完整。

2024年6月21日　中国外交部发布《关于对洛克希德·马丁公司实体和高级管理人员采取反制措施的决定》。这份决定由中华人民共和国外交部令第8号公布。这份决定称，美国近日再次宣布向中国台湾地区出售武器，严重违反一个中国原则和中美三个联合公报，严重干涉中国内政，严重损害中国主权和领土完整。依据《中华人民共和国反外国制裁法》第三条、第四条、第五条、第六条、第九条、第十五条规定，中方决定对洛克希德·马丁公司相关实体和高级管理人员采取反制措施：一、对洛克希德·马丁导弹系统集成实验室、洛克希德·马丁先进技术实验室、洛克希德·马丁风险投资公司等《反制清单》列明的实体，冻结在我国境内的动产、不动产和其他各类财产。二、对洛克希德·马丁公司董事长、总裁、首席执行官詹姆斯·泰克里特、首席运营官弗兰克·圣约翰、首席财务官杰西·马莱夫等《反制清单》列明的企业高级管理人员，冻结在我国境内的动产、不动产和其他各类财产；禁止我国境内的组织、个人与其本人进行有关交易、合作等活动；不予签发签证、不准入境（包括香港、澳门）。该决定自2024年6月21日起施行。

2024年6月24日 中国国家主席习近平向2024年“鼓岭缘”中美青年交流周致贺信。习近平指出，跨越百年的鼓岭情缘是中美人民友好交往的一段佳话，很高兴看到中美各界青年相聚福州，重温鼓岭故事，传承鼓岭情缘，增进中美两国人民之间的交流与理解。习近平强调，青年最富有朝气、最富有梦想，中美关系的未来在青年。希望你们深入交流、增进友谊，相知相亲、携手同行，把中美友好传承下去，为中美关系健康稳定发展贡献力量，同世界各国人民一道共筑和平、共促进步、共创繁荣。

2024年“鼓岭缘”中美青年交流周当日在福建省福州市开幕，由中国人民对外友好协会、福建省人民政府、中华全国青年联合会举办。

2024年6月24日 北京城市推介会暨北京–纽约友好城市音乐会在中国驻纽约总领馆举行。北京市委常委、常务副市长夏林茂，中国驻纽约总领事黄屏，纽约州参议员刘醇逸、众议员郑永佳，纽约市长代表、纽约市国际事务专员默梅尔斯坦分别致辞，各界嘉宾约200人出席了此次活动。

2024年6月24日 安徽省省长王清宪与上海美国商会会长郑艺和部分会员企业代表一行举行工作会谈。

2024年6月25日至29日 中国人民解放军国防大学代表团赴美国华盛顿，开展了中美国防大学战略对话。

2024年6月25日 针对美国务院发言人6月24日谴责中方出台《关于依法惩治“台独”顽固分子分裂国家、煽动分裂国家犯罪的意见》一事，中国外交部发言人毛宁表示，我们对美方有关言论表示强烈不满和坚决反对。维护国家统一和领土完整，是每个主权国家的神圣权利。运用刑事司法手段惩处分裂国家的犯罪分子、维护国家核心利益，是世界各国通行做法。任何外部势力无权对此说三道四。对分裂国家、破坏国家统一的“台独”顽固分子依法追究刑事责任，是有法必依、违法必究的必然要求，是捍卫国家主权、统一和领土完整的应有举措，是坚持一个中国原则、维护台海和平稳定的有力保障。台海的真正现状就是两岸同属一个中国，台湾是中国领土不可分割的一部分。“台独”与台海和平稳定水火不容。当前台海局势的最大挑战来自“台独”分裂活动和外部势力干扰破坏。如果美方真心维护地区和平稳定，就应该切实恪守一个中国原则和中美三个联合公报，恪守不支持“台独”的承诺，停止干涉中国内政，停止以任何方式向“台独”分裂势力发出错误信号。

2024年6月26日 中国科技部副部长陈家昌与中国美国商总裁何迈可及商会部分会员企业代表举行了会谈。

2024年6月26日 针对美国驻华大使伯恩斯在采访中称，中国正阻止中美公民之间的正常互动，中国官员阻止参加美国驻华使馆活动的人士一事，中国外交部发言人毛宁表示，伯恩斯大使有关言论不符合事实，偏离两国元首旧金山会晤达成的重要共识，不符合中美正确相处之道，无助于双边关系健康稳定发展。中方始终按照习近平主席提出的相互尊重、和平共处、合作共赢的原则发展中美关系，致力于促进中美人文交流。

2024年“鼓岭缘”中美青年交流周目前正在福州举行，这是中美建交以来规模最大、形式内容最丰富的青年交流活动。事实上，干扰阻碍两国人文交流的不是中方，而是美方。美国以“国家安全”为借口，无端滋扰盘查遣返中国赴美留学生，给当事人造成极大伤害，制造了严重的“寒蝉效应”。

2024年6月26日 针对美国国务院发言人米勒在例行发布会上谴责中方日前出台了依法惩治“台独”顽固分子司法文件之事，国台办发言人朱凤莲应询表示，运用刑事司法手段惩处分裂国家犯罪分子、维护国家核心利益，是世界各国通行做法。台湾是中国的一部分，国家依法惩治“台独”顽固分子分裂国家、煽动分裂国家犯罪，合情合理合法。只有依法严惩“台独”分裂犯罪，才能真正维护台海和平稳定、切实保障台湾同胞利益福祉。台湾问题纯属中国内政，不容任何外来干涉。我们依法惩治“台独”顽固分子，就是为了制止“台独”分裂行径、维护台海和平稳定。美国无权对此说三道四，干涉中国内政。美国必须以实际行动恪守一个中国原则和中美三个联合公报规定，履行不支持“台独”的承诺，不向“台独”分裂势力发出错误信号。正告民进党当局，搞分裂对抗没有出路，妄想“倚美谋独”注定失败。

2024年6月27日 中国外交部副部长马朝旭同美国常务副国务卿坎贝尔通电话。双方就当前中美关系及共同关心的问题交换了意见。同日，马朝旭副部长还分别会见了美中关系全国委员会会长欧伦斯与美国加利福尼亚州圣迭戈市市长格洛利亚一行。

2024年6月27日 复旦大学美国研究中心主办“复旦–哈

佛暑期学校2024”招待会。复旦大学国际问题研究院院长、美国研究中心主任吴心伯教授主持招待会，美国驻华大使尼古拉斯·伯恩斯、美国驻上海总领事王汉和30多名来自哈佛大学、复旦大学的师生参加了招待会。

2024年6月27日 大熊猫“云川”“鑫宝”平安顺利抵达美国加利福尼亚州圣迭戈动物园。两只大熊猫将在结束隔离适应期后亮相并与公众见面。

2024年6月27日 针对美军“印太”司令部总部司令称，美军将实施一项名为“地狱景观”的计划，通过大规模使用无人机、无人艇和无人潜航器，将台湾海峡变为“无人地狱”，以应对“来自中国大陆的攻击”一事，中国国防部发言人吴谦表示，那些叫嚣要把别人的家园变成地狱的人，首先要做好自己先下地狱的准备。美方一些人为了“以台制华”，不惜把台湾海峡变成“人间地狱”，极为丧心病狂。这也再次表明，“台独”分子妄想“倚美谋独”，终难逃脱“棋子”变“弃子”的命运。台湾属于中国，中国不容分裂。在捍卫国家主权和领土完整、反击外部势力干涉方面，中国人民解放军一向是敢打硬仗、能打胜仗。对于一些人的威胁与恫吓，我们从来就不吃这一套。

2024年6月28日 中国外交部副部长马朝旭在北京会见了美国中西部政商领袖代表团。

2024年6月28日 中国驻芝加哥总领事赵建访问艾奥瓦州艾奥瓦城并会见该市市长布鲁斯·蒂格。访问期间，赵建还同大艾奥瓦城地区商会会员进行了座谈交流。

7月

2024年7月1日　中国国家主席习近平寄语美国青少年“青春同行”交流团。习近平指出，中美关系希望在人民，基础在民间，未来在青年，活力在地方。希望你们通过此次访问，感知中国、体会中国、了解中国，与中国的青少年交流互动，成为好伙伴、好朋友，在两国人民之间架起更多相知相亲的桥梁，为增进中美两国人民友谊作出贡献。

美国青少年“青春同行”交流团由美国7个州共14所中学约190名师生代表组成，中国人民对外友好协会邀请并接待。

2024年7月1日　中国人民对外友好协会会长杨万明在北京会见了美国华盛顿州塔科马市市长伍达德斯。

2024年7月3日　针对美国国务院副发言人帕特尔近日在例行记者会上指出，中国可能在古巴设立4个监听站，其中一个距离美军基地关塔那摩湾不远一事，中国外交部发言人毛宁表示，我们注意到有关报道，也注意到古巴副外长德科西奥指出，相关报道毫无事实依据，纯属天方夜谭，所谓中国“军事基地”从不存在，也从未有人见过，甚至连美国驻古巴使馆都不相信。中国和古巴是好朋友、好同志、好兄弟，两国关系是发展中国家真诚互助的典范。中国和古巴的合作堂堂正正、光明正大，不针对第三方，也绝不接受、不允许第三方恶意中伤、抹黑污蔑。报告提到了关塔那摩，这恰恰是美国对古巴一个多世纪非法干涉的铁证。美国对古巴实施长达60多年的封锁制裁，给古巴人民带来深重灾难。美国至今还将古巴保留在所谓的“支持恐怖主义国家名单”之中。给他人泼脏水减轻不了自身的罪行，美方应当做的是反躬自省，立即停止干涉古巴内政，立即将古巴移出所谓的“支持恐怖主义国家名单”，取消对古巴的封锁制裁。

2024年7月4日 中国商务部国际贸易谈判代表兼副部长王受文会见中国美国商会董事会主席谭森及部分会员企业代表。

2024年7月5日 中国外交部副部长马朝旭会见美国欧亚集团董事长库普钱。

2024年7月8日至9日 中国驻纽约总领事黄屏访问了宾夕法尼亚州匹兹堡市，会见了匹兹堡市副市长帕拉克等。

2024年7月10日 应美国执法部门请求，中国警方在上海浦东国际机场将在美涉嫌性侵儿童犯罪的美籍红通逃犯斯科特移交美方，由美国国务院外交安全局押解回国。

2024年7月11日 中共中央对外联络部部长助理马辉在北京会见美国宾夕法尼亚大学“美中关系未来”项目主任马瑞欣率领的宾大青年学者代表团一行。

2024年7月11日 中国人民对外友好协会会长杨万明在北京会见了美国华特迪士尼公司全球高级副总裁裴逸群。

2024年7月11日至12日 中国驻纽约总领事黄屏访问普罗维登斯市和纽黑文市，会见普罗维登斯市市长斯迈利，看望鼓岭文化研究专家穆言灵夫妇，并赴耶鲁大学蔡中曾中国中心、美国雅礼协会等机构交流。

2024年7月11日 针对美国国务卿布林肯7月10日参加北约峰会公共论坛时声称，过去一年半时间里，我们看到俄罗斯武器装备大量增加，这是中国助力俄国防工业基础的产物一事，中国外交部发言人林剑表示，中方就此已多次阐明严正立场。我们坚决反对美方在没有任何证据的情况下持续散布所谓中国支持俄罗斯国防工业的虚假信息，对美方有关错误言论表示强烈不满和坚决反对。乌克兰危机爆发之初，美方就造谣中国向俄提供军事支持，但迄今未给出任何实质性证据，连美军负责人也坦承中国并未在冲突中向俄提供军事援助。美国一边出台大规模援乌法案，一边无端指责中俄正常经贸往来，这是赤裸裸的虚伪双标。中国不是乌克兰危机的制造者，更不是当事方，但我们没有袖手旁观，而是积极劝和促谈，推动政治解决。我们从不拱火浇油、借机渔利，更不会向冲突任何一方提供武器，这一立场一贯明确。同时，中国企业按照世贸规则和市场原则同包括俄乌在内的世界各国开展正常的经贸合作合情合理，轮不到个别国家指手画脚。美国与其在冲突中拉偏架，不如好好反思一下危机根源，为真正实现和平做点实事。美国不要妄想让中国为其错误行径埋单，中国也绝不接受美国的甩锅推责和霸凌胁迫。中方将继续采取坚决有力措施，维护自身正当合法权利。

2024年7月12日　中国外交部发布了《关于对美国军工企业及高级管理人员采取反制措施的决定》。中华人民共和国外交部令第10号公布，美国近日再次宣布向中国台湾地区出售武器，严重违反一个中国原则和中美三个联合公报，严重干涉中国内政，严重损害中国主权和领土完整。依据《中华人民共和国反外国制裁法》第三条、第四条、第五条、第六条、第九条、第十五条规定，中方决定对以下美国军工企业及高级管理人员采取反制措施：一、对安杜里尔公司、海上战术系统公司、环太平洋防务公司、AEVEX航天公司、LKD航天公司、顶峰科技公司等6家《反制清单》列明的企业，冻结在我国境内的动产、不动产和其他各类财产。二、对宇航环境公司董事长、总裁、首席执行官瓦希德·纳瓦比，宇航环境公司高级副总裁、首席财务官凯文·麦克唐奈，安杜里尔公司首席执行官布赖恩·申普夫，安杜里尔公司首席运营官马修·格里姆，安杜里尔公司负责全球防务的高级副总裁格雷戈里·考斯纳等5名《反制清单》列明的企业高级管理人员，冻结在我国境内的动产、不动产和其他各类财产；禁止我国境内的组织、个人与其本人进行有关交易、合作等活动；对其本人不予签发签证、不准入境（包括香港、澳门）。该决定自2024年7月12日起施行。

2024年7月12日 针对美国、欧盟等方面7月11日发表声明，宣称支持“南海仲裁案”所谓“裁决”，攻击中方在南海的立场主张之事，中国外交部发言人林剑表示，中方注意到美国、欧盟方面发表的声明，在此阐明以下立场：一、美国为一己之私，拒绝加入《联合国海洋法公约》，却以国际法“教师爷”姿态对他国落实《公约》情况品头论足，指手画脚，充分暴露其以双重标准选择性适用国际法的虚伪嘴脸。二、美国、欧盟等罔顾南海问题的历史经纬和客观事实，违反《联合国宪章》，曲解包括《公约》在内的国际法，其立场主张是完全站不住脚的。三、美国违背其在南海主权问题上不持立场的公开承诺，怂恿菲律宾提起“南海仲裁案”，并公然发表声明为“仲裁”站台背书，完全是政治操弄，旨在利用盟国、搞乱南海、搅乱地区，实现其打压中国的险恶目的。在中国和东盟国家共同努力下，当前南海局势保持总体稳定。中国将与东盟国家一道，继续致力于维护南海和平稳定，推动本地区繁荣发展。我们敦促以美国为首的域外国家切实尊重地区国家维护本地区和平稳定的努力，停止采取不利于本地区和平稳定的言行，停止做南海和平稳定的麻烦制造者。

2024年7月13日 中国外交部发言人就美方签署所谓“促进解决藏中争议法案”答记者问表示，所谓“促进解决藏中争议法案”违背美国政府的一贯立场和承诺，违反国际关系基本准则，粗暴干涉中国内政，严重损害中方利益，向“藏独”势力发出严重错误信号。中方对此坚决反对，已向美方提出严正交涉。西藏自古就是中国一部分。西藏事务纯属中国内政，不容任何外部势力干涉。当前，西藏社会大局安宁和谐，经济运行持续向好，民生福祉保障有力，不断开创长治久安和高质量发展的新局面。任何人任何势力妄想通过搞乱西藏来遏制打压中国的图谋都是决不会得逞的。我们敦促美方以实际行动恪守承认西藏是中国一部分、不支持“西藏独立”的承诺，不得实施上述法案。如美方一意孤行，中方必将采取坚决有力措施，坚定捍卫自身主权安全发展利益。

2024年7月13日 针对美方执意通过并签署所谓“涉藏法案”，全国人大外事委员会发表声明。全文如下：当地时间7月12日，美方不顾中方强烈反对和严正交涉，执意通过并签署所谓“涉藏法案”，违背美国政府的一贯立场和承诺，违反国际法和国际关系基本准则，粗暴干涉中国内政，严重损害中方利益，向“藏独”分裂势力发出严重错误信号。中国全国人大对此表示坚决反对，予以强烈谴责。西藏自古就是中国神圣领土不可分割的一部分。西藏事务纯属中国内政，不容任何外部势力干涉。和平解放以来，西藏进行民主改革，彻底废除了政教合一的封建农奴制度，百万农奴翻身解放、当家做主，开创了西藏历史新纪元；建立社会主义制度，实行民族区域自治，西藏社会制度实现了历史性跨越。在中国共产党坚强领导下，在全国人民大力支持下，西藏自治区各族人民团结奋斗，取得脱贫攻坚全面胜利，社会大局更加稳定、经济文化更加繁荣、生态环境更加良好、人民生活更加幸福。当前，西藏稳定发展正处在历史最好时期，宗教信仰自由得到充分保障，社会主义民主政治建设深入推进，人民代表大会制度优越性充分体现，民族区域自治制度进一步贯彻落实，《宪法》和法律赋予西藏各族人民的权利得到充分行使，不断开创长治久安和高质量发展新局面。任何人任何势力妄想阻挠西藏人民追求更加幸福美好生活的图谋是不会得逞的，妄想通过搞乱西藏来遏制打压中国的图谋是注定要失败的。我们敦促美方恪守承认西藏是中国一部分、不支持“西藏独立”的承诺。如美方执意操弄相关法案，中方将依法采取坚决措施，坚定维护自身主权、安全、发展利益。

2024年7月14日　中国外交部发言人就美国前总统特朗普遭遇枪击答记者问表示，中方关注特朗普前总统遭遇枪击事件，习近平主席已向特朗普前总统表达慰问。

2024年7月16日　中国驻美国大使馆举办了纪念中美建交45周年学生艺术交流晚会。中国驻美国公使井泉出席活动并致辞。由北京101中学、中关村第三小学的师生，以及来自中国驻美国大使馆阳光学校和华盛顿特区各地的14所美国学校的学生组成的北京金帆艺术团联合进行了文艺表演。

2024年7月16日　中国驻芝加哥总领事赵建访问威斯康星

州首府麦迪逊市并会见该市市长罗兹·康威。

2024年7月17日 针对一段时期以来，个别美国高级官员在不同场合指责中国拒绝和美方举行新一轮军控与防扩散磋商，也未对美方有关提议作出实质性回应一事，中国外交部发言人林剑表示，一段时间以来，美方无视中方的坚决反对和反复交涉，持续对台军售，采取一系列严重损害中方核心利益、破坏双方互信的消极举动，严重破坏双方继续进行军控磋商的政治气氛。为此，中方决定暂停与美方商谈举行新一轮军控与防扩散磋商，造成这一局面的责任完全在美方。中方愿在相互尊重、和平共处、合作共赢基础上，与美就国际军控议题保持沟通，但美方必须尊重中方核心利益，为双方的对话交流创造必要条件。

2024年7月18日 中国教育部副部长陈杰受邀出席中国教育国际交流协会和北京大学共同举办的“知行中国——中美青年领袖对话”闭幕式并向中美青年寄语。来自北京大学、哈佛大学、耶鲁大学、普林斯顿大学等近50所中美高校的200余位青年共聚燕园参加研讨，并发布了《中美青年北大倡议》。

2024年7月19日 第六届中美友城大会在美国华盛顿州塔科马市举行，此次大会由中国人民对外友好协会和美国国际姐妹城协会共同主办。中国人民对外友好协会会长杨万明、塔科马市市长维多利亚·伍达兹出席并致辞，中国驻美国大使谢锋发表了视频致辞。

2024年7月21日至23日 中国驻纽约总领事黄屏访问俄亥俄州托莱多市，同四川省南充市市长尹念红、托莱多市市长卡普苏凯维奇等共同出席南充–托莱多加强友城合作备忘录签约仪式。

2024年7月22日 中共中央政治局委员、外交部部长王毅，中共中央政治局委员、国务院副总理何立峰在北京分别会见了美中贸易全国委员会董事会主席芮思博率领的代表团。

2024年7月22日 由中国中央广播电视总台主办的“中国新时代深化改革的世界机遇”全球对话会美国专场在纽约举行。中宣部副部长、中央广播电视总台台长慎海雄，中国驻美国大使谢锋作视频致辞。中国改革友谊奖章获得者、美国库恩基金会主席罗伯特·库恩，美国肯尼迪家族基金董事史蒂芬·肯尼迪出席活动并致辞。来自美国各界近百名嘉宾参加了此次活动。

2024年7月22日 中国人民对外友好协会和保尔森基金会在美国芝加哥共同举办2024年中美省州和城市绿色发展对话。中国人民对外友好协会会长杨万明、中国驻芝加哥总领事赵建和保尔森基金会主席亨利·保尔森出席对话开幕式并致辞。中国人民对外友好协会秘书长沈昕和保尔森基金会副主席兼总裁戴青丽在闭幕式作总结发言。中美双方有关代表50余人与会。

2024年7月22日 中国驻旧金山总领事张建敏应邀出席广州市与旧金山市线上签约仪式，见证两市签署缔结湾区友好合作交流城市备忘录。广州市市长孙志洋、旧金山市市长布里德出席仪式并签约。

2024年7月23日 中国商务部部长王文涛会见美中贸易全国委员会董事会主席芮思博率领的代表团一行。

2024年7月23日 湖南省委书记沈晓明在长沙会见了美国中华医学基金会理事长欧文迪一行。

2024年7月23日 针对美国国务院发言人日前应询表示，

中国台湾地区已从美国购买了价值数十亿美元的军事装备，这些军备采购支持了美国的制造业、工业和技术一事，中国外交部发言人毛宁表示，美国打着维护台海和平稳定的幌子，做的是赚取台湾民众血汗钱的生意。台湾是中国的台湾，不是美国干涉中国内政的棋子。美国对台军售违反一个中国原则和中美三个联合公报，中方坚决反对。

2024年7月24日 中国民用航空局局长宋志勇在北京会见美中贸易全国委员会董事会主席芮思博率领的代表团一行。

2024年7月24日 中国驻美国大使谢锋会见了来访的昆山杜克大学常务副校长约翰·奎尔奇。

2024年7月25日 中国驻美国大使馆举行庆祝中国人民解放军建军97周年招待会。谢锋大使夫妇、井泉公使、刘展国防武官，美政府和军队官员，各界友好人士，各国驻美使节和武官，华侨华人和中国驻美机构代表300余人参加了此次活动。

2024年7月26日 中国外交部副部长马朝旭应邀出席美中贸易全国委员会纪念中美建交45周年活动并致辞。

2024年7月27日 中共中央政治局委员、外交部部长王毅在万象应约会见美国国务卿布林肯。双方就当前中美关系交换意见，同意继续保持各层级沟通，进一步落实好两国元首旧金山会晤达成的重要共识。王毅说，过去3个月，双方外交、财金、执法、气变团队以及两军保持沟通，两国民间往来也在增加。但必须指出，美方对华遏制打压并没有收手，甚至变本加厉。王毅表示，中方对美政策一以贯之，坚持相互尊重、和平共处、合作共赢。美方应切实将拜登总统的承诺落到实处，回归理性务实的对华政策。王毅指出，美方坚持错误的对华认知，总以自己的霸权逻辑镜像中国。中国不是美国，也不想变成美国。王毅说，台湾是中国的一部分，过去不是、将来更不会是一个国家。“台独”与台海和平水火不容。“台独”势力每挑衅一次，我们必会反制一次，不断压缩“台独”空间，朝着实现完全统一的目标努力。王毅阐述了仁爱礁问题的是非曲直。指出中方就管控局势同菲方达成临时性安排，菲方应言而有信，不得再运送建筑材料，美方不得再煽风点火，搅局生事，破坏海上的稳定。王毅表示，中方在乌克兰问题上的立场坦坦荡荡，将继续坚持劝和促谈。美方应停止滥施单边制裁和“长臂管辖”，中方反对抹黑栽赃，不接受施压讹诈，将采取坚决有力措施维护自身重大利益和正当权利。布林肯表示，美方积极致力于稳定美中关系，坚持一个中国政策，期待同中方保持经常性沟通，继续开展禁毒、人工智能等合作。愿管控好双方分歧，避免误解误判。双方还就加沙局势、朝鲜半岛形势、缅甸问题等交换了看法。

2024年7月27日　中国驻芝加哥总领事赵建出席由芝加哥华埠特别活动委员会和芝城华埠基金会联合举办的第45届芝加哥中国城夏令会开幕式。美国伊利诺伊州议会众议员马静仪、芝加哥第11区区长李惠华等出席了此次活动。

2024年7月27日　美国旧金山湾区侨界举办纪念中美建交45周年研讨会等系列活动。中国驻美国大使谢锋发表了视频主旨演讲。中国驻旧金山总领事张建敏在晚宴上发表致辞。美国加州州长纽森发来贺信。美国加州运营署署长黄思敏、旧金山市市长布里德、前市长布朗等参加活动并致辞。200余名各界人士参加了此次活动。

2024年7月28日 中国驻美国大使谢锋以视频方式在首期“美国华裔青少年巴蜀文化品悟之旅”启动仪式上发表致辞。此次活动由中国驻美国大使馆、四川海外联谊会共同主办。活动为期10天，200名美国华裔青少年将赴成都、德阳、自贡、乐山、眉山等地参访。

2024年7月29日 中国驻美国大使谢锋和夫人王丹会见并宴请美国史密森学会秘书长邦奇夫妇。

2024年7月29日 由中国贸促会主办的中国–美国经贸合作论坛在纽约成功举办，中国驻纽约总领事黄屏出席并致辞。中国贸促会会长任鸿斌、国际谅解商务委员会总裁兼首席执行官彼得·提察恩斯基、亚美商业发展中心总裁王章华、美国国际工商理事会首席执行官戴克兰·达利、美国中国总商会会长胡威等分别致辞，300余位中美企业及商协会代表出席活动。

2024年7月29日 针对日美外长防长“2+2”会议联合声明指责中国外交政策一事，中国外交部发言人林剑表示，日美联合声明罔顾事实，颠倒黑白，恶毒攻击中国对外政策，粗暴干涉中国内政，在涉海问题上对中国进行攻击抹黑，对中国正常的军事发展和国防政策说三道四，渲染鼓噪“中国威胁”，炒作地区紧张局势，中方对此强烈不满，坚决反对。中国始终是世界和平的建设者、全球发展的贡献者、国际秩序的维护者。中国始终坚持走和平发展道路，坚定奉行防御性国防政策，国防建设和军事活动正当合理，始终把自身核力量维持在国家安全需要的最低水平，不对任何国家构成威胁。牺牲他国安全利益和亚太人民福祉的恰恰是日本和美国。日美口口声声促进地区和平安全、维护基于规则的国际秩序，实则拉帮结伙搞“小圈子”，操弄集团政治，制造阵营对抗，破坏地区和平、安全与稳定。日美还强化“延伸威慑”这一冷战产物，谋求所谓“核遏制力”，加剧地区紧张，引发核扩散与核冲突风险。台湾、涉港、涉疆、涉藏问题纯属中国内政，不容任何外部势力干涉。当前台海和平的最大威胁是“台独”分裂行径和外部势力纵容支持。日美如果真的关心台海和平稳定、就应该恪守一个中国原则、反对“台独”分裂，支持中国国家统一。中方坚定不移维护自身领土主权和海洋权益，坚持同直接当事国通过对话协商妥处双边涉海问题。美国等域外国家一再插手介入，在包括东海、南海在内的中国周边海域炫耀武力，才是赤裸裸的挑衅活动。我们强烈敦促日美立即停止干涉中国内政，停止制造对抗，停止挑动“新冷战”，以实际行动促进本地区战略稳定，不要成为搅乱亚太和平安宁的逆流祸根。

2024年7月30日 针对日美外长防长“2+2”会议在东京举行并发表联合声明称，对中国持续快速扩展核武库表示担忧，以及双方同时召开“延伸威慑”首次部长会议之事，中国外交部发言人林剑表示，中方注意到有关报道，对此表示严重关切。中国奉行不首先使用核武器政策，坚持自卫防御核战略，始终将自身核力量维持在国家安全需要的最低水平，不与任何人搞军备竞赛。任何国家只要不对中国使用或威胁使用核武器，就不会受到中国核武器的威胁。“延伸威慑”系冷战产物，美日强化核威慑合作将刺激地区紧张局势，加剧核扩散与核冲突风险。日本长期以核爆受害国自居，宣扬建立无核武器世界，实际上却享受美国的“核保护伞”，强化“延伸威慑”，谋求所谓的“核遏制力”。日方有必要就其言行不一给全世界一个交代。中方奉劝美日摒弃冷战思维，切实降低核武器在国家和集体安全政策中的作用，以实际行动促进战略稳定，维护地区和平与安全。我们敦促日方反躬自省战略安全政策，切实履行《不扩散核武器条约》规定的无核武器国家义务，遵守“无核三原则”承诺，不以任何形式寻求核武器。

2024年7月31日 中美禁毒合作工作组首次高官会议在美举行，中美跨部门联合禁毒代表团参加了会议。

2024年7月31日 中国外交部发布了《关于对美国国会议员麦戈文采取反制措施的决定》。中华人民共和国外交部令第11号公布，美国马萨诸塞州民主党联邦众议员吉姆·麦戈文近年来频繁采取干涉中国内政、损害中国主权安全发展利益的言行。依据《中华人民共和国反外国制裁法》第三条、第四条、第五条、第六条、第九条、第十五条规定，中方决定对麦戈文采取以下反制措施：一、冻结在我国境内的动产、不动产和其他各类财产；二、禁止我国境内的组织、个人与其本人进行有关交易、合作等活动；三、对其本人及其配偶、子女不予签发签证、不准入境。该决定自2024年7月31日起施行。

8月

2024年8月2日 针对美国内政部日前发布了“联邦印第安人寄宿学校真相倡议”项目调查报告第二卷一事，中国外交部发言人林剑表示，中方注意到有关报告。美国的立国史就是印第安人的血泪史。原住民问题是美国的原罪，印第安寄宿学校是最大的罪证。历史上美国对印第安原住民进行了系统性的文化灭绝、精神灭绝、种族灭绝。时至今日，他们仍是“看不见的群体”和“正在消失的种族”。美国不仅长期回避并试图隐瞒这段黑历史，还打着人权的幌子散播别国“强迫劳动”“强制同化”的虚假信息，对加沙前所未有的人道危机漠不关心，利用美军“治外法权”的庇护恣意妄为，在别国犯下滥杀、虐囚等滔天罪行。美国到底是真心反省自身的历史罪责，还是迫于压力虚与委蛇、做做样子？恐怕还是在说一套、做一套。印第安人的历史不公必须得到正视，美国在世界范围的人权劣行必须得到纠正。美方应以史为鉴、反躬自省，好好治一治自己的“人权病”和四处干涉别国内政的“多动症”。

2024年8月3日 中国驻美国大使谢锋以视频方式在“美国高校大学生江苏交流营”开营仪式上发表致辞。此次活动由江苏省人民政府外事办公室和昆山杜克大学联合主办。江苏省副省长方伟、美国达勒姆市市长威廉姆斯等也分别发表视频致辞。来自杜克大学、杨百翰大学、哥伦比亚大学等8所美国高校的90名师生将在苏州、无锡、南京等地开展参访交流活动。

2024年8月6日 “胜友如乐 携行致远”中国北京青年交响乐团和美国国家青年交响乐团联合音乐会在中国驻纽约总领馆举办。中国驻纽约总领事黄屏、卡内基音乐厅执行董事兼艺术总监吉林森、纽约市议员布鲁沃、纽约市文化局副局长默里、中国国家大剧院副院长张尧出席活动并致辞，国家大剧院院长王宁发表视频致辞。各界代表100余人出席此次活动。

2024年8月7日 针对美方8月6日称中方将开始列管用于制造芬太尼的前体化学品一事，中国外交部发言人毛宁表示，中国始终厉行禁毒政策，早在2019年就宣布正式整类列管芬太尼类物质，是全球第一个正式整类列管芬太尼类物质的国家，并始终严格管控易制毒化学品。

2024年8月8日 美国圣迭戈动物园举行大熊猫新馆开馆仪式。中国驻美国大使谢锋和夫人王丹、中国驻洛杉矶总领事郭少春和夫人王薇、中国野生动物保护协会副秘书长斯萍，美国加州州长纽森和夫人珍妮弗·纽森、加州参议员阿特金斯、圣迭戈市市长格洛利亚、圣迭戈动物园总裁潘礼邦及美各界150余名嘉宾出席了此次活动。谢锋大使、纽森州长等共同为“熊猫岭”开馆剪彩。活动开始前，谢锋大使与纽森州长举行了会见，随后共同看望大熊猫“云川”和“鑫宝”。

2024年8月9日 中国外交部发布《美国国家民主基金会的所作所为及真实面目》报告，除前言和结束语外，还包括美国国家民主基金会是美国政府的“白手套”，策动颜色革命、颠覆他国政权，勾连各色势力、干涉别国内政，煽动分裂对抗、破坏他国稳定，炮制虚假信息、蛊惑干扰舆论，借助“学术活动”、大搞干涉渗透，美国和国际社会曝光揭批七个部分，报告通过大量翔实事实，揭露了美国国家民主基金会长期以来打着“促进民主”的幌子，颠覆他国政权，干涉别国内政，煽动分裂对抗，蛊惑干扰舆论，实施思想渗透等恶行劣迹。

2024年8月9日 针对有记者提出，根据太空监测机构以及美国太空司令部的消息，中国长征六号运载火箭8月6日从太原卫星发射中心发射升空后，于上周在近地轨道解体一事，中国外交部发言人林剑在例行记者会上表示，有关活动是根据国际法和国际惯例开展的和平利用外空活动。中方已采取必要措施，正在密切监测有关轨道区域，开展数据分析。作为负责任大国，中方高度重视空间碎片减缓，在外空活动中积极履行相关国际义务，规范本国航天活动，要求在卫星、运载火箭完成任务后实施空间碎片减缓相关措施，促进保护外空环境，维持外空活动长期可持续性。

2024年8月15日 中国外交部北美大洋洲司负责人会见了来访的美国青年政治家代表团一行。

2024年8月15日 中共中央对外联络部副部长陆慷会见了来访的美国青年政治家代表团一行。

2024年8月15日至16日 中美金融工作组在上海举行第五次会议。会议由中国人民银行副行长宣昌能和美国财政部助理部长奈曼共同主持。中国国家金融监督管理总局、中国证监会，以及美联储、美国证券交易委员会等部门代表参会。

2024年8月17日至18日 第二届“复旦–哈佛中美青年领袖对话”在复旦大学美国研究中心举办。复旦大学国际问题研究院院长、美国研究中心主任吴心伯教授，德国默克全球执行副总裁、默克中国区总裁何慕麒，美国前商务部长古铁雷斯与中国驻美国大使馆公使井泉等嘉宾应邀发表主旨演讲，来自复旦大学、北京大学、外交学院与哈佛大学等中美多所高校的200余名师生以线上线下相结合的方式参与了此次活动。

“复旦–哈佛中美青年领袖对话”是由复旦、哈佛两校学生自发组建的对话机制，聚焦全球新兴议题上的中美分歧与合作，旨在为中美青年学生提供对话、交流的平台，复旦大学美国研究中心提供学术指导和相关支持。

2024年8月20日 中国国家发展和改革委员会副主任赵辰昕在北京会见美国埃克森美孚全球副总裁魏捷凯率领的代表团

一行。

2024年8月21日至22日 中美两国外交部第八次国际法磋商在京举行。中国外交部条法司司长马新民与美国国务院代理法律顾问维塞克就共同关心的国际法问题交换了意见。

2024年8月21日 中美气候行动工作组循环经济专题小组在北京召开中美循环经济专家对话启动会。专题小组中方牵头人中国国家发展和改革委员会副主任赵辰昕、美方牵头人美国总统气候问题副特使里克·杜克出席会议并致辞。

2024年8月21日 上海市委书记陈吉宁在上海会见了美国赛默飞世尔科技董事会主席、总裁兼首席执行官葛士柏一行。

2024年8月21日 广东省省长王伟中在广州会见了美国埃克森美孚全球副总裁魏捷凯率领的代表团一行。

2024年8月21日 针对《纽约时报》报道称，美国总统拜登3月批准了美国的秘密核战略，该战略首次提到遏制中国的计划之事，中国外交部发言人毛宁表示，中方对有关报道感到严重关切。事实充分证明，美国近年来不断翻炒所谓的“中国核威胁论”，不过是为自己推卸核裁军责任、扩张核武库、谋求压倒性战略优势寻找借口。中国核武库与美国完全不在一个量级。中国奉行不首先使用核武器政策，坚持自卫防御核战略，始终将自身核力量维持在国家安全需要的最低水平，无意与任何国家搞军备竞赛。反观拥有最大、最先进核武库的美国，顽固坚持以首先使用核武器为基础的核威慑政策，持续投入巨资升级“三位一体”核力量，并公然为别国量身定制核威慑战略。美国才是全球最大的核威胁、战略风险的制造者。中方敦促美方切实履行核裁军特殊、优先责任，进一步大幅、实质削减核武库，停止“核共享”、“延伸威慑”、扩大“核联盟”等破坏全球和地区和平稳定的消极举动。

2024年8月22日 针对美国高级官员昨天在纽约会见了达赖喇嘛一事，中国外交部发言人毛宁表示，众所周知，十四世达赖并不是单纯的宗教人士，也根本不是什么“非暴力”“和平人士”，而是一个披着宗教外衣从事反华分裂活动的政治流亡者。中方坚决反对任何国家允许达赖以任何名义窜访，坚决反对任何国家的政府官员以任何形式会见达赖，已向美方提出严正交涉。美方设立所谓“西藏特别事务协调员”，是在干涉中国的内政，中方从来不予承认。我们敦促美方充分认清涉藏问题的重要性和敏感性，认清达赖集团的反华分裂本质，恪守在涉藏问题上的承诺，切实尊重中方核心利益和重大关切，不得允许达赖在美国从事政治分裂活动，不同其进行任何形式的接触，停止向外界发出错误信息。

2024年8月22日 中国人民解放军东部战区新闻发言人李熹就美“约翰逊”号导弹驱逐舰过航台湾海峡发表谈话。他表示，8月22日，美“约翰逊”号导弹驱逐舰过航台湾海峡并公开炒作。中国人民解放军东部战区组织海空兵力对美舰过航行动全程跟监警戒，依法依规处置。战区部队时刻保持高度戒备，坚决捍卫国家主权安全和地区和平稳定。

2024年8月23日 广东省省长王伟中在广州会见了美国赛默飞世尔科技公司董事会主席、总裁兼首席执行官葛士柏一行。

2024年8月23日 中国驻芝加哥总领馆举行赵建总领事离任招待会。美国伊利诺伊州联邦众议员戴维斯、杰克逊，芝加哥市副市长梅里特，市议员李惠华、卢汉士，艾奥瓦州“老朋友”德沃切克和领区工商文教各界代表等近五百人出席了此次活动。

2024年8月23日 针对台湾对外事务主管部门负责人林佳龙与台湾“安全会议秘书长”吴钊燮将于本周抵达华盛顿，会见美国政府高官一事，中国外交部发言人毛宁表示，中方坚决反对任何形式的美台官方往来，这一立场是一贯、明确的。我们敦促美方恪守一个中国原则和中美三个联合公报，将美国领导人就涉台问题所作承诺落到实处，慎之又慎处理涉台问题，停止美台官方往来，停止升级美台实质关系，停止以任何方式纵容支持“台独”分裂行径。

2024年8月25日 中国商务部新闻发言人就美以涉俄为由将多家中国实体列入出口管制“实体清单”事答记者问表示，中方注意到有关情况。美方以所谓涉俄为由，将多家中国实体列入出口管制“实体清单”，中方对此坚决反对。美方做法是典型的单边制裁和“长臂管辖”，破坏国际贸易秩序和规则，阻碍国际间正常经贸往来，影响全球产业链供应链安全稳定，中方对此强烈不满，坚决反对。中方敦促美方立即停止错误做法，并将采取必要措施，坚决维护中国企业的合法权益。

2024年8月26日 针对近日美日外长防长“2+2”会议宣布重组驻日美军司令部，并对中国持续快速扩展核武库表示担忧一事，中国国防部发言人张晓刚表示，近段时间，美日鼓噪所谓“中国军事威胁”，为加紧军事勾连制造借口，制造阵营对立对抗，破坏地区和平稳定，我们对此坚决反对。众所周知，美国是世界上最大的核威胁。美国拥有全球最大核武库，奉行首先使用核武器政策，近年来还投入巨资推动核武器小型化实战化，以核武器为绳索捆绑盟友伙伴，不择手段地对外扩散核风险，以核维霸、恐吓世界的企图暴露无遗。需要指出的是，日本作为唯一遭受过核打击的国家，不汲取历史教训，反而迎合美国谋求所谓“核遏制力”，这只会刺激地区紧张局势，加剧核扩散与核冲突风险。中国坚定奉行自卫防御的核战略，始终恪守不首先使用核武器的政策，不与任何国家搞军备竞赛，将核力量维持在国家安全需要的最低水平。任何不对中国使用或威胁使用核武器的国家，都不会受到中国核武器的威胁。我们奉劝美日摒弃冷战思维，切实认清核战争打不赢也打不得，切实降低核武器在国家和集体安全政策中的作用，以实际行动促进全球战略稳定而不是相反。

2024年8月27日至28日　中共中央政治局委员、中央外事工作委员会办公室主任王毅在北京同美国总统国家安全事务助理沙利文举行新一轮战略沟通。王毅表示，中美关系历经跌宕起伏，梳理其中的经验教训，有助于更好开辟未来，找到中美两个大国的正确相处之道。一是中美关系要保持正确方向，关键在于两国元首把舵引航。二是中美两国要避免冲突对抗，关键在于遵守三个联合公报。三是中美互动要顺利开展，关键在于平等相待。四是中美关系要行稳致远，关键在于巩固民意基础。五是中美双方要实现和平共处，关键在于树立正确认知。王毅介绍了中国共产党二十届三中全会精神。王毅强调，台湾属于中国，中国必将统一。“台独”是台海和平稳定的最大风险。美方应当把不支持“台独”的承诺落到实处，恪守一个中国原则和中美三个联合公报，停止武装台湾，支持中国和平统一。王毅指出，各国安全必须是共同、综合、合作、可持续的，本国的安全不能建立在他国不安全的基础上。国家安全需要有明确边界，特别是在经济领域更要科学界定。王毅强调，中国坚定维护对南海诸岛的领土主权和海洋权益，维护《南海各方行为宣言》的严肃性和有效性。美国不得以双边条约为借口损害中国的主权和领土完整，不得支持纵容菲律宾采取侵权行为。沙利文表示，美中之间有分歧，有竞争，也有很多需要合作的领域。同意应以平等的方式对待对方，竞争也应当是健康、公平的。美国无意同中国“脱钩”。美方坚持一个中国政策，不支持“台湾独立”，不支持“两个中国”，不支持“一中一台”。美国和中国将长久地在这个星球上和平共存，美国的政策目标就是要找到让美中关系可持续发展的办法。美方愿同中方继续保持战略沟通，增进相互了解、减少误解误判。双方还就乌克兰、中东及朝鲜半岛等问题交换了意见。双方就两国元首近期开展新一轮互动进行了讨论。同意继续落实两国元首旧金山会晤重要共识，保持高层交往和各层级沟通，继续开展禁毒、执法和非法移民遣返合作、应对气候变化等领域合作。双方同意适时举行两军战区领导视频通话、第二轮中美人工智能政府间对话等机制性安排。

2024年8月27日 北京市市长殷勇会见了美国桥水基金创始人瑞·达利欧。

2024年8月28日 针对近期《纽约时报》、“人权观察”等西方媒体和组织发表关于西藏的虚假信息，翻炒西藏存在所谓人权问题，一些外国政客以此为借口干涉中国内政之事，中国外交部发言人林剑表示，我们坚决反对有关政客、媒体和组织歪曲事实、散布谎言。中方在涉藏问题上的立场是一贯、明确的。西藏事务是中国内政，不容任何外部势力干涉。长期以来，西藏经济持续健康发展，社会大局和谐稳定，文化传统得到保护和弘扬，人民生活水平和质量大幅提高，得到西藏各族人民的衷心拥护，国际社会对此也有目共睹。西藏的发展进步，离不开中央政府的温暖关怀和全国人民的支持支援。特别是在新时代党的治藏方略引领下，西藏步入了发展最好、变化最大、人民得实惠最多的历史时期。今年恰逢全国对口援藏30周年，西藏自治区举办了“全国对口援藏30周年成就展”。我们欢迎更多外国人士多到西藏走一走、看一看，了解真实的西藏、感受西藏的发展。

2024年8月29日　中国国家主席习近平在北京人民大会堂会见美国总统国家安全事务助理沙利文。习近平指出，面对变乱交织的国际形势，各国需要团结协作，而不是分裂对抗；人民希望开放进步，而不是封闭倒退。中美作为两个大国，应该对历史、对人民、对世界负责，成为世界和平的稳定源和共同发展的推进器。习近平强调，中美两个大国打交道，第一位的是树立正确的战略认知，首先要回答好中美到底是对手还是伙伴这个管总的问题。中国的对外政策公开透明，战略意图光明磊落，保持着高度连续性和稳定性。我们聚焦做好自己的事情，通过进一步全面深化改革，不断完善和发展符合中国国情的中国特色社会主义制度。中国坚持走和平发展道路，在实现自身发展的同时，也愿同其他国家共同发展，携手构建人类命运共同体。习近平指出，中方对美政策保持着高度连贯性。尽管中美两国各自情况和中美关系都发生了很大变化，但是中方致力于中美关系稳定、健康、可持续发展的目标没有变，按照相互尊重、和平共处、合作共赢处理中美关系的原则没有变，坚定维护自身主权、安全、发展利益的立场没有变，赓续中美人民传统友谊的努力没有变。希望美方同中方相向而行，以积极理性的态度看待中国和中国发展，视彼此的发展为机遇而不是挑战，同中方一道，找到中美两个不同文明、不同制度、不同道路国家在地球上和平共处、共同发展的正确相处之道，推动中美关系保持稳定，在此基础上，争取好起来、向前走。沙利文转达拜登总统对习近平主席的问候，感谢习近平主席拨冗会见，表示美中元首旧金山会晤以来，双方认真落实两国元首共识，取得积极进展。我此次来华同王毅主任的战略沟通深入坦诚，富有实质性和建设性。我愿重申，美方不寻求打“新冷战”，不寻求改变中国体制，不寻求通过强化同盟体系反对中国，不支持“台湾独立”，无意同中国发生冲突。美方一个中国政策没有改变，无意将台湾作为遏制中国的工具。美方希望同中方继续保持战略性沟通，找到美中两国和平共存、美中关系持续发展的办法。拜登总统期待不久能有机会再次同习近平主席沟通。习近平请沙利文转达对拜登总统的问候，表示愿同拜登总统继续保持沟通，为中美关系掌舵领航。王毅参加会见。

2024年8月29日 中央军委副主席张又侠在北京会见美国总统国家安全事务助理沙利文。张又侠说，中美要落实好两国元首共识，推动“旧金山愿景”转为实景。中美保持军事安全领域稳定，符合双方共同利益，也是国际社会的普遍期待。美方应当校正对华战略认知，切实尊重中方核心利益，与中方一道推进两军沟通交流，共同承担大国责任。台湾问题是中国核心利益中的核心，中方要求美方停止美台军事勾连，停止武装台湾，停止散布涉台虚假叙事。双方还就其他问题交换了意见。

2024年8月29日 中共中央政治局委员、中央财经委员会办公室主任何立峰在北京会见了美国桥水基金创始人达利欧。

2024年8月30日 中国国家发展和改革委员会副主任李春临在北京会见了美国通用电气航空航天集团全球副总裁罗素一行。

2024年8月31日 “敦煌文化环球连线 走进中华文明（美国、巴哈马专场）”交流活动以线上加线下的方式在中国敦煌，美国华盛顿、纽约，巴哈马拿骚四地举办。此次活动由中国驻美国大使馆、甘肃省人民政府外事办公室、世界知识出版社、敦煌研究院主办，中国驻巴哈马大使馆、中国驻纽约总领事馆协办，敦煌市人民政府、北京世知文化传媒有限公司承办。

9月

2024年9月2日 江苏省副省长方伟在南京会见了美中航空遗产基金会主席杰夫瑞·格林一行。

2024年9月2日 针对美国国务院近日就联合国人权高专办发布新疆人权评估报告两年发表声明，攻击新疆人权状况一事，中国外交部发言人毛宁表示，美方声明罔顾事实，混淆是非，公然干涉中国内政，恶意诋毁中国治疆政策，中方强烈不满，坚决反对，已向美方提出严正交涉。所谓评估报告是虚假信息的大杂烩，是美国及一些西方势力一手策划、制造的，是服务美西方“以疆制华”战略的政治工具，完全非法、无效。人权理事会第51届会议拒绝了美国等西方国家提出的所谓“涉疆决定草案”，已表明国际社会对该报告的态度。美方一再拿所谓评估报告作文章，充分暴露了他们借涉疆谎言遏制打压中国的险恶图谋，充分证明了他们就是这份虚假报告的幕后黑手。新疆人权状况怎么样，新疆各族人民最有发言权。当前新疆社会稳定、经济繁荣发展、人民安居乐业，正处于历史上最好的发展时期，中国的治疆政策深入人心。美国祸乱新疆注定失败！我们敦促美方立即改弦更张，停止借涉疆问题干涉中国内政、损害中方利益，停止炮制散布涉疆谎言谬论。

2024年9月3日　中国驻美国大使谢锋应邀在“铭记英雄——飞虎队主题历史图片巡展（南京）”开幕式上发表视频致辞。此次图片巡展于9月3日至12日在南京、长汀、长沙、唐山举办。江苏省政协副主席姚晓东，南京市委常委、市委宣传部部长陈勇，美中航空遗产基金会主席格林等出席了开幕式。

2024年9月3日　中国驻纽约总领事黄屏赴宾夕法尼亚州费城市郊看望飞虎队百岁老兵，中国人民抗日战争胜利60周年、70周年纪念奖章获得者古德里奇及其家人。

2024年9月4日　中国国家卫生健康委员会副主任曹雪涛在北京会见了美国商务部副部长拉戈，同日，曹雪涛还会见了美国中华医学基金会主席罗杰·格拉斯一行。

2024年9月4日至6日　中美“21世纪20年代强化气候行动工作组”会议在中国北京召开。会议由中国气候变化事务特使刘振民与美国总统国际气候政策高级顾问约翰·波德斯塔共同主持。

2024年9月5日　中国生态环境部部长黄润秋在北京会见了美国总统国际气候政策高级顾问波德斯塔。

2024年9月5日 中国商务部国际贸易谈判代表兼副部长王受文会见维萨公司全球总裁詹嘉睿。

2024年9月5日 针对美国国务院声称，中国民政部已经通知美国政府，中国各地民政部门于8月28日起停止跨国收养工作一事，中国外交部发言人毛宁表示，中国政府调整了跨国收养政策，今后除“外国人来华收养三代以内旁系同辈血亲的子女和继子女”外，不再向国外送养儿童，这符合相关国际公约的精神。我们对有关国家政府、收养家庭希望收养中国儿童的愿望和爱心表示感谢。

2024年9月6日 中共中央政治局委员、外交部部长王毅应约会见美国总统国际气候政策高级顾问波德斯塔。

2024年9月6日 中国国家能源局局长章建华会见了来访的美国总统国际气候政策高级顾问波德斯塔。

2024年9月6日 中国循环经济协会与美中贸易全国委员会在北京共同举办首届中美循环经济合作论坛。中国国家发展和改革委员会副主任赵辰昕、美国总统国际气候政策高级顾问约翰·波德斯塔、中国气候变化事务特使刘振民、美国驻华大使尼古拉斯·伯恩斯、原中国气候变化事务特使解振华出席论坛开幕式并致辞，中国驻美国大使谢锋作视频致辞。

2024年9月6日 中美地方气候合作圆桌会在北京召开。中国国家发展和改革委员会副主任赵辰昕、中国气候变化事务特使刘振民、美国总统国际气候政策高级顾问波德斯塔等出席活动并致辞。美国驻华大使伯恩斯出席了活动。

2024年9月6日 中国驻也门使馆临时代办邵峥在利雅得会见了美国驻也门大使法金，双方围绕当前也门及地区局势等进行了交流。

2024年9月7日 中国商务部国际贸易谈判代表兼副部长王受文与美国商务部副部长拉戈在天津共同主持召开中美商贸工作组第二次副部长级会议。中央网信办、工业和信息化部、财政部等部门代表参会。

2024年9月8日 湖南省委书记沈晓明在长沙会见到访的美国驻华大使伯恩斯及中国美国商会经贸代表团一行。

2024年9月9日 针对美国政府9月6日发布所谓“更新版香港商业警告”声称，美企在港运营活动越来越面临与在中国内地同样的风险一事，中国外交部发言人毛宁表示，美方炮制所谓“更新版香港商业警告”，无端诋毁香港国安法律，抹黑香港营商环境，中方对此坚决反对，予以强烈谴责。香港国安法和《维护国家安全条例》出台后，香港法治和营商环境更加优良，长期繁荣稳定根基进一步巩固。根据香港特区政府最新报告，今年上半年，新成立的本地公司和在香港注册的非本地公司均创历史新高。《2024年世界竞争力年报》显示，香港竞争力排名世界第五。去年香港吸纳的外来直接投资金额全球第四，香港是全球第十大商品贸易经济体。美方应当尊重客观事实，尊重中国主权和香港法治，在涉港问题上谨言慎行。

2024年9月10日 中国人民解放军南部战区司令员吴亚男与美军“印太”司令部总部司令帕帕罗举行视频通话，双方就共同关心的问题交换了意见。

2024年9月10日 针对美国联邦众议院周一通过“生物安全法”草案之事，中国外交部发言人毛宁表示，中方坚决反对美国会众院审议通过有关法案，针对中国企业采取歧视性措施。美方应当放弃意识形态偏见，切实尊重市场原则和经贸规则，停止推进有关法案，停止滥用各种借口无理打压中国企业，为各国企业提供公平公正和非歧视的营商环境。中国将继续坚定维护本国企业的正当合法权益，支持中国企业依法维护自身权益。

2024年9月11日 针对美国国会众议院当地时间9月10日审议通过“香港经济和贸易办事处认证法案”，鼓噪取消香港特区驻美经贸办的特权豁免待遇甚至关闭经贸办一事，中国外交部发言人毛宁表示，我们对美方操弄涉港议题、打压香港发展的恶劣行径表示强烈不满和坚决反对，已向美方提出严正交涉。经贸办事处是香港特区政府在海外设立的经济和贸易机构，其成功顺利运作有利于扩大香港同有关国家及地区的经贸务实合作，是一件互利共赢的事情。你提到的这个法案，将正常的经贸合作政治化、工具化，蓄意抹黑香港驻外机构，性质十分恶劣。香港是美国第二大贸易顺差来源地，美国有1200多家企业在港投资兴业，美方此举最终只会损害美国自身利益。中方敦促美方停止推进上述法案，以免对中美关系稳定和发展造成更大伤害。如美方一意孤行，中方必将采取切实有力措施予以坚决反制。

2024年9月11日至13日 中国驻芝加哥副总领事黄黎明一行访问南达科他州，同南达科他州州参议员雷诺、拉森、博林及州众议员纳尔逊等地方政要进行了座谈。

2024年9月12日 中共中央对外联络部副部长陆慷会见乔治·布什美中关系基金会主席尼尔·布什。

2024年9月13日 上海市委书记陈吉宁会见了美国新思科

技全球总裁兼首席执行官盖思新一行。

2024年9月14日 中国商务部新闻发言人就美发布提高部分对华“301关税”最终措施发表谈话指出，美国时间9月13日，美国贸易代表办公室就对华“301关税”最终措施发布公告，宣布将提高部分中国商品的“301关税”。中方对此强烈不满，坚决反对。中方已多次向美方就“301关税”问题提出严正交涉。世贸组织早已裁决“301关税”违反世贸组织规则，美方不但不纠正，反而进一步提高对华加征关税，这是错上加错。美方“301关税”措施是典型的单边主义、保护主义做法，不仅严重破坏国际贸易秩序和全球产业链供应链安全稳定，也没有解决自身的贸易逆差和产业竞争力问题，还推高了美国进口商品价格，成本最终由美国企业和消费者承担。中方最新发布的《美国履行世贸组织规则义务情况报告》指出美国是“全球产业链供应链扰乱者”，再次对美方滥用“301条款”表达严重关注。此前，美国贸易代表办公室就关税复审结果征求公众评论意见，多数意见反对加征关税或要求扩大关税豁免范围，这说明美对华“301关税”不得人心。美方应立即纠正错误做法，取消全部对华加征关税。中方将采取必要措施，坚决捍卫中方企业利益。

2024年9月14日至15日 第18次中美国防部工作会晤在北京举行。中央军委国际军事合作办公室领导与美国防部助理国防部长帮办共同主持此次会晤。双方就中美两军关系、下一阶段两军交往及共同关心的问题等交换了意见。

2024年9月18日 中国外交部发布了《关于对美国军工企业采取反制措施的决定》。中华人民共和国外交部令第12号公布，美国近日再次宣布向中国台湾地区出售武器，严重违反一个中国原则和中美三个联合公报，严重干涉中国内政，严重损害中国主权和领土完整。依据《中华人民共和国反外国制裁法》第三条、第四条、第六条、第九条、第十五条规定，中方决定对美国内华达山脉公司、摇杆舵公司、立方公司、S3航空防务公司、特科姆公司、文本矿公司、扁平地球管理公司、ACT1联邦公司、埃克索维拉公司等9家《反制清单》列明的企业采取以下反制措施：一、冻结在我国境内的动产、不动产和其他各类财产；二、禁止我国境内的组织、个人与其进行有关交易、合作等活动。该决定自2024年9月18日起施行。

2024年9月18日至20日　中国人民解放军南部战区司令员吴亚男率团赴美国夏威夷参加"印太"国防军司令会议。在美期间，吴亚男与美军"印太"司令部总部司令帕帕罗会见时，围绕落实两国元首共识，就共同关心的问题交换了意见。

2024年9月18日　针对美国国防部国防安全合作局9月17日发布声明称，美国务院已批准一项总额约2.28亿美元的对台军售一事，中国外交部发言人林剑表示，美国向中国台湾地区出售武器，严重违反一个中国原则和中美三个联合公报特别是《八一七公报》规定，严重侵犯中国主权和安全利益，损害中美关系和台海和平稳定，向"台独"分裂势力发出错误信号。中方强烈谴责、坚决反对，已向美方提出严正交涉。中方采取坚决反制措施，已宣布将对9家美国军工企业实施制裁。美方持续武装台湾，为赖清德和民进党当局顽固推行"台独"、挑衅一个中国原则撑腰打气。这一事实再次证明，当前台海和平稳定面临的最大威胁、对台海现状的最大破坏，就是"台独"势力分裂活动和以美国为首的外部势力对其的纵容支持。必须指出，民进党当局妄图“以武谋独”，美国执意“以武助独”，必将引火烧身，自食恶果，只会以失败告终。台湾问题是中国核心利益中的核心，是中美关系第一条不可逾越的红线。任何人都不要低估中方反对“台独”、捍卫国家主权和领土完整的坚定意志和强大能力。中方敦促美方切实恪守一个中国原则和中美三个联合公报，立即停止武装台湾的危险趋势，停止纵容支持“台独”，停止破坏台海和平稳定。中方将采取坚决有力措施，坚定捍卫国家主权、安全和领土完整。

2024年9月19日至20日 中美经济工作组在北京举行第五次会议。此次会议由中国财政部副部长廖岷与美国财政部副部长尚博共同主持，两国经济领域相关部门到会交流。

2024年9月19日 中国驻纽约总领馆举办庆祝中华人民共和国成立75周年招待会，中国驻纽约总领事黄屏出席并致辞，来自领区十州的中美各界人士及外国驻纽约领事官员等约400人出席。

2024年9月19日 中国驻洛杉矶总领馆举办庆祝中华人民共和国成立75周年招待会。中国驻洛杉矶总领事郭少春夫妇，领区政要、驻洛领团、华侨华人等各界600余人出席。

2024年9月19日 中国驻旧金山总领馆举办庆祝中华人民共和国成立75周年招待会。中国驻旧金山总领事张建敏发表致辞，美国加州州长纽森、旧金山市市长布里德发来贺信，加州财务长马世云、旧金山市前市长布朗、旧金山市长幕僚长埃尔斯本德等领区各界约500人出席。

2024年9月20日 中国国务院副总理、中美经贸中方牵头人何立峰在北京会见了来华出席中美经济工作组第五次会议的美国财政部副部长尚博一行。

2024年9月20日 中国驻芝加哥总领馆举办庆祝中华人民共和国成立75周年招待会。中国驻芝加哥总领事王保东出席并致辞，美国伊利诺伊州联邦众议员戴维斯等政要，领区各界友好人士，多国驻芝加哥总领事及中资企业、留学生和侨社代表等700多人出席。

2024年9月20日 针对美国国务院已批准一项总额约2.28亿美元的对台军售一事，中国国防部发言人张晓刚表示，美方向中国台湾地区出售武器，严重违反一个中国原则和中美三个联合公报特别是《八一七公报》的规定，严重损害中国主权和安全利益，严重破坏台海和平稳定。我们对此强烈不满和坚决反对，已向美方提出严正交涉。“台独”是台海和平稳定的最大毒瘤。美方“以武助独”向“台独”分裂势力释放严重错误信号，正一步步把台湾推向兵凶战危的险境，严重危害台湾同胞的安全与福祉，严重推升台海紧张局势。台湾的安全取决于两岸关系和平发展，美制武器不是民进党当局的“护身符”，而是其自取灭亡的“索命绳”。台湾问题是中美关系第一条不可逾越的红线。我们敦促美方切实落实不支持“台独”承诺，停止美台军事勾连，停止以任何方式武装台湾，以实际行动维护两国两军关系稳定、健康、可持续发展。中国人民解放军将继续加强练兵备战，采取果断有力措施，坚决挫败任何“台独”分裂图谋和外部势力干涉。

2024年9月21日至25日 中国教育部副部长陈杰率团访问美国。在美期间，陈杰先后与美国教育部常务副部长马滕、美国国务院教文局负责人闻思国等举行会谈。陈杰还出席了中美顶尖大学“10+10”校长论坛，集体会见华盛顿及周边地区教育系统负责人和大中小学校长，参访芝加哥艺术学院等教育机构，并与当地华人学者、中文教师、留学生代表进行了座谈。

2024年9月23日 2024年中美顶尖大学“10+10”校长论坛在美国芝加哥举办。中国教育部副部长陈杰应邀出席并发表致辞。北京大学、清华大学、复旦大学、中国人民大学等14所中国高校和芝加哥大学、哈佛大学、耶鲁大学等12所美国高校负责人与会。

2024年9月23日 针对美国总统拜登近日在美国举行的美日印澳“四边机制”峰会上发表了一些关于中国的负面言论一事，中国外交部发言人林剑表示，“四边机制”在美方“印太战略”中被定位为地区首要领导机制，是美国围堵中国、维护美霸权的一个工具。“印太战略”试图以炒作“中国威胁”凝聚排华遏华共识，“四边机制”试图以涉海议题纠集军事安全合作，意图和手法如出一辙。美方口口声声说不针对中国，但峰会第一个话题就是中国，峰会处处拿中国说事，这是睁着眼睛说瞎话，连美国媒体都不相信。中方一贯主张，国与国之间的合作不能针对第三方，更不能损害第三方利益。任何地区倡议都要顺应地区大势，促进地区和平、稳定与繁荣。拼凑封闭排他的“小圈子”，损害地区国家的互信与合作，与求和平、谋发展、促合作、图繁荣的亚太大势背道而驰，注定走不远，更走不通。美方应放下“维霸遏华”执念，停止拿地区国家当工具，停止粉饰美化各类“小圈子”的战略企图，将“不寻求强化同盟关系反对中国”的表态落到实处，而不是以牺牲他国战略安全利益和亚太人民福祉为代价谋取私利。

2024年9月24日 中共中央政治局委员、国务院副总理何立峰在北京会见了美中关系全国委员会董事会主席格林伯格。

2024年9月24日 中共中央政治局委员、外交部部长王毅在纽约联大期间会见美国联邦参议员孔斯。

2024年9月24日 中共中央政治局委员、外交部部长王毅在纽约会见联合国人权高专以及多国外长时表示，9月24日，在日内瓦举行的联合国人权理事会上，美国等少数国家借涉疆问题攻击抹黑中国人权状况。包括广大穆斯林国家在内的近80个国家当场宣读力挺中国的共同发言，还有20多个国家以不同方式表态，支持中方的正义立场，明确反对将人权问题政治化，反对以人权为借口干涉别国内政。100多个国家发出的清晰声音充分说明，美国等少数国家的政治操弄已经越来越不得人心。王毅指出，美国等少数国家的做法再次向世人暴露了什么是双重标准。大家不禁要问，美国如此关心穆斯林的人权，为何不断在中东等地区挑起或支持战争，造成大量无辜穆斯林民众伤亡？为何对阿拉伯人民的历史不公视而不见，不支持巴勒斯坦成为联合国正式会员国？为何不为实现加沙永久停火、全面撤军发挥应有作用？王毅表示，广大穆斯林国家早已看穿了美国的伎俩，清楚美国不过是以人权为幌子，企图干涉中国和发展中国家内政。包括穆斯林国家在内的100多个发展中国家在人权理事会上明确支持中方，不仅是为了维护中方的正当权利，更是为了维护国际公平正义，维护发展中国家共同权益，维护不干涉内政这一国际关系基本准则。王毅强调，今年是新中国成立75周年，中国保护促进人权的成就举世公认，新疆的发展进步有目共睹。西方列强侵犯中国人权的历史殷鉴不远，没有资格居高临下当教师爷。我们愿意在平等的基础上与各国就人权问题进行交流。中国的大门向世界敞开，欢迎各国朋友到中国走一走，看一看。在事实面前，任何谣言谎言都将不攻自破，任何对中国的抹黑污蔑都不会得逞。

2024年9月24日 中国国家主席习近平夫人彭丽媛在北京市第八中学出席“中美友好 青春同行”中美青少年文体联谊活动。彭丽媛同中外嘉宾一道观看了中美青少年篮球友谊赛，并为双方队员颁发纪念奖牌。彭丽媛同来自美国华盛顿州的青少年代表团亲切交流，观看了美国青少年代表团访华视频，彭丽媛欢迎老师和同学们来华参访，亲身了解中国，感知真实的中国。期待中美两国青少年相知、相交，为中美关系注入正能量。彭丽媛与两国学生亲切合影留念。

2024年9月25日 中国国务委员、公安部部长王小洪应约同美国国土安全部部长马约卡斯视频通话。

2024年9月25日 中共中央政治局委员、外交部部长王毅在纽约联大期间与美中关系全国委员会、美中贸易全国委员会、美国商会、阿斯彭学会、亚洲协会、对外关系委员会的代表成员进行了座谈交流。

2024年9月25日 中国商务部新闻发言人就美发布限制中国网联车软硬件及整车有关规则答记者问表示，中方注意到美方发布的拟议规则。美国商务部拟限制中国网联车软硬件及整车在美国使用。中方对此坚决反对。近年来，美方对中国汽车加征高额关税、限制参加政府采购、出台歧视性补贴政策，现在又以所谓国家安全为由，污蔑中国网联车软硬件及整车“不安全”，限制在美国使用。美方做法毫无事实依据，违反市场经济和公平竞争原则，是典型的保护主义做法，严重影响中美在网联车领域正常合作，扰乱和扭曲全球汽车产业链供应链，也会损害美国消费者的利益。美方做法也是利用政府力量干扰企业经济商业合作的非市场行为，构成经济胁迫。中方敦促美方停止泛化国家安全的错误做法，立即撤销相关限制措施，停止对中国企业的无理打压。中方将采取必要措施坚决维护中国企业的合法权益。

2024年9月26日至28日 中国国家卫生健康委员会副主任曹雪涛率团出席第79届联合国大会抗微生物药物耐药性问题高级别会议并访问美国。访美期间，曹雪涛会见了美国卫生与公众服务部副部长帕姆，同美国国立卫生研究院相关机构负责人和美国国家医学院主席进行了交流。曹雪涛还出席了由美国战略与国际问题研究中心和中国健康和人口发展战略研究院共同举办的中美卫生健康对话。

2024年9月26日 中国驻芝加哥总领事王保东到任拜会美国国务院领团办驻芝加哥办公室主任林赛·法尔女士，双方就共同关心的问题交换了意见。

2024年9月27日 中共中央政治局委员、外交部部长王毅在纽约联合国大会期间应约会见了美国国务卿安东尼·布林肯。王毅表示，在两国元首战略引领下，中美关系在曲折动荡中实现重回巴厘岛、通往旧金山，取得的进展来之不易，值得珍惜。能否延续这一势头，取决于双方努力。美方不能总是以“两副面孔”对华。王毅强调，当前台海局势的最大危险是赖清德之流越来越猖獗的“台独”行径。“台独”与台海和平水火不容。如果美方真心希望台海和平稳定，就应恪守一个中国原则，履行三个联合公报，停止武装台湾，公开反对“台独”，支持中国和平统一。王毅说，中方坚决反对美方对华经贸科技打压。国家安全不能泛政治化，“小院高墙”不能成为“大院铁幕”。中方绝不接受人权“教师爷”的指手画脚，更反对打着人权幌子干涉中国内政。两国人文交流至关重要，美方应以实际行动消除障碍。王毅阐述中方在南海问题上的严正立场，强调中方坚持同直接当事国通过对话协商解决分歧。美方不要总是在南海兴风作浪，不要破坏地区国家维护南海和平稳定的努力。王毅指出，中方在乌克兰问题上的立场坦坦荡荡，始终坚持劝和促谈，为推动政治解决作出自己的努力。美方应当停止对中方的抹黑栽赃、滥施制裁，停止借此制造对立、鼓动阵营对抗。双方一致认为会晤是坦诚、实质性的，认同中美两国需要找到长久和平共存之道。双方将继续落实两国元首旧金山会晤达成的重要共识，开展对话合作，妥善管控分歧，争取两国关系稳定、健康、可持续发展。双方同意就国际地区热点问题保持沟通，适时举行新一轮中美亚太事务磋商。

2024年9月27日　中共中央对外联络部部长刘建超在北京会见了由副院长方艾文率领的美国卡内基国际和平研究院代表团。

2024年9月27日　中国外交部部长助理兼政策规划司司长苗得雨在纽约同美国国务院政策规划司司长艾哈迈德举行新一轮中美外交政策磋商。

2024年9月27日　中国驻芝加哥总领事王保东以视频方式到任拜会美国前财政部长、保尔森基金会主席保尔森。

2024年9月30日　中国驻美国大使馆举办庆祝中华人民共

和国成立75周年招待会。中国驻美国大使谢锋发表致辞，美国务院亚太事务助卿康达、白宫国安会中国事务高级主任贝莎兰等700多名中美各界人士出席了此次活动。

2024年9月30日 针对美国白宫网站日前发布消息，决定向中国台湾地区提供价值约5.67亿美元的军事援助一事，中国外交部发言人林剑表示，美方再次向中国台湾地区提供武器，严重违反一个中国原则和中美三个联合公报特别是《八一七公报》，实际上是为赖清德和民进党当局顽固推行“台独”、挑衅一个中国原则撑腰打气。这再次证明，当前台海和平稳定面临的最大威胁、对台海现状的最大破坏，就是“台独”势力分裂活动和以美国为首的外部势力对其的纵容支持。必须指出，“台独”是死路一条，美国执意“以武助独”必将引火烧身，自食恶果。我们敦促美方切实恪守一个中国原则和中美三个联合公报，停止以任何方式武装台湾。美国不论向台湾提供多少武器，都丝毫动摇不了我们反对“台独”、捍卫国家主权和领土完整的坚定决心。

10月

2024年10月1日 中国驻旧金山总领馆同旧金山市政府在市政厅共同举办中国国庆升旗仪式，张建敏总领事同旧金山市长布里德共同升起五星红旗。总领事夫人郑心、副总领事宋国选，旧金山市前市长布朗以及各界代表40余人出席。

2024年10月8日 中国商务部部长王文涛同美国商务部长雷蒙多进行了通话，就各自关心的经贸问题进行了沟通。

2024年10月8日　针对美国国务卿布林肯日前在《外交事务》刊文称，中国是唯一既有意愿、又有能力重塑国际体系的国家，拜登总统将中国称作“步步紧逼的挑战”、最具影响力的长期战略竞争对手之事，中国外交部发言人毛宁表示，美方官员的这些谬论不是什么新话。大国竞争不符合时代潮流，更解决不了美国自身的问题和世界面临的挑战。美方从战略竞争的视角看待国际形势、定义中美关系，是对冷战思维的执念，把中国当作长期战略竞争对手和“步步紧逼的挑战”，是以自己的霸权历史、霸权思维镜像他国，是对中国和中美关系的严重误判，既不符合两国人民根本利益，也不符合国际社会的普遍期待。中国始终是世界和平的建设者、全球发展的贡献者和国际秩序的维护者。事实上，所谓搞不公平竞争、采取咄咄逼人行动、到处耀武扬威、施压胁迫的，正是美国，而不是别人。

2024年10月9日　中国科技部部长阴和俊在北京会见了美国物理学会主席金英姬一行。

2024年10月9日　中国驻美国大使谢锋会见美国州立学院与大学协会（AASCU）主席兼首席执行官查尔斯·韦奇。

2024年10月9日　针对美国政府日前批准向中国台湾地区提供价值约5.67亿美元的军事援助，主要用于培训、反装甲、无人机等项目之事，中国国防部发言人吴谦表示，美方不顾中方坚决反对，执意向中国台湾地区提供军事援助，严重违反一个中国原则和中美三个联合公报，严重危害中国主权和安全利益，严重破坏台海和平稳定。我们对此表示强烈谴责，向美方提出严正交涉。近年来，美方背信弃义，不择手段多次对台军援军售，向“台独”势力传递严重错误信号，在台湾问题上拱火浇油，推升地区紧张局势，正在一步步把台湾推向兵凶战危的险境。需要强调的是，武装台湾就是助长“台独”，“台独”就意味着战争，“以台制华”只会自食恶果。我们敦促美方停止以“两副面孔”对华，改变在台湾问题上的“两面派”做法，停止武装台湾，以免对两国两军关系造成进一步干扰破坏。中国人民解放军始终强化练兵备战，全面提升打赢能力，坚决反制反击“台独”分裂活动和外部干涉，坚定捍卫国家主权和领土完整。

2024年10月10日　中国外交部发布了《关于对美国军工企业及高级管理人员采取反制措施的决定》。中华人民共和国外交部令第13号公布，美国近日宣布向中国台湾地区提供大额武器援助，严重违反一个中国原则和中美三个联合公报，严重干涉中国内政，严重损害中国主权和领土完整。依据《中华人民共和国反外国制裁法》第三条、第四条、第五条、第六条、第九条、第十五条规定，中方决定对以下美国军工企业及高级管理人员采取反制措施：一、对边缘自治运营公司、亨廷顿·英格尔斯工业公司、斯凯迪奥公司等3家后附《反制清单》列明的企业，冻结在我国境内的动产、不动产和其他各类财产；禁止我国境内的组织、个人与其进行有关交易、合作等活动。二、对史蒂文·鲁德（摇杆舵公司创始人）、詹姆斯·伊克斯（内华达山脉公司副总裁）、大卫·萨顿（洛克希德·马丁公司亚洲区主任）、朴英泰（宇航环境公司副总裁）、帕特里克·扬科夫斯基（诺斯罗普·格鲁曼公司印太项目主任）、约翰·普维斯（边缘自治运营公司前首席执行官）、乔什·布伦加特（边缘自治运营公司首席运营官）、克里斯托弗·卡斯特纳（亨廷顿·英格尔斯工业公司总裁、首席执行官）、亚当·布赖（斯凯迪奥公司联合创始人、首席执行官）、汤姆·莫斯（斯凯迪奥公司亚太区总经理）等10名《反制清单》列明的企业高级管理人员，冻结在我国境内的动产、不动产和其他各类财产；禁止我国境内的组织、个人与其本人进行有关交易、合作等活动；对其本人不予签发签证、不准入境（包括香港、澳门）。该决定自2024年10月10日起施行。

2024年10月11日 中国国家主席习近平在北京人民大会堂集体会见出席中国国际友好大会暨中国人民对外友好协会成立70周年纪念活动的外方嘉宾。尼日利亚前总统奥巴桑乔、泰国前国会主席颇钦、美国“鼓岭之友”召集人穆言灵分别代表外方发言。外国前政要、王室成员、国际友好组织负责人、友好人士等约200人出席了此次活动。

2024年10月11日 江苏省副省长方伟在省政府会见美国礼来制药全球执行副总裁兼国际事业部总裁伊利亚·尤法。

2024年10月11日 针对美国国务卿布林肯今天在万象举行记者会表示，中国不应以台湾地区领导人“双十”讲话为借口采取“挑衅行动”一事，中国外交部发言人毛宁表示，台湾问题是中国内政，不容任何外部势力干涉。维护台海和平稳定的关键在于坚决反对“台独”。美方应当做的是恪守一个中国原则和中美三个联合公报。此外，针对美国国务卿布林肯今天会见东盟领导人时，谴责中方在南海的行为一事，毛宁表示，中国在南海的领土主权和海洋权益是在长期的历史过程中形成的，有着充分的历史和法理依据。中国同南海当事国完全有能力、有智慧通过对话协商妥处分歧，共同管控好海上局势。美国等个别域外国家在南海升级武力部署和军事活动，挑动对抗、制造紧张，是南海最大的不稳定源。

2024年10月13日 甘肃省委书记、省人大常委会主任胡昌升在兰州会见了美国驻华大使伯恩斯一行。

2024年10月14日 美国卡特中心代表团一行访问复旦大学美国研究中心并举行圆桌对话。复旦大学美国研究中心主任吴心伯教授和卡特中心“中国焦点”项目高级副主任翟乐南出席并致开幕词。来自中美两国的十余位学者和学生参与了此次对话。

2024年10月14日 针对美国国务院发言人对中方宣布在台湾周边海域进行军事演习表达严重关切一事，中国外交部发言人毛宁表示，台湾是中国的一部分，台湾问题是中国内政，不容任何外来干涉。如果美方真的在乎台海的和平稳定和地区的繁荣，就应当恪守一个中国原则和中美三个联合公报，切实将美国领导人不支持“台独”的承诺落到实处，停止武装台湾，停止向“台独”分裂势力发出任何错误信号。

2024年10月15日 美中关系全国委员会在纽约举行2024年度颁奖晚宴。中国国家主席习近平和美国总统拜登分别致贺信。中国驻美国大使谢锋现场宣读习近平主席贺信并致辞。美中关系全国委员会董事会主席格林伯格、会长欧伦斯及泛大西洋投资集团董事长兼首席执行官威廉·福特等约400人参加。

2024年10月15日 中国外交部发言人毛宁在例行记者会上表示，旅美亚特兰大动物园大熊猫“伦伦”“洋洋”和它们的双胞胎女儿已于10月13日平安回国，4只大熊猫健康状况良好。大熊猫“宝力”和“青宝”今天凌晨搭乘专机前往美国华盛顿国家动物园。中方专家将在美陪伴两只大熊猫适应新的生活环境。公众可通过多种方式了解它们的生活日常。中美双方按照大熊猫国际保护合作的要求和技术标准，全力保障旅美大熊猫健康、安全。今后还将定期或不定期派出专家开展实地检查、评估和指导。相信新一轮中美大熊猫国际保护合作将在原有良好合作基础上取得更多成果，为全球生物多样性保护和增进中美两国人民友谊作出新贡献。

2024年10月17日　中国人民对外友好协会会长杨万明在北京会见了中国美国商会会长何迈可一行。

2024年10月17日　中国驻美国大使馆与美国中国人民友好协会在使馆联合举办“纪念美中友协成立50周年招待会”。中国驻美公使井泉、美中友协会长格里尔，以及来自全美各地130余名友好人士出席了此次活动。

2024年10月17日　针对美国国会众议院“中国特设委员会”两名议员致函商务部长雷蒙多，要求她阻止美国企业向华为公司及其相关企业出售任何半导体制造设备一事，中国外交部发言人毛宁表示，关于这个问题，我们已经多次阐明立场。中方一贯坚决反对美方泛化国家安全概念，人为制造障碍，破坏中美正常经贸合作。这种做法不利于全球产供链稳定，损人不利己。美方应当纠正错误做法，为中国企业经营提供公平、公正、非歧视性环境。

2024年10月18日　中共中央政治局委员、中央外事工作委员会办公室主任王毅在北京会见了美国欧亚集团总裁布雷默。

2024年10月18日　针对美国周四宣布对有关中国企业实施制裁一事，中国外交部发言人毛宁表示，中方坚决反对美方对中国企业实施非法单边制裁，绝不接受美方的无端指责和施压。中国不是乌克兰危机的制造者和当事方，始终坚持劝和促谈，为推动政治解决发挥建设性作用。中国从未向俄乌冲突任何一方提供致命性武器，严格管控军民两用物项包括无人机出口，反对将民用无人机用于军事目的。我们敦促美方立即停止借乌克兰问题对中方抹黑施压、对中方实体和个人滥施非法单边制裁和“长臂管辖”。中方将采取一切必要措施，坚决维护中国企业和公民的正当合法权益。

2024年10月20日 北京市市长殷勇会见来京出席2024金融街论坛年会的美国贝莱德集团副主席、瑞士国家银行前行长菲利普·希尔德布兰德。

2024年10月21日至23日 中国驻芝加哥总领事王保东一行访问美国艾奥瓦州，看望布兰斯塔德、兰蒂、贝隆、奎因等艾奥瓦州“老朋友”，会见拉森、斯泰恩、约瑟夫、金伯利夫妇等友人，并拜会得梅因市市长波森和艾奥瓦市市长蒂格。

2024年10月21日 针对美、加军舰过航台湾海峡之事，中国人民解放军东部战区新闻发言人李熹表示，10月20日，美国“希金斯”号驱逐舰、加拿大“温哥华”号护卫舰过航台湾海峡并公开炒作。中国人民解放军东部战区组织海空兵力对美、加舰过航行动全程跟监警戒，依法依规处置。美、加方行为滋扰搅局，破坏台海和平稳定。战区部队时刻保持高度戒备，坚决捍卫国家主权安全和地区和平稳定。

2024年10月21日 针对美国驱逐舰、加拿大护卫舰10月20日过航台湾海峡之事，中国外交部发言人林剑表示，关于美加军舰过航台湾海峡，东部战区已经作出了回应。台湾是中国领土不可分割的一部分。台湾问题不是什么航行自由问题，而是事关中国主权和领土完整的问题。中国坚决反对任何国家以航行自由为名，挑衅、威胁中国的主权和安全。

2024年10月22日 江苏省委书记信长星在南京会见了美国通用电气医疗集团先进可视化诊疗业务全球总裁兼首席执行官菲利普·拉克利夫。

2024年10月22日 江苏省省长许昆林在苏州会见苹果公司首席运营官杰夫·威廉姆斯一行。

2024年10月22日 “国家发展改革委与美在华跨国企业高层圆桌会——重庆站”活动在重庆举行。中国国家发展和改革委员会副主任郑备，重庆市委常委、市政府常务副市长陈新武出席活动并致辞。来自包括中国美国商会、美中贸易委员会等60余家在华商会、跨国公司的近百位代表参会。

2024年10月24日 上海市委书记陈吉宁会见了百时美施贵宝公司首席执行官博科思一行。同日，陈吉宁还会见了美国沃尔玛公司全球总裁兼首席执行官董明伦一行。

2024年10月24日 中国人民外交学会会长王超会见了由中美教育基金创始主席张之香大使率领的代表团一行。

2024年10月25日 中国商务部部长王文涛会见美国苹果公司首席执行官库克。

2024年10月25日 中国教育国际交流协会会长刘利民会见了中美教育基金创始主席、美国前驻尼泊尔大使张之香率领的代表团一行。

2024年10月26日 中国外交部发言人就美国批准向中国台湾地区出售19.88亿美元武器答记者问表示，美国向中国台湾地区出售武器，严重违反一个中国原则和中美三个联合公报特别是《八一七公报》规定，严重侵犯中国主权和安全利益，严重破坏中美关系、危害台海和平稳定，向“台独”分裂势力发出严重错误信号。中方强烈谴责、坚决反对，已向美方提出严正交涉。美国执意“以台制华”“以武助独”，与美方领导人的“不支持台独”表态完全背道而驰，与双方稳定中美关系的努力完全背道而驰。中方敦促美方立即停止武装台湾，立即停止破坏台海和平稳定的危险行径。中方将予以坚决反制，并将采取一切必要措施，坚定捍卫国家主权、安全和领土完整。

2024年10月28日 中美教育基金创始主席、美国前驻尼泊尔大使张之香率领的代表团一行访问复旦大学美国研究中心并举行对话会。美国研究中心主任吴心伯教授和基金创始主席张之香大使出席并致开幕词。吴心伯教授、美国约翰斯·霍普金斯大学蓝普顿教授、美国威尔逊中心基辛格中美研究所主任戴博、美国研究中心副主任宋国友教授作主题发言。来自中美两国的30余位专家学者参与了此次对话与讨论。

2024年10月28日 中国商务部新闻发言人就美对多家中国实体实施出口管制制裁事答记者问表示，中方注意到有关情况。美方近日以所谓涉军、涉伊等为由，将6家中国实体列入“实体清单”，并将3家中国实体列入“未经验证清单”。中方对此强烈不满、坚决反对。长期以来，美方泛化国家安全概念，滥用出口管制措施，打压遏制包括中国在内的他国企业，严重损害企业合法权益，破坏全球产业链供应链安全稳定。中方敦促美方立即停止错误做法，并将采取必要措施，坚决维护中国企业正当权益。

2024年10月29日 中国工业和信息化部副部长熊继军在北京会见了中国美国商会会长何迈可一行。

2024年10月30日 中国商务部新闻发言人就美发布对华投资限制最终规则答记者问表示，中方坚决反对美方出台对华投资限制最终规则，已向美方提出严正交涉，并保留采取措施的权利。美方泛化国家安全概念，出台对华歧视性投资限制措施，是典型的非市场做法。美方限制措施涉及芯片、人工智能、量子计算等领域，与这些领域相关的绝大多数行业并不涉及国家安全，但都将受到美方禁令限制。这将干扰中美两国企业正常经贸合作，损害中美两国企业利益。中方注意到，很多美国商协会和企业提出，美对华投资限制将导致美国企业将中国市场让给其他国家竞争对手，严重损害美国自身利益。希望美方尊重市场经济规律，厘清经贸领域国家安全边界，停止将经贸问题政治化、武器化，为中美经贸合作创造良好环境。

2024年10月31日 天津市委常委、常务副市长刘桂平会见了来访的美国费城城市代表、市长发言人加泽拉·琼斯一行。

2024年10月31日 第五届中美省州大学校长论坛在北京举行。该论坛由中国教育国际交流协会主办，中教国际教育交流中心和东北农业大学承办，美国州立大学与学院协会协办。中国教育国际交流协会会长刘利民，美国驻华使馆代理公使衔新闻文化参赞孔安南，美国州立大学与学院协会主席查尔斯·韦尔奇出席开幕式并致辞。来自中美两国教育厅、高校和教育机构的200余名领导和代表参加了本次论坛。

2024年10月31日 中美金融工作组于国际货币基金组织和世界银行2024年10月年会期间，在美国华盛顿召开第六次会议。会议由中国人民银行副行长宣昌能和美国财政部助理部长奈曼共同主持。中国国家金融监督管理总局、中国证监会、国家外汇管理局，以及美联储、美国证券交易委员会、联邦存款保险公司等部门参会。美国财政部部长耶伦会见了中美金融工作组中方代表团。

2024年10月31日 中美气候行动工作组甲烷小组会议以视频方式召开，中国生态环境部副部长赵英民、美国环境保护局副局长珍·尼希达、美国总统气候问题副特使里克·杜克出席了会议。

2024年10月31日 中美气候行动工作组循环经济专题小组通过视频会议召开中美循环经济专家对话汇报会。中国国家发展和改革委员会资源节约和环境保护司司长刘德春、美国总统气候问题副特使里克·杜克出席会议并致辞。

2024年10月31日 中国驻纽约总领事陈立走访美中关系全国委员会，同该会会长欧伦斯、副会长白莉娟等就中美关系交换了意见。

2024年10月31日 针对美国国防部宣布批准价值19.88亿美元对台军售案，包括地空导弹系统和雷达系统一事，中国国防部发言人张晓刚表示，美国向中国台湾地区出售武器，严重违反一个中国原则和中美三个联合公报规定，严重侵犯中国主权和安全利益，严重破坏中美关系、危害台海和平稳定，向“台独”分裂势力发出错误信号。中方强烈谴责、坚决反对，已向美方提出严正交涉。美方违背自身承诺，变本加厉武装台湾，给“台独”势力壮胆打气，妄图加速把台湾推向兵凶战危的险境。民进党当局买美国的武器纳“投名状”，美方抽台湾老百姓的血养肥自己的军工复合体。事实一再证明，“台独”分裂和外部干涉是破坏台海现状、制造两岸危机、危害地区稳定的祸根乱源。台湾问题是中国核心利益中的核心，是中美关系第一条不可逾越的红线。中方敦促美方切实认清武装台湾、引火烧身的严重后果，不要在错误道路上越走越远。几件美制武器无法改变两岸军事力量对比态势，更阻挡不了中国终将统一的历史大势。中国人民解放军持续强化练兵备战，全面提升打赢能力，坚决捍卫国家主权和领土完整。

11月

2024年11月4日　中国国家卫生健康委员会副主任曹雪涛在北京会见了美国通用电气医疗集团全球总裁、美国先进医疗技术协会董事会主席安杜尼一行。

2024年11月6日　上海市人民对外友好协会会长陈靖赴第七届中国国际进口博览会，应邀出席由上海美国商会等主办的美国食品与农业馆开馆仪式，并与美国农业部代理副部长帮办贾森·哈夫梅斯特、美国驻华大使馆农业事务公使衔参赞罗伯特·汉森、上海美国商会主席安高博、上海美国商会会长郑艺等进行了交流。

2024年11月7日　中国国家主席习近平致电唐纳德·特朗普，祝贺他当选美国总统。习近平指出，历史昭示我们，中美合则两利、斗则俱伤。一个稳定、健康、可持续发展的中美关系符合两国共同利益和国际社会期待。希望双方秉持相互尊重、和平共处、合作共赢的原则，加强对话沟通，妥善管控分歧，拓展互利合作，走出一条新时期中美正确相处之道，造福两国，惠及世界。同日，中国国家副主席韩正致电詹姆斯·万斯，祝贺他当选美国副总统。

2024年11月7日 上海市市长龚正会见了美国3M公司全球首席执行官比尔·布朗一行。

2024年11月8日 天津市委书记陈敏尔，市委副书记、市长张工会见了美国奥的斯全球公司董事长、首席执行官兼总裁朱蒂一行。

2024年11月8日 海南省省长刘小明在海口会见美国费城交响乐团总裁兼首席执行官马思艺一行。

2024年11月8日 第20届中美电影节和中美电视节在美国洛杉矶举办。中国驻美国大使谢锋发表视频致辞，中国驻洛杉矶总领事郭少春出席开幕式并致辞。美国洛杉矶县县政委员凯瑟琳·巴杰发表视频致辞。美国洛杉矶县政府宣布11月为中美电影节和电视节月。中美各界代表700余人参加开幕式暨“金天使奖”颁奖典礼。

2024年11月11日 中国商务部国际贸易谈判代表兼副部长王受文会见美国英特尔公司高级副总裁安德鲁斯。

2024年11月11日至12日 由复旦大学美国研究中心主办、上海市美国问题研究所承办的第十四届中美青年外交官对话在浙江安吉县举行。复旦大学美国研究中心主任、上海市美国问题研究所所长吴心伯教授主持了对话会。来自中美两国的16名青年外交官与会交流。

2024年11月12日至13日 第十届中美禁毒情报交流会在上海举行，中美跨部门联合禁毒代表团参加了会议。

2024年11月12日 中共中央政治局委员、国务院副总理何立峰在人民大会堂会见了美国景顺集团总裁兼首席执行官安德鲁·施洛斯伯格。

2024年11月13日 由中国教育国际交流协会和美利坚大学共同主办的中美基础教育交流会在中国驻美国大使馆举行。中国驻美公使邱文星、美利坚大学教育学院主任卡洛琳·帕克博士出席活动并致辞。来自美国13个州的中学校长、教师、教育组织、研究机构代表以及来自中国12个省市的中学校长、教育行政部门代表等100余人参加。

2024年11月14日 北京市市长殷勇会见了美国橡树资本联席创始人、联席董事长霍华德·马克斯。

2024年11月14日 中国民用航空局副局长马兵在北京会见了美国UPS公司亚太区总裁威尔弗雷多·雷默斯。

2024年11月15日 江苏省省人大常委会副主任周广智在南京会见了美国加州参议员斯科特·维尔克率领的美国加州对外友谊发展委员会代表团一行。

2024年11月15日 中国驻美国大使谢锋应邀以视频方式在“2024香港中美论坛”发表致辞。本次论坛由中美交流基金会在香港举办，中美交流基金会主席赵令欢、中国国际经济交流中心理事长毕井泉、中联部副部长陆慷、美中关系全国委员会董事会主席巴尔舍夫斯基、美驻华大使伯恩斯、前美驻华大使博卡斯等分别致辞，中美各界代表350余人参加。

2024年11月15日 “长江–密西西比河流域对话会”由美国腹地中国协会在田纳西州孟菲斯市举办，中国驻美国大使谢锋发表书面致辞，中美城市代表和专家学者100多人参会。

2024年11月15日 针对美国国务院负责西半球事务的助理国务卿尼科尔斯昨天称，拉美国家需要确保中国在该地区的经济活动尊重当地法律、维护人权、保护环境一事，中国外交部发言人林剑表示，中国始终秉持相互尊重、平等互利、开放包容、合作共赢原则，致力于同拉美国家发展友好合作关系，不附加任何条件，不针对第三方，也无意同任何国家比拼影响力。拉美国家作为主权独立国家，有权利也有能力自主选择发展道路和合作伙伴。中拉合作给地区国家经济社会发展带来实实在在的好处，受到地区国家广泛欢迎和普遍认可。钱凯港项目就是一个非常生动的例证。

2024年11月15日 针对美方公开了台军秘密派员赴美训练接装“海马斯”火箭炮信息，台防务部门证实接装了11套“海马斯”火箭炮之事，中国国防部新闻发言人张晓刚表示，中方敦促美方立即停止武装台湾，停止破坏台海和平稳定的危险行径。民进党当局出卖台湾利益结美国主子欢心，妄想“倚外谋独”，只会将台湾推向兵凶战危。我们正告民进党当局，买什么武器都不堪一击，必将自取灭亡。解放军将全面加强练兵备战，全面提升打赢能力，坚决粉碎“台独”分裂图谋和外部势力干涉。

2024年11月16日 中国国家主席习近平在利马会见美国总统拜登。

习近平指出，过去4年，中美关系虽然历经跌宕起伏，但也开展了对话和合作，总体实现了稳定。我们指导双方团队通过磋商确定了中美关系的一些指导原则，共同推动两国对话和合作重回正轨，恢复和新建了20多个沟通机制，在外交、安全、经贸、财政、金融、军队、禁毒、执法、农业、气候变化、人文等领域取得了积极成果。过去4年的经验值得总结、启示需要记取，我认为至少有以下几条。一是要有正确的战略认知。“修昔底德陷阱”不是历史的宿命，“新冷战”打不得也打不赢，对华遏制不明智、不可取，更不会得逞。二是要言必信、行必果。人无信不立。中方都是说到做到，但如果美方总是说一套、做一套，对美国的形象很不利，也损害双方互信。三是要平等相待。中美两个大国交往，任何一方都不能按照自己的意愿改造对方，也不能从所谓“实力地位”出发压制对方，更不能为保持本国的领先地位而剥夺对方正当发展权利。四是不能挑战红线、底线。中美是两个大国，难免有些矛盾分歧，但不能损害彼此核心利益，更不能搞冲突对抗。一个中国原则和中美三个联合公报是双边关系的政治基础，必须恪守。台湾问题、民主人权、道路制度、发展权利是中方的4条红线，不容挑战。这些是中美关系最重要的防护栏和安全网。五是要多搞对话和合作。在当前形势下，中美两国共同利益不是减少了，而是更多了。不管是在经贸、农业、禁毒、执法、公共卫生等领域，还是面对气候变化、人工智能等全球性挑战，以及在国际热点问题上，都需要中美合作。中美双方应该拉长合作清单，做大合作蛋糕，实现合作共赢。六是要回应人民期待。发展中美关系应该始终着眼两国人民福祉，汇聚两国人民力量。中美双方要为两国人员往来和人文交流架桥铺路，也要排除干扰和障碍，不要人为制造“寒蝉效应”。七是要展现大国担当。中美两国应该时刻考量人类前途命运，为世界和平担当，为全球提供公共产品，为世界团结发挥积极作用，包括开展良性互动、不搞相互消耗、不胁迫别国选边站队。习近平强调，中美关系的发展历程，印证了中美建交45年来的经验和启示。中美关系稳定发展既关乎两国人民，也关乎人类前途命运。中方致力于中美关系稳定、健康、可持续发展的目标没有变，按照相互尊重、和平共处、合作共赢处理中美关系的原则没有变，坚定维护自身主权、安全、发展利益的立场没有变，赓续中美人民传统友谊的愿望没有变。中方愿同美方继续保持对话、拓展合作、管控分歧，延续中美关系来之不易的企稳势头。习近平就台湾、经贸科技、网络安全、南海、乌克兰危机和朝鲜半岛等问题阐明了中方立场。

拜登表示，美中关系作为世界上最重要的双边关系，不仅事关两国人民，也事关世界的未来。过去4年，美中双方共同努力恢复和新建了一些对话和沟通渠道，包括双方外交和安全团队保持经常性战略沟通，开展坦诚深入对话，为增进双方相互了解发挥有益作用。特别是我们一年前在旧金山会晤以来，双方在军事、禁毒、执法、人工智能、气候变化、人文交流等方面取得实实在在的成果。美中双方相互支持对方主办2026年亚太经合组织领导人非正式会议和二十国集团领导人峰会，展示了美中合作可以给人民带来的福祉。美国不寻求"新冷战"，不寻求改变中国体制，不寻求通过强化同盟关系反对中国，不支持"台湾独立"，不寻求同中国发生冲突，不会利用台湾问题同中国竞争。美方也将继续奉行一个中国政策。美方愿在过渡期同中方加强沟通对话，增进彼此相互认知，负责任地管控分歧。

两国元首重申双方就中美关系指导原则达成的7点共识，

即相互尊重、和平共处、保持沟通、防止冲突、恪守《联合国宪章》、在有共同利益的领域开展合作、负责任管控双边关系中的竞争因素。双方愿秉持这些原则，继续稳定中美关系，实现平稳过渡。两国元首积极评价中美战略沟通、外交安全团队经常性接触、两军、经贸、金融等领域对话机制的重要作用，同意继续保持沟通势头，加强宏观经济政策协调。两国元首回顾了旧金山会晤以来禁毒、气候变化、人工智能、人文交流等领域对话合作取得的积极进展。两国元首认为，双方就人工智能治理进行了坦诚和建设性对话，在联合国大会相互联署各自关于人工智能的决议，确认有必要加强国际合作，促进人工智能向善普惠，应维持由人类控制核武器使用的决定。两国元首都认为，这次会晤坦诚深入，是建设性的，愿继续保持沟通联系。蔡奇、王毅等参加会见。

2024年11月17日　2024中美政党对话在深圳举行。中共中央对外联络部部长刘建超出席对话并发表主旨讲话。来自中方部委、地方政府、高校、智库代表以及美国民主共和两党战略界、企业界人士等50余人参加了此次活动。

2024年11月18日　上海市委书记陈吉宁会见了美国城堡证券首席执行官赵鹏一行。

2024年11月18日至20日　中国驻纽约总领事陈立访问了宾夕法尼亚州费城及里海谷地区，其间，赴爱玛客全球总部参访，同宾夕法尼亚大学学者座谈，与访华甫归的费城交响乐团交流，并会见里海谷经济发展局负责人等。

2024年11月19日　重庆市委书记袁家军会见了来访的美国亚洲协会董事会联席主席桑顿。

2024年11月19日 美国驻上海总领事王汉一行访问了复旦大学美国研究中心，与师生就中美关系进行了对话。复旦大学美国研究中心主任吴心伯教授致欢迎辞并主持了对话。

2024年11月20日 上海市市长龚正会见了美国花旗集团首席执行官范洁恩一行。

2024年11月20日至22日 中国财政部副部长廖岷在北京分别会见了“中美经济二轨对话”代表团一行、摩根大通集团总裁兼首席运营官丹尼尔·平托、国际金融协会董事总经理兼首席经济学家马赛罗·埃斯特旺。

2024年11月20日 针对美国、澳大利亚等国“谴责”香港特区高等法院以“串谋颠覆国家政权罪”判决45人入狱的这一判决结果之事，中国外交部发言人林剑表示，香港是法治社会，有法必依、违法必究是基本原则，任何人都不能打着“民主”的旗号从事违法活动并企图逃脱法律制裁。个别西方国家一面无视其本国通过有关司法程序维护自身国家安全的事实，一面对香港法院公正实施香港国安法无端指责，这种行径是对法治精神的严重亵渎和践踏。中国中央政府坚定支持香港特区维护国家安全、依法惩治各类危害国家安全的活动，坚决反对个别西方国家借有关司法个案干涉中国内政、抹黑和破坏香港法治。

2024年11月21日 中共中央政治局委员、国务院副总理何立峰在北京会见了美国花旗集团首席执行官范洁恩一行。

2024年11月21日 中国驻芝加哥总领事王保东出席2024—2025年度芝加哥大学领团招待会，其间，与芝加哥大学校长阿利维萨托斯、国际事务教务长高级顾问利嘉仪等进行了交谈。

2024年11月22日 北京市市长殷勇会见了美国桥水投资公司联席首席投资官鲍勃·普林斯。

2024年11月22日 中国国防部新闻发言人吴谦就东盟防长扩大会期间中美防长未举行会晤一事答记者问表示，此次东盟防长扩大会期间未举行中美防长会晤，责任完全在美方。美方不能一边在台湾问题上损害中方的核心利益，一边与中国军队若无其事地开展交流。当务之急是美方应立即改正错误，切实尊重中方核心利益，努力为两军高层交往创造有利条件。

2024年11月25日 中国商务部国际贸易谈判代表兼副部长王受文应约会见美国英伟达公司执行副总裁普瑞。

2024年11月25日 江西省委书记尹弘在南昌会见了美国驻华大使伯恩斯一行。

2024年11月26日 中国驻芝加哥总领事王保东会见了伊利诺伊理工学院校长埃昌姆巴迪。

2024年11月26日 中国外交部发言人就美国当选总统特朗普在社交媒体上有关涉禁毒问题言论答记者问表示，中国是世界上禁毒政策最严格、执行最彻底的国家之一。芬太尼是美国的问题。本着人道主义精神，中国为美国应对芬太尼类问题提供了支持。2019年，中国就宣布正式整类列管芬太尼类物质，是全球第一个正式整类列管芬太尼类物质的国家。中方同美方开展了广泛、深入的禁毒合作并取得显著成效，这是有目共睹的。中方愿在平等互利、相互尊重的基础上，继续同美方开展禁毒合作。美方应该珍惜中方的善意，维护中美禁毒合作来之不易的良好局面。

2024年11月26日　中国人民解放军东部战区空军新闻发言人曹骏就美P-8A反潜巡逻机过航台湾海峡发表谈话指出，11月26日，美军1架P-8A反潜巡逻机过航台湾海峡并公开炒作。中国人民解放军东部战区组织海空兵力对美机过航行动全程跟监警戒，有效应对处置。美有关言论曲解法理、混淆视听，误导国际认知。我们正告美方停止歪曲炒作，共同维护地区和平稳定。

2024年11月26日　中国商务部新闻发言人就美国将29家中国企业列入所谓涉疆法案实体清单答记者问表示，近期美方宣布将29家中国企业列入所谓"维吾尔强迫劳动预防法"实体清单。美方做法没有事实依据，借"人权"之名，行霸凌之实，是典型的经济胁迫行为。中方强烈谴责，坚决反对，并已向美方提出严正交涉。中国坚决反对强迫劳动，新疆根本不存在所谓"强迫劳动"。美方在没有任何切实证据的情况下，依据国内法，仅凭中国企业从新疆采购材料或招募新疆籍员工，即实施制裁，严重侵犯新疆民众的基本人权，损害相关企业的合法权益，破坏全球供应链稳定安全。我们敦促美方立即停止政治操弄和抹黑攻击，停止无理打压中国企业。中方将采取必要措施，坚决维护中国企业合法权益。

2024年11月28日　中国政府中东问题特使翟隽应约会见了美国智库"美国/中东项目"负责人利维，双方重点就中东局势交换了意见。

2024年11月28日　就美国国务院网站日前将赴华旅行提醒由三级降为二级，并取消了关于"错误拘押"风险的标注一事，中国外交部发言人毛宁表示，中方注意到美方作出的这一调整，认为此举有利于两国人员正常往来。我们历来反对人为制造“寒蝉效应”。希望美方继续为促进两国人文交流创造更多便利。此外，就中美相互释放了几名正在服刑的人员之事，毛宁表示，经过中国政府不懈努力，三名被美方错误羁押的中国公民平安回到祖国。这再次证明，任何时候中国都不会放弃自己的同胞，祖国永远是他们坚强的后盾。中方一贯坚决反对美方对中国公民出于政治目的进行打压迫害，将一如既往采取必要措施，坚定维护中国公民的正当合法权益。这次还有一名在美潜逃多年的逃犯被遣返回国，这说明天网恢恢，任何地方都不可能永远成为“避罪天堂”。中国政府将继续开展追逃追赃，有逃必追、一追到底。

12月

2024年12月1日至7日　中共中央对外联络部副部长陆慷率团访问美国。在华盛顿、纽约、旧金山，陆慷一行分别会见美国白宫、国务院官员，国会议员，以及工商界、智库、媒体等各界有关人士。

2024年12月1日　中国外交部发言人就中国台湾地区领导人赖清德“过境”美国答记者问表示，中方坚决反对任何形式的美台官方往来，坚决反对台湾当局领导人以任何名义、任何理由窜美，坚决反对美方以任何形式纵容支持“台独”分裂分子及其分裂行径。中方对美方安排赖清德“过境”予以严厉谴责，已向美方提出严正交涉。台湾问题是中国核心利益中的核心，是中美关系第一条不可逾越的红线。我们敦促美方认清赖清德和民进党当局的“台独”本性，认清“台独”分裂行径对台海和平稳定的严重危害，恪守一个中国原则和中美三个联合公报，兑现美国领导人不支持“台独”等承诺，停止美台官方往来，停止向“台独”分裂势力发出错误信号。中方将密切关注事态发展，采取坚决有力措施捍卫国家主权和领土完整。此外，针对美国国防部11月30日发布消息称，美国务院已批准总额3.85亿美元的对台军售一事，外交部发言人表示，美国向中国台湾地区出售武器，严重违反一个中国原则和中美三个联合公报特别是《八一七公报》规定，严重侵犯中国主权和安全利益，严重违反国际法，向“台独”分裂势力发出严重错误信号，破坏中美关系，危害台海和平稳定，同美方领导人“不支持台独”表态背道而驰。中方强烈不满、坚决反对，已向美方提出严正交涉。中方敦促美方立即停止武装台湾，停止纵容支持“台独”势力“以武谋独”。中方将采取有力措施坚决反制，坚定捍卫国家主权、安全和领土完整。

2024年12月1日　针对赖清德借窜访太平洋岛国之机“过境”夏威夷一事，国台办发言人陈斌华应询指出，外交部已就此向美方提出严正交涉。我们坚决反对美台官方往来，坚决反对台湾地区领导人以任何名义、任何理由“过境”美国，这一立场是一贯的、明确的。赖清德当局上台以来，顽固坚持“台独”分裂立场，持续谋“独”挑衅，不断升高两岸对立对抗，严重威胁台海和平稳定，严重损害台湾同胞安全福祉。无论赖清德当局采取什么伎俩进行谋“独”操弄，都动摇不了国际社会坚持一个中国原则的基本格局，阻挡不了中国终将统一的历史大势。我们敦促美方恪守一个中国原则和中美三个联合公报规定，认清赖清德和民进党当局的“台独”本性和危害，慎之又慎处理台湾问题。

2024年12月2日 中国文化和旅游部副部长、国家文物局局长李群在北京会见了来访的美国史密森尼学会亚洲艺术博物馆馆长蔡斯·罗宾逊一行。

2024年12月2日 针对美国国防安全合作局日前宣布，美方批准价值约3.85亿美元的对台军售计划一事，中国国防部发言人吴谦表示，美国向中国台湾地区出售武器，严重违反一个中国原则和中美三个联合公报，特别是《八一七公报》规定，严重损害中国主权和安全利益，破坏中美两国两军关系，危害台海和平稳定。我们对此强烈不满和坚决反对，向美方提出严正交涉。美国对台军售一向恶名昭著。美方嘴上说的是维护和平、促进稳定，实际干的却是干涉内政、破坏和平，国际社会对此早已有目共睹。民进党当局出于“台独”本性，不惜以台湾同胞的安全与福祉为代价，用老百姓的血汗钱向美交“保护费”，妄图“倚美谋独”“以武谋独”，最终只能是飞蛾扑火、自取灭亡。

台湾问题是中国核心利益中的核心，是中美关系政治基础中的基础，是中美关系第一条不可逾越的红线。我们敦促美方切实落实不支持“台独”承诺，停止以任何方式武装台湾，以实际行动维护两国两军关系大局。中国人民解放军将持续加强练兵备战，坚决挫败任何“台独”分裂图谋和外部势力干涉。

2024年12月2日 中国商务部新闻发言人就美国发布半导体出口管制措施有关问题答记者问表示，中方注意到，美方于12月2日发布了对华半导体出口管制措施。该措施进一步加严对半导体制造设备、存储芯片等物项的对华出口管制，并将136家中国实体增列至出口管制实体清单，还拓展“长臂管辖”，对中国与第三国贸易横加干涉，是典型的经济胁迫行为和非市场做法。美方说一套、做一套，不断泛化国家安全概念，滥用出口管制措施，实施单边霸凌行径。中方对此坚决反对。半导体产业高度全球化，美方滥用管制措施严重阻碍各国正常经贸往来，严重破坏市场规则和国际经贸秩序，严重威胁全球产业链供应链稳定。包括美国企业在内的全球半导体业界都受到严重影响。中方将采取必要措施，坚决维护自身正当权益。

2024年12月3日　中共中央政治局委员、外交部部长王毅在北京会见美国外交政策全国委员会会长兼首席执行官埃利奥特一行。

2024年12月3日　中共中央台办、国务院台办主任宋涛在北京会见了美国外交政策全国委员会会长兼首席执行官埃利奥特一行。

2024年12月3日　针对美国12月2日出台新一轮半导体制造设备出口管制规则一事，中国外交部发言人林剑表示，中方已就美国再次更新半导体出口管制规则、制裁中国企业、恶意打压中国科技进步提出严正交涉。中方一贯坚决反对美方泛化国家安全概念，滥用出口管制措施，对中国企业滥施非法单边制裁和“长臂管辖”。这种做法严重破坏国际经贸秩序，扰乱全球产供链稳定，损害所有国家利益。中方敦促美方尊重市场经济规律和公平竞争原则，并将采取必要措施，坚决维护自身安全和发展利益。

2024年12月3日　中国商务部新闻发言人就加强相关两

用物项对美出口管制应询答记者问表示，近年来，美方泛化国家安全概念，将经贸科技问题政治化、武器化，滥用出口管制措施，无端限制有关产品对华出口，并将多家中国企业列入制裁清单进行打压遏制，严重破坏国际贸易规则，严重损害企业正当合法权益，严重破坏全球产业链供应链稳定。为维护国家安全和利益、履行防扩散等国际义务，根据《中华人民共和国出口管制法》等法律规定，中方决定加强有关两用物项对美国出口管制，包括禁止两用物项对美国军事用户或军事用途出口，严控镓、锗、锑、超硬材料、石墨相关两用物项对美国出口等。任何国家和地区的组织和个人违反相关规定，将依法追究责任。中国政府坚定不移推进高水平对外开放，坚决反对任何泛化国家安全概念的错误做法。中方愿与有关国家和地区加强出口管制领域对话，共同促进全球产业链供应链的安全与稳定。

2024年12月4日　中共中央政治局委员、国务院副总理何立峰在北京会见了美国高盛集团总裁兼首席运营官温泽恩。

2024年12月4日　中国人民对外友好协会会长杨万明在北京会见了来访的美国福特基金会会长吕德伦。

2024年12月5日　中共中央政治局委员、国务院副总理何立峰在北京会见了美国贝莱德集团董事长兼首席执行官劳伦斯·芬克。

2024年12月5日　中国驻纽约总领事陈立访问了康奈尔大学，会见校长迈克尔·柯特里科夫。

2024年12月5日　中国外交部发布了《关于对美国军工企业及高级管理人员采取反制措施的决定》。中华人民共和国外交部令第14号公布，美国近日再次宣布向中国台湾地区出售武器，严重违反一个中国原则和中美三个联合公报，严重干涉中国内政，严重损害中国主权和领土完整。依据《中华人民共和国反外国制裁法》第三条、第四条、第五条、第六条、第九条、第十五条规定，中方决定对以下美国军工企业及高级管理人员采取反制措施：一、对特励达·布朗工程公司、BRINC无人机公司、急速飞行公司、红色六方案公司、护盾人工智能公司、赛尼克斯公司、火风暴实验室公司、奎托斯无人机系统公司、浩劫人工智能公司、尼罗斯科技公司、赛博勒克斯公司、多莫战术通信公司、Group W公司等13家后附《反制清单》列明的企业，冻结在我国境内的动产、不动产和其他各类财产；禁止我国境内的组织、个人与其进行有关交易、合作等活动。二、对芭芭拉·博尔戈诺维（雷神公司海军力量战略业务部总裁）、杰拉德·许贝尔（雷神公司海军力量战略业务部副总裁）、查尔斯·伍德伯恩（贝宜陆上和武器系统公司首席执行官）、理查德·克劳福德（联合技术系统运营公司创始人、首席执行官）、贝丝·艾德勒（数据链路解决方案公司总裁）、布莱克·雷斯尼克（BRINC无人机公司创始人、首席执行官）等6名后附《反制清单》列明的企业高级管理人员，冻结在我国境内的动产、不动产和其他各类财产；禁止我国境内的组织、个人与其本人进行有关交易、合作等活动；对其本人不予签发签证、不准入境（包括香港、澳门）。该决定自2024年12月5日起施行。

2024年12月5日 针对中国台湾地区领导人赖清德与美国国会众议长约翰逊通话一事，中国外交部发言人林剑表示，近日，中方已多次就美方执意安排赖清德“过境”和美台官方往来表明严正立场。台湾问题是中国核心利益中的核心，是中美关系第一条不可逾越的红线。我们敦促美方认清“台独”分裂行径对台海和平稳定的严重危害，切实恪守一个中国原则和中美三个联合公报，兑现美国领导人不支持“台独”等承诺，停止干涉中国内政，停止向“台独”分裂势力发出错误信号。中方将采取坚决有力措施，坚定捍卫国家主权和领土完整。

2024年12月6日 中国驻美国大使馆举办中美青年人文交流主题活动，中国驻美国大使谢锋出席并致辞。今年赴华交流学习的美国师生代表及中美各界友好人士300多人参加了此次活动。万向美国集团宣布了未来5年对中美青年交流的支持计划。

2024年12月6日 针对中国台湾地区领导人赖清德已结束“过境”美国夏威夷、关岛之事，中国外交部发言人林剑表示，美方执意安排中国台湾地区领导人赖清德“过境”美国夏威夷、关岛，开展官方往来，助台拓展所谓“国际空间”，为“台独”分裂活动提供平台，严重违反一个中国原则和中美三个联合公报，损害中国主权和领土完整，向“台独”分裂势力发出严重错误信号。中方对此强烈不满，已向美方提出严正交涉。一个中国原则是中美关系政治基础和国际关系基本准则。台湾问题是中美关系第一条不可逾越的红线。“台独”分裂行径同台海和平稳定水火不容。中方敦促美方恪守一个中国原则和中美三个联合公报，兑现美国领导人不支持“台独”等承诺，停止美台官方往来，停止虚化掏空一个中国原则，停止以任何形式纵容支持“台独”分裂势力及其分裂活动，以实际行动稳定中美关系、维护台海和平。“倚美谋独”必撞南墙，“以台制华”注定失败。任何人都不要低估中国政府和人民捍卫国家主权和领土完整的坚强决心、坚定意志和强大能力。

2024年12月6日 针对中国台湾地区领导人赖清德“过境”美国之事，国台办发言人朱凤莲应询表示，我们已多次表明严正立场。赖清德在“过境”期间的所作所为再次证明，所谓“过境”只是借口，实际是民进党当局“倚美谋独”和美方“以台制华”的政治操弄。“台独”与台海和平水火不容。民进党当局顽固坚持“台独”分裂立场，阻挠破坏两岸交流合作，升高两岸对立对抗；无耻贴靠外部势力，持续在国际上谋“独”挑衅；蓄意“以武谋独”，妄图把台湾民众绑上“台独”战车，最终将给广大台湾同胞带来深重祸害。我们敦促美方恪守一个中国原则和中美三个联合公报规定，停止美台官方往来，以实际行动兑现不支持“台独”的严肃承诺。正告民进党当局，“倚美谋独”“以武谋独”是绝路，注定失败。我们绝不为“台独”分裂活动留下任何空间，坚决挫败任何外部势力干涉和“台独”分裂行径，维护国家主权和领土完整。

2024年12月9日 江苏省副省长方伟在南京会见了中国美国商会会长何迈可一行。

2024年12月9日至10日 复旦大学美国研究中心与中国国际战略学会合作举办主题为“动荡时代的中美关系”的学术研讨会。来自中国复旦大学、中国国际战略学会、北京大学、清华大学、中国人民大学、中国社科院美国研究所、中国南海研究院、上海市科学学研究所、美国约翰斯·霍普金斯大学、乔治城大学、斯坦福大学、耶鲁大学、布朗大学、宾夕法尼亚大学、史汀生中心、夏威夷大学的数十位中美两国学者专家以线上线下相结合的方式，参加了此次研讨会。

2024年12月10日 中国国家主席习近平在北京会见了来华出席“1 + 10”对话会的主要国际经济组织负责人。在会见期间，习近平阐述了中方对发展中美关系的一贯原则立场，强调中方愿同美国政府保持对话、拓展合作、管控分歧，推动中美关系朝着稳定、健康、可持续的方向发展，希望美方同中方相向而行。关税战、贸易战、科技战违背历史潮流和经济规律，不会有赢家。中国将始终坚持集中精力办好自己的事情，坚决维护好自己的主权、安全、发展利益。同时中方推进高水平对外开放的决心不会改变。

2024年12月10日 中国驻芝加哥总领事王保事会见了伊利诺伊大学芝加哥分校校长米兰达、副教务长麦克里利斯。

2024年12月11日至12日 由天津市外事办公室、福建省外事办公室及俄勒冈州–中国理事会联合主办的第四届中国–俄勒冈州气候变化与可持续发展论坛在中美两国多地以视频连线形式成功举行。天津市副市长张玲、福建省副省长王金福、中国驻旧金山总领事张建敏和美国俄勒冈州参议员迈克尔·登布罗、俄勒冈州副州务卿谢丽尔·迈尔斯、俄勒冈州–中国理事会主席蓝进等通过视频连线方式出席并致辞。中美两国各界相关代表参会。

2024年12月11日 针对美国商务部以“侵犯人权”为由将两家中国高科技企业列入“实体清单”一事，中国外交部发言人毛宁表示，所谓制裁，是明目张胆打着人权的幌子打压中国高科技企业，进一步暴露出美方保护人权是假，剥夺中国人民发展权利是真。这种伎俩不可能得逞。如果美方真的关心人权，就应该首先把自身的人权“欠账”补上，而不是将人权问题政治化、武器化，到处干涉别国内政、损害别国利益。

2024年12月13日 中美两国政府代表在北京换文签署了《关于修订和延长两国政府科学技术合作协定的议定书》，将《中美科技合作协定》自2024年8月27日起延期5年。

2024年12月16日 中国驻纽约总领事陈立访问肯恩大学，会见校长拉蒙·雷波列特、高级副校长菲丽斯·瓦斯克思等。

2024年12月16日 针对美国贸易代表办公室12月11日宣布对自中国进口的钨制品、多晶硅等产品加征“301关税”，于2025年1月1日开始生效一事，中国商务部发言人表示，中方反对单边加征关税措施的立场是一贯的，并多次向美方提出严正交涉。世贸组织早已裁决美对华“301关税”违反世贸组织规则。美方提高“301关税”的做法是错上加错。美方关税措施不仅不会解决美贸易逆差和产业竞争力问题，还将推高美国内通胀，损害美国消费者利益，严重破坏国际经贸秩序和全球产业链供应链安全稳定。美方应立即纠正错误做法，取消对华加征关税。中方将采取必要措施坚决捍卫自身权益。

2024年12月17日 中国国家移民管理局发布公告，即日起全面放宽优化过境免签政策，将过境免签外国人在境内停留时间由原72小时和144小时均延长为240小时（10天），同时新增21个口岸为过境免签人员入出境口岸，并进一步扩大停留活动区域。符合条件的俄罗斯、巴西、英国、美国、加拿大等54国人员，从中国过境前往第三国（地区），可从24个省（区、市）60个对外开放口岸中任一口岸免签来华，并在规定区域停留活动不超过240小时。

2024年12月17日 中国驻美国大使谢锋应邀出席第十五

轮中美工商领袖和前高官对话圆桌会议并发表主旨讲话。本次对话会由中国国际经济交流中心和美国商会在华盛顿共同举办，中国国际经济交流中心理事长毕井泉、美国商会会长兼首席执行官克拉克分别牵头，中美工商和战略界代表50余人参加。

2024年12月18日 针对美国议员已提出三项针对中方在芬太尼危机中作用的法案之事，中国外交部发言人林剑表示，中方坚决反对美方一些政客扭曲事实、散布虚假信息、抹黑中方禁毒努力。中国是禁毒最坚决、政策最彻底、纪录最良好的国家，也是世界上列管物质最多、管制最严格的国家之一。中国禁毒部门始终严格依法打击制毒化学品流失，规范相关企业合法合规经营。美国毒品泛滥根源在于自身，解决问题的钥匙也在美方自己手中。奉劝美方一些政客正视美国自身问题，在加强国内监管、减少国内需求方面推动采取更多实质举措，而不是内病外治、甩锅推责。

2024年12月19日 全国政协主席王沪宁在北京会见了美国哈佛大学教授艾利森。

2024年12月20日 2024鼓岭论坛在北京举行。人民日报社社长于绍良，中共福建省委常委、福州市委书记郭宁宁，中共中央对外联络部副部长陆慷出席论坛并致辞，中国外文局副局长于涛应邀出席并作主题发言。中国人民对外友好协会副会长沈昕，中国美国商会主席李碧菁，福建省第一位外籍永久居民、国家外国专家友谊奖获得者潘维廉，美国乡村音乐人、中国政府友谊奖获得者马克·力文等中美各界友好人士约150人出席论坛。

2024年12月21日 中国国防部新闻发言人张晓刚就美方

发布2024年《中国军事与安全发展报告》发表谈话指出，近日，美国国防部发布2024年《中国军事与安全发展报告》，曲解中国国防政策，臆测中国军力发展，粗暴干涉中国内政，对中国军队极尽造谣抹黑之能事，渲染鼓噪所谓“中国军事威胁”言论，我们对此表示强烈不满、坚决反对。中方坚定不移走和平发展道路，始终不渝奉行防御性国防政策，积极履行大国军队国际责任，用实际行动践行全球安全倡议和人类命运共同体理念，为国际社会提供更多公共安全产品。反而是美国利用军事优势维护单极霸权，强行推行“政权更迭”、煽动“颜色革命”，动辄极限施压，近年来非法对伊拉克、叙利亚、阿富汗等国发动战争和军事行动，造成极为严重的平民伤亡和财产损失，导致巨大的人道主义灾难，造成数十万人死亡，数百万人受伤，数千万人流离失所。事实证明，美方军事战略的对抗性、进攻性和冒险性日益加剧，嗜战成瘾的美国，已成为国际秩序的最大破坏者、全球安全的最大威胁者。中国的核政策在所有核武器国家中最具稳定性、连续性和可预见性。我们坚持自卫防御的核战略和不首先使用核武器的核政策，始终把核力量维持在国家安全需要的最低水平。我们发展核武器不是为了威胁别国，而是为了防御和自卫，维护国家战略安全。反观美方，拥有世界最大、最先进核武库，却仍顽固坚持首先使用核武器政策，投入巨资升级“三位一体”核力量，近年来更是多次开展次临界核试验，加快推进新型核弹头研制进程，美英澳核潜艇合作严重冲击国际核不扩散体系，严重破坏国际与地区和平稳定。美方应切实反躬自省，降低核武器在国家和集体安全政策中的作用，给国际社会一个负责任的交代。台湾问题是中国的内政，是中国核心利益中的核心，是中美关系第一条不可逾越的红线。中国人民坚决捍卫国家主权和领土完整，无论什么时候、无论谁想把台湾分裂出去，中国人民、中国军队都绝不会答应。中国军队在台湾附近海空域开展演练活动，针对的就是外部势力干涉和“台独”势力挑衅，是捍卫主权和领土完整的必要之举、正义之举。美方加紧与台湾地区军事勾连，通过军售军援加速武装台湾，严重违反一个中国原则，只会助长“台独”的嚣张气焰，推高台海紧张局势，甚至导致冲突和战争。中方敦促美方恪守一个中国原则和中美三个联合公报规定，认清“台独”分裂的极端危险性，认清引火烧身的严重后果，停止美台官方往来和军事联系，停止纵容支持“台独”分裂势力，不要在错误的道路上越走越远。两军关系是中美两国关系的重要组成部分。我们重视两军关系，通过军事外交渠道与美方保持着坦诚有效的沟通。希望美方同我们相向而行，以积极理性的态度看待中国和中国军队的发展，把以和为贵、以稳为重、以信为本作为两军交往的基本遵循，在平等和尊重基础上，构建不冲突不对抗、开放务实合作、逐步积累互信的两军关系，真正当好两国关系发展的稳定基石。二十多年来，美方东拼西凑、年复一年发表此类极具欺骗性、虚伪性的报告，只不过是为其自身军力发展寻找借口，误导舆论。我们敦促美方停止捏造虚假叙事，纠正对华错误认知，推动两国两军关系健康稳定发展。

2024年12月22日　中国驻洛杉矶总领事郭少春出席纪念中美“乒乓外交”53周年、中美建交45周年论坛暨晚宴。中国国家体育总局局长、中国奥委会主席高志丹为活动发来贺信。美国奥委会主席赛克斯、国际乒协主席索林、美国乒协主席查尔及首席执行官沈伟妮、中国乒协副主席秦志戬、“乒乓外交”亲历者斯威里斯夫妇、国乒奥运冠军马龙和刘诗雯以及600多名各界人士参加活动。

2024年12月22日 针对美国白宫12月21日宣布向中国台湾地区提供5.713亿美元军援，同日，美国国防部发布消息称，美国务院已批准总额2.95亿美元的对台军售之事，中国外交部发言人表示，美国再次向中国台湾地区提供军援军售，严重违反一个中国原则和中美三个联合公报特别是《八一七公报》规定，严重侵犯中国主权和安全利益，严重违背美方领导人不支持“台独”承诺，向“台独”分裂势力发出严重错误信号。中方强烈不满、坚决反对，已第一时间向美方提出严正交涉。台湾问题是中国核心利益中的核心，是中美关系第一条不可逾越的红线。美方“以武助独”只会引火烧身，“以台制华”注定不会得逞。中方敦促美方立即停止武装台湾，停止破坏台海和平稳定的危险行径。中方将采取一切必要措施，坚定捍卫国家主权、安全和领土完整。

2024年12月22日 针对美方宣布新一轮对台军援及军售计划之事，国台办发言人朱凤莲应询表示，我们坚决反对美国以任何方式向中国台湾地区提供武器，这一立场是一贯的、明确的。美方此举严重违反一个中国原则和中美三个联合公报特别是《八一七公报》规定，违背其领导人不支持“台独”的严肃承诺，向“台独”分裂势力发出严重错误信号。“台独”分裂行径和外来干涉是台海和平最大威胁。我们要求美方立即停止武装台湾，慎之又慎处理台湾问题。正告民进党当局，“倚美谋独”“以武谋独”是自寻绝路。我们将采取坚决有力措施，坚定捍卫国家主权、安全和领土完整。

2024年12月23日 针对美国“国会–行政部门中国委员会”12月20日发布2024年度报告，称中国政府违背“一国两制”原则，加大干涉港澳事务一事，中国外交部发言人毛宁表示，这个机构一贯出于政治目的攻击抹黑中国，毫无信誉可言。该机构年复一年发布所谓报告，污蔑抹黑港澳人权状况和“一国两制”实践，中方对此强烈不满，坚决反对。

2024年12月23日 针对美国白宫12月21日宣布向中国台湾地区提供5.713亿美元军援，同日，美国国防部发布消息称，美国务院已批准总额2.95亿美元的对台军售之事，中国国防部新闻发言人吴谦表示，美方向中国台湾地区军援军售，严重违反一个中国原则和中美三个联合公报特别是《八一七公报》规定，粗暴干涉中国内政，向“台独”分裂势力发出错误信号，严重破坏台海和平稳定。我们对此表示坚决反对、强烈谴责，向美方提出严正交涉。台湾问题是中美关系第一条不可逾越的红线，一个中国原则和中美三个联合公报是中美关系的政治基础。美方违背不支持“台独”的严肃政治承诺，妄图在台海制造风高浪急局面，把台湾推向兵凶战危的险境，这是极不负责、极其危险、极其恶劣的。我们敦促美方立即停止对台军援军售，停止与中国台湾地区的军事联系，停止在台海拱火浇油。中方将以坚决有力的措施，挫败“台独”分裂图谋、反制美国等外部干涉，坚定捍卫祖国统一和台海和平。

2024年12月23日 中国商务部新闻发言人就美对中国芯片产业相关政策发起“301调查”发表谈话指出，美国时间12月23日，美贸易代表办公室宣布针对中国芯片产业相关政策发起“301调查”。中方对此强烈不满，坚决反对。美“301调查”具有明显的单边、保护主义色彩。此前美对华“301关税”已被世贸组织裁定违反世贸规则，受到众多世贸成员的反对，中方已多次向美方提出严正交涉。美方出于对华打压及国内政治需要，对中国芯片产业相关政策发起新的“301调查”，将扰乱和扭曲全球芯片产业链供应链，也会损害美国企业和消费者的利益，是一错再错。美方通过《芯片与科学法》为本国芯片产业提供巨额补贴，美企业占据全球芯片市场近一半的份额，却指责中方所谓“非市场做法”，渲染中国产业威胁，这明显自相矛盾，完全站不住脚。美商务部不久前发布的成熟制程芯片报告显示，中国产芯片仅占美市场份额的1.3%。中国芯片对美出口，远低于自美进口。

中方敦促美方尊重事实和多边规则，立即停止错误做法。中方将密切关注调查进展，并将采取一切必要措施，坚决捍卫自身权益。

2024年12月24日 针对美国总统拜登于当地时间12月23日将“2025财年国防授权法案”签署成法，其中包含涉华消极内容一事，中国外交部发言人毛宁表示，美方执意将夹带涉华消极内容的“2025财年国防授权法案”签署成法，年复一年渲染“中国威胁”，鼓噪对台军事支持，滥用国家力量打压中国科技和经济发展，限制中美经贸往来和人文交流，损害中方主权安全发展利益，干扰双方稳定中美关系的努力，中方对此强烈不满、坚决反对，已向美方提出严正交涉。

2024年12月25日 针对美方将“2025财年国防授权法案”签署成法，全国人大外事委员会发言人许东发表谈话。全文如下：日前，美国国会参众两院通过“2025财年国防授权法案”，由总统签署成法。该法案涉华消极条款继续渲染“中国威胁”，鼓噪对台军事支持，打压中国科技和经济发展，限制中美经贸往来和人文交流，粗暴干涉中国内政，损害中方主权安全发展利益。我们对此表示强烈不满和坚决反对。中方始终按照相互尊重、和平共处、合作共赢原则处理中美关系，始终认为中美各自的成功是彼此的机遇，两国应该成为对方发展的助力而不是阻力。中美关系稳定健康可持续发展既关乎两国人民，也关乎人类前途命运。中美两个大国难免有些矛盾分歧，但不能损害彼此核心利益，更不能搞冲突对抗。台湾问题、民主人权、道路制度、发展权利是中方红线，不容挑战。我们强烈敦促美方摒弃冷战思维和意识形态偏见，不得实施上述法案中的涉华消极条款，不要在涉及中国主权和核心利益问题上一错再错。中方将依法采取必要措施，坚决捍卫国家主权安全发展利益。

2024年12月26日 由中国人民对外友好协会授牌，鼓岭成为“中美青少年交流营地”。中国人民对外友好协会会长杨万明，福建省委常委、福州市委书记郭宁宁出席授牌仪式并致辞。

2024年12月26日 针对美国总统拜登近日将“2025财年国防授权法案”签署成法，中国国防部新闻发言人张晓刚表示，美方有关法案渲染所谓“中国军事威胁”，为增加军费、维持霸权找借口，粗暴干涉中国内政，危害世界和平稳定，我们对此强烈不满、坚决反对。中国从来就无意挑战谁，美国最大的敌人是他自己。美国军费冠居全球，还逐年加码投入，充分暴露其好战成瘾、霸权扩张的本性面目。当今世界许多战争冲突背后都有美国的影子，2001年以来美国对外发动的战争和军事行动造成数十万人死亡，数百万人受伤，数千万人流离失所。美国穷兵黩武不仅祸乱世界，也正在加速反噬其自身。地球足够大，容得下中美各自和共同发展。中国始终坚持走和平发展道路，奉行防御性国防政策，不与任何国家搞军备竞赛，始终坚持做世界和平的守护者。我们奉劝美方摒弃冷战零和思维，打消靠"遏压竞赢"中国的执念妄想，以免干扰破坏中美两国两军关系。中国军队将以更强大的能力、更可靠的手段，坚决反制一切侵权挑衅，捍卫国家主权、安全、发展利益。

2024年12月27日　中国外交部发布《关于对美国军工企业及高级管理人员采取反制措施的决定》。这份决定由中华人民共和国外交部令第16号公布。这份决定称，美国近日再次宣布向中国台湾地区提供大额武器援助并出售武器，美国"2025财年国防授权法案"包括多项涉华消极条款，严重违反一个中国原则和中美三个联合公报，严重干涉中国内政，严重损害中国主权和领土完整。依据《中华人民共和国反外国制裁法》第三条、第四条、第五条、第六条、第九条、第十五条规定，中方决定对英斯图公司、哈德森技术公司、萨罗尼克科技公司、雷神加拿大公司、雷神澳大利亚公司、爱尔康公司、国际海洋工程公司等7家《反制清单》列明的企业及相关高级管理人员采取以下反制措施：一、冻结在我国境内的动产、不动产和其他各类财产；二、禁止我国境内的组织、个人与其进行有关交易、合作等活动。该决定自2024年12月27日起施行。

2024年12月30日　中国国家主席习近平就美国前总统吉米·卡特逝世向美国总统拜登致唁电。习近平代表中国政府和中国人民，并以个人的名义，对卡特前总统逝世表示深切哀悼，向其家人表示诚挚慰问。习近平表示，吉米·卡特前总统是中美建交的推动者和决策者，长期以来为促进中美关系发展和两国友好交流合作作出重要贡献。我对他的去世深感痛惜。中美关系是世界上最重要的双边关系之一。中方愿同美方共同努力，着眼两国人民根本利益，顺应国际社会普遍期待，推动中美关系沿着健康、稳定、可持续的正确轨道向前发展。

2024年12月30日　中国外交部发言人毛宁在例行记者会上表示，中方对美国前总统吉米·卡特逝世表示深切哀悼，卡特前总统是中美建交的推动者和决策者，长期以来为促进中美关系发展和两国友好交流合作作出重要贡献，我们对此予以高度评价。